青海师范大学“藏区历史与多民族繁荣发展研究省部共建协同创新中心”项目

逍遥游齐物论句读

左克厚——著

中国出版集团 东方出版中心

图书在版编目（CIP）数据

逍遥游齐物论句读 / 左克厚著. —上海：东方出版中心, 2022.12
ISBN 978-7-5473-2098-3

Ⅰ. ①逍… Ⅱ. ①左… Ⅲ. ①道家②《庄子》-研究 Ⅳ. ①B223.55

中国版本图书馆CIP数据核字（2022）第207832号

逍遥游齐物论句读

著　　者　左克厚
策划编辑　张淑媛
责任编辑　张淑媛
封面设计　钟　颖

出版发行　东方出版中心有限公司
地　　址　上海市仙霞路345号
邮政编码　200336
电　　话　021-62417400
印 刷 者　南京爱德印刷有限公司

开　　本　890mm×1240mm 1/32
印　　张　9
字　　数　173千字
版　　次　2022年12月第1版
印　　次　2022年12月第1次印刷
定　　价　68.00元

序

自20世纪90年代后期开始，左克厚教授即致力于推动儒家经典的公共阅读活动，出版了立足现代性视角的系列导读著作，雅俗共赏而又独具特色，赢得学界和社会广泛瞩目。近几年他把工作重心转向道家，继《老子句读》[①]之后，又将推出《逍遥游齐物论句读》。承蒙左兄不弃，让我在付梓前有幸先睹为快。时当疫疠封控之日，困居陋室，拜读之余，一方面叹服作者立论角度之别出心裁而又不失平易切实，另一方面也不免勾起有关庄学与中国隐士文化传统研究的若干随想，应命一并写在这里，或不失为左兄大著之微末注脚，亦以寄托对本书走进更多读者阅读视野的真挚期望。

古代政治文化有两个貌似相反的特征长期并行不悖：一是王权大一统观念深入人心，所谓“普天之下，莫非王土；率土之滨，莫非王臣”（《诗经·小雅·北山》）；二是隐士文化源远流长，道家避世情结与儒家兼济理想相互平衡，共同框定读书人精神世界的基本格局。中国历史上的王权，其最突出的特点，就在于它自氏族部落时代的父家长权演化而来。父权化色彩赋

① 左克厚.老子句读［M］.上海：东方出版中心，2021.

予其以特殊的正当性，即不仅基于公共秩序维护这种理性的根据，而且基于血缘亲属伦理这种情感的根据。血缘伦理对于王权政治的加持，使得王权对于社会生活的全方位管控很容易获得强烈的心理支持；反过来，对王权作用的范围与方式进行限制的思想，在这样的环境里则很难赢得普遍的情感共鸣。据《韩非子·外储说右上》记载，太公（姜尚）被分封到东方建立齐国。齐东海上有名叫狂矞、华士的兄弟二人，有德才而无心出仕，相互约定："吾不臣天子，不友诸侯，耕作而食之，掘井而饮之，吾无求于人也。无上之名，无君之禄，不事仕而事力。"结果太公上任伊始，就把二人当作扰乱秩序的反面典型杀掉了。太公的举措并非一时冲动，而是有其貌似雄辩的理论支持："行极贤而不用于君，此非明主之所臣也，亦骥之不可左右矣，是以诛之。"在其心目中，王权的正当性是绝对的，基于维护这种绝对化权力的需要，任何代价都值得付出，任何手段都有合理性。狂矞、华士兄弟孤立地看，或属贤德之人，但就维护王权地位的大局看，其生存姿态所可能产生的负面影响就不容忽视，危害程度甚至比常规刑事犯罪更加严重，因此就有必要作为"首诛"以儆效尤。不难推想，在这样强势的治理逻辑中，诸如法治、个体权利等观念都是很难有容身之地的。

当然，即便在古代中国的政治文化环境中，韩非的思想也显然过于狭隘、短视。狭隘，是说他不能理解社会生态系统构成的多元性，不理解生机和活力都以多元间的互动为前提；短视，是说他只看到个体选择的直接社会效应，却看不到当其置入复杂的多方博弈关系后所可能产生的间接影响。就古代中国的实际情况而言，辽阔的疆域和相对原始的治理工具，决定了众多监管罅隙必然存在，这些罅隙给与王权保持距离的隐士生活提供了客观上的屏障。执意要把这些罅隙彻底堵塞，实现对社会生活的无死角控制，会导致行政成本急剧攀升，进而激化社会矛盾。秦政后来的实践就是这方面十分典型的教训。按照马克思主义观点，国家统治意味着暴力，暴力必然引发反弹，中国古代的王权自然不能完全例外。但在中国特殊的历史文化条件下，从对王权政治的不满中，很少发展出正面否定或限制王权的思想，而通常都是最后流于某种无奈的逃避，这就是隐士传统连绵不绝的社会根源。但狂矞、华士们对太公权力的抵制姿态，换个角度看其实是十分温和的，并不构成直接威胁。社会生活的复杂性决定了无论在群体社会还是个体心理层面，都必然产生各种不同形式的紧张与冲突，隐士世界的存在，为这些紧张与冲突预留了特殊的宣泄口，有助于降低主流社会体系内部的紧张，就此而言，隐士文化对王权政治在客观上又未尝不发挥着积极的维护作用。或许正是基于对隐士文化与王权关系这种二重性的体认，尽管不具有法权意义上的制度化保障，起码在政策策略层面，隐士群体在历史上还是被绝大多数王权所容受的，特殊情况下甚至可能被赐予很尊崇的地位，如作为隐士群体象征符号的庄子，在唐宋时期就曾被封为“南华真人”。

隐士文化与王权关系的二重性，也和隐士群体对王权态度的矛盾性有关。如前所述，中国式王权拥有政治与伦理的双重文化属性，伦理属性为其不受外部掣肘或限制的自我定位提供了特殊的正当性支持，正是基于这种逻辑，传统政治理论才会习惯性地设想圣武全能的君王作为天下苍生期望之寄托；但政治自身的运行逻辑则决定了权力对人性的腐蚀效应难以遮蔽，没有限制的权力必然陷入任性，故此传统政治又不能不反复面对君主多为昏君、庸君乃至暴君的现实困境。有关王权的理念与现实王权之间的断裂，造就了传统士人普遍性的心理纠结。《庄子·人间世》痛陈现实中的君侯们普遍性的暴虐无道，同时又仍然坚持作为抽象原则的“臣之事君，义也，无适而非君也，无所逃于天地之间”（《庄子·人间世》），就是这种纠结的典型呈现。一方面是得君行道的理想抱负，另一方面是伴君如伴虎的朝不保夕，无论“进庙堂之高”，还是“退江湖之远”，两种选择实际上都很难完全消弭心灵深处的感伤与沉痛，所谓儒道的区别，不过就是分别对应了这种心灵世界的两个不同端点而已。因此，真正阐释道很难脱离儒的参照，深入评价儒也不能没有道的对比。左克厚教授带领学生研读“四书”告一段落后，随即转向有关老庄道家经典的研读，背后动因或即与对儒道这种一体二面关系的感悟有关吧！实际上，本书给我留下的一个非常深刻的印象，就是作者对庄子文本意义的解读，始终贯穿着与儒家（当然还有很多其他思想）观念、视野的对比这条线索。或许会有读者觉得，儒家思想，起码以汉语作为母语的读者多少都有所接触；比较方法，人们在生活中时时刻刻在用，几乎人人会用，所谓“货比三家”嘛！如此则借助与儒家的比较视野解读庄子，虽然说不上有什么不妥当，又能有什么值得加以特别推崇、表彰的呢？对此我要说，方法对于阐释的重要意义，不在于其作为抽象的方法本身，而系于承载方法的具体阐释主体，正是不同阐释主体之间的具体差异，决定了阐释所能达到的不同高度。当下盛行的末流学院派学术非常触目的一个特征，就在于借标榜形形色色的所谓新理论、新方法来壮大自己的门面，以措辞的云山雾罩包装思想的空洞茫然。左克厚教授的经典解读，与这样的学术取径构成了强烈的反差，正是这种反差诱发了我要在这里对此进行特别提示的冲动。以本书对《逍遥游》开篇释读为例：

> 《庄子》这本书，是从一种鱼开始的。这与别的书有很大的不同。《论语》一开始讲学习，《孟子》一开始讲仁义，《老子》一开始讲哲理，可是《庄子》一开始讲动物。越往后越会发现，《庄子》里有个动物的世界。动物的世界和人的世界有什么差别呢？……人看看动物世界的片子，会有很多不同的感悟，这些感悟在人的世界里是不会有的。

读起来十分平易，作者讲述或写作时应该也是很放松的吧！所有细节元素都触目可见，似乎只是信手拈来，近于“大漠孤烟直，长河落日圆”的风格。没有孤本秘籍的独占，不依傍前沿理论、时尚话语的加持，但如果你愿意用心跟随，顺着这样的指引，渐渐就能体悟到某种模糊被消解、思路受启迪的快慰。之所以能够产生这样的效果，按我的理解，根本原因就在于，作者是有心之人，其学为用心之学。本书对庄子文本的处理，无论文字、材料还是理论，都基于作者自己的精神积累进行了消化，其中贯注了个性化的活力，从而平常样貌背后就有了不一样的味道。鲍鹏山教授评价左克厚教授的《老子句读》时说："老左真的可以讲老子，因为，他讲的是自家体会呢。"对这样的判断，我表示完全赞同，并且认为也同样适用于本书的庄子研究！

韩德民

2022 年 5 月 3 日

目录

序

逍遥游 001

一 001

二 036

三 053

齐物论 066

一 066

二 077

三 095

四 120

五 153

六 190

七 268

后记 274

逍遥游

一

北冥有鱼，其名为鲲。鲲之大，不知其几千里也。化而为鸟，其名为鹏。鹏之背，不知其几千里也；怒而飞，其翼若垂天之云。是鸟也，海运则将徙于南冥。南冥者，天池也。

北冥有鱼，其名为鲲。“北冥”，北海。“有鱼”，很多人翻译成一条鱼，翻译成一种鱼可能更好。“鲲”不是某条鱼的名称，应该是某类鱼的名称。北海里有一种鱼，它的名字叫鲲。庄子的《逍遥游》从什么地方开始的呢，是从一种鱼开始的，也可以讲，《庄子》这本书，是从一种鱼开始的。这与别的书有很大的不同。《论语》一开始讲学习，《孟子》一开始讲仁义，《老子》一开始讲哲理，可是《庄子》一开始讲动物。越往后看越会发现，《庄子》里有个动物的世界。动物的世界和人的世界有什么差别呢？人的世界里很难避免主观性，因为人是这个世界的构成部分，就难免用自己的价值观去看待这个世界。动物的世界是有别于人的客观世界，所以，人能够用客观的态度去看待动物的世界，人在动物的世界里往往能发现客观的真理。人看看动物世界的片子，会有很多不同的感悟，这些感悟在人的世界里是不会有的。

鲲之大，不知其几千里也。鲲的体型特别巨大，身长有几千里长。日常生活中，我们见过各种各样的物，但是，绝对见不到这么大的物。我们平常只能评价感官范围内的事物大小，感官范围之外的事物是无所谓大小的。比如说，我们脚底下的地球非常大，但每个人身处地球之上，只能看到地球某个极小的部分，所以人没有资格也没有能力去判断地球很大，人没办法去说地球很大。鲲有几千里长，至少有青海到上海这么远吧，人怎么能看见它的全貌呢？所以从道理上来讲，人是不能评价鲲之大的。几千里长的鲲，显然不是视觉上的大，只能是想象的大，只能靠想象去理解它的大。但是，用想象这个词也不准确，鲲不是想象的对象，在庄子的叙述里，它是一个客观存在，是事实上的大，是看到的大。那谁能够看到这么大的鱼呢？这肯定不是一般的人，这个人必须具有一双天眼，只有拥有天眼的人才能看到。在《庄子》这本书里，隐藏着一双用来看世界的天眼。鲲之大，大得让人无法想象，无法理喻。如果不是立足遥远的太空，怎么能看到几千里长的鱼的全貌呢？显然，庄子讲述的已经不是地球的故事，而是宇宙的故事。

化而为鸟，其名为鹏。这种鱼化为鸟，鸟的名字叫鹏。这里要特别注意“化”字，化也叫物化，物和物之间互相转化，鱼可以转化为鸟，鸟也可以转化成鱼。转化的观念非常重要，它意味着万物的形体不是固定的。如果物是固定不变的，物是什么就是什么，那么物就是凝固的、孤立的、僵化的，这个物就没有生气，没有生机，就是死掉的物，能化的物才是活的物。

《周易》里讲“生生大德”，“生生”也就是化，能化就是大德。但《周易》理解的“化”是同类相化，鱼只能化成鱼，鸟只能化成鸟，鱼化成鸟是绝对不可以的。庄子理解的“化”则是万物相化，这就深化了化的思想。物化的意义在于，万物是有联系的，世界是个有机整体，这就为后面的《齐物论》奠定了思想基础，否则怎么能齐物呢？万物相化意味着，万物其实只是一物，这才是最彻底的齐物论。这里有一个问题，这种鱼化为这种鸟，它是必然的呢，还是偶然的呢？如果是偶然的话，它也可以化为别的东西，可以化为别的什么鱼。从理论上说，化有无限可能性，但这里只说化而为鸟，没说化为别的什么鱼，也没说化为别的什么。这意味着，化不是随意的，不是想化成什么就化成什么。化是必然的，这种鱼必然要化成这种鸟。用郭象的思想来说，物化是依物的本性而化，是在物性的内在规定下去化，不能超越物性去化。所以，鲲只能化为鹏，鱼只能化为鸟。在这里，鱼化为鸟，不只是自然形态的改变，还是功能的转化，意义十分重大。鱼变成鸟，发生了质的变化，它才能从水里遨游到太空。通常说鱼离不开水，也可以说水制约了鱼，鱼变成鸟，意味着鱼摆脱了水，获得了天空，而天空呢，显然比任何水域都广大。

还要注意一点，儒家其实也强调化，它强调教化，通过教育让人实现自我转化。儒家的“教化”和《庄子》的“物化”有什么区别呢？首先，《庄子》的物化，或者说道家的物化，是自我的内在转化，是必然的转化，它不得不化，是自然而然的。

儒家的教化是由外而内的，是输入性的化，是先制定一个标准，让人按照这个标准去化，最终要达到这个标准。因为化是外在的，就需要一个化者。这个外在的化者是谁呢？这就是圣人。圣人没那么多，就需要人代替圣人去教化，这就产生了教师。所以，道家的物化是内化，儒家的教化是外化。其次，道家的物化，是万物之间的转化，是物性的转化，物化具有宏大的自然背景；儒家的教化仅限于人，就是把现实中的人变成理想中的人，准确地讲，变成儒家理想中的人。物是不能教化的，更不能想象鱼化成鸟，这是不可思议的事情。儒家反对物化的思想，因为物化把人变成了万化之间的一个环节，人由他物化来，最终又化为他物，这样，人的地位就降低了。在庄子看来，因为物化，动物和人是平等的，动物可能化为人，人也可能化为动物。所以，人是不能用动物来骂人的，不能骂人畜生不如、猪狗不如之类的话。不仅动物不能骂，人里面也无所谓君子、小人，也不能骂人是小人。可见，物化的思想彻底颠覆了儒家的价值系统。这里的物化也可以从文学的角度理解。这段文字完全可以从鹏开始，不需要讲鹏是由鱼化来的。这种写法就是文学的笔墨。文学喜欢铺陈排比，让人产生丰富的感性认识，而不是直接表述结果。就像《红楼梦》里那么多人物，关系错综复杂，怎么去介绍呢？你在前面列出来一个人物表也是可以的，但感觉是附加的，而不是艺术的组成部分了。所以，《红楼梦》里有一章“冷子兴演说荣国府”，用聊天的方式，很自然地介绍了这个家族的人物关系，这是艺术手法，要细加体会。

鹏之背，不知其几千里也。鹏之背也有几千里长。这里要注意，既然是物化，化成的鸟到底有多大，从道理上讲，应该是可大可小；这里，几千里长的鲲化成了几千里长的鹏，显然也是由本性决定的，是性的内在转化。

怒而飞，其翼若垂天之云。鸟奋起而飞。鸟起飞之前，似乎在积蓄自己的力量，再逐渐加速，然后突然飞起来。鸟飞到高空，翅膀像挂在天边的云彩一样。这是非常壮观的景象。

是鸟也，海运则将徙于南冥。“海运”，海风。“南冥”，南海。这种鸟借助海风飞到南海去。

南冥者，天池也。南海是个天池。“天池”这个词现在还常用，许多地方都有天池。凡是称天池的大多是风景名胜之地，像天山的天池、长白山的天池，还有青海省海东市循化撒拉族自治县的天池。现在的天池主要得名于地势高，在高山上的水域都可叫天池，但这些水域的面积是很有限的。庄子这里讲的天池，取天之大，是一个无限广阔的水域。这种鸟从北海飞到南海，飞到南海以后呢？庄子没说。实际上，它还要再一次物化，转化成鱼，否则它怎么待在南海里呢？当然，它是不是一直待在南海里呢？不好说，它可能会再次化成鸟，飞回北海。这种鸟应该是候鸟。

《齐谐》者，志怪者也。《谐》之言曰：“鹏之徙于南冥也，水击三千里，抟扶摇而上者九万里。去以六月息者也。”野马也，尘埃也，生物之以息相吹也。天之苍苍，其正色邪？其远而无所至极邪？其视下也，亦若是则已矣。

《齐谐》者，志怪者也。《齐谐》是一本书的名字，有人说是人的名字，显然不对。志怪就是记怪，记录人世间各种稀奇古怪的事情。中国最早的小说叫志怪小说。通常大家认为志怪小说产生于南北朝，但从庄子的书里发现，志怪小说的源头应该是《齐谐》。庄子之前就有了志怪小说的雏形，这就把志怪小说的历史往前推了近千年。庄子为什么要引用《齐谐》呢，是要说明鲲鹏的故事不是他杜撰的，是真实的而不是虚构的。大家发现，从个体来讲，每个人其实都不自信，说一句话、写一篇文章，都要引经据典。引经据典的本质是什么？不自信啊！自信的话引用它干什么，把自己的观点说出来就行了。但人总不放心、不踏实，所以呢，就要去引用别人的说法来证明自己的观点。引经据典很有意思，怎么有意思呢？那就是，你所引用的经典是不是很可靠？庄子引用《齐谐》，他自己也承认这是志怪的书，是记录世间怪事的，是不可靠的。但是，后人在引用前人经典的时候，往往不太顾及经典本身的可靠性，只要有利于立论，就会去引用。严格地讲，庄子引用《齐谐》说明自己的观点是不合适的。但是，庄子在这里不是要论证，他是要强化事情的可信度。

《谐》之言曰："鹏之徙于南冥也，水击三千里，抟扶摇而上者九万里。"这句话跟大鹏"怒而飞，其翼若垂天之云"讲的是一个意思，但表述更加具体。它更形象地展示大鹏刚刚离开水面时“水击三千里”的壮观景象。大鹏起飞掀起三千里的巨浪，这是新添的内容。“搏扶摇”，通行本作“抟扶摇”，陈鼓应改“抟”为“搏”，其实可以不改，“抟”其实更好。“扶摇”，飓风。大鹏随飓风一起盘旋上升，一直升到九万里之上。九万里是怎样的高度呢？飞机才飞一万米高，宇宙飞船也达不到这个高度。为什么要飞九万里高呢？这是身长几千里的鸟必须有的高度，没有这样巨大的空间，大鹏无法腾开身体。

“去以六月息者也。”“六月息”有不同的解释。陈鼓应解释为六月的风，扶摇本来就是风了，这里又说风，跟上面就有点重复了，解释为飞行六个月可能更好。这为文本增加了新的内容，表明从北海到南海的距离非常遥远，需要飞行六个月才能到达南海。这是一般人无法想象的。因为飞行过程中，大鹏鸟不能停下来，它必须一直飞，不停地飞行六个月，中间不能吃也不能喝，这不让人感到很神奇吗？它吃完这顿饭之后，要管六个月才行，否则它就没有体力和精力保证它到达目的地，这说明大鹏鸟具有神奇的功能。因为神奇，所以才令人羡慕，令人向往。如果它像平常看到的小鸟一样飞，你还会心生羡慕吗？也正因为羡慕，我们才把这个场景化成一个成语：鲲鹏展翅，把它写成一幅字或画成一幅画，挂起来，激励自己也要鹏程万里。千百年来，它已经成了一种文化意象，这说明庄子对鲲鹏的表述是多么成功。

野马也，尘埃也，生物之以息相吹也。这几句话特别费解。什么是“野马”呢？郭象、成玄英都解释为空中游气，后人都衍用这种说法。但野马为什么要解释为空中游气呢？这并没有特别的根据。只是他们先这么说，后人认同了这种说法，不断加以引用，就变成了一个固定的解释，再没有见到别的更好的解释。《庄子》里好多地方讲到了马，《齐物论》里讲“天下一马”，《马蹄篇》专门讲马，《秋水篇》开头讲到了“两涘渚崖之间不辩牛马”，这些马都是实实在在的马，都不能解释为空中游气，郭象、成玄英的解释不知道根据在哪。另外，从字面上看，野马到底是形容尘埃的还是和尘埃并列的呢？游气和尘埃是矛盾的，游气是湿的，尘埃是干的，把它们并列在一起，意思也不明确。就这几句话来讲，前后意思也不连贯，“野马也，尘埃也”的上文讲大鹏飞到九万里之上，那么，“野马也，尘埃也，生物之以息相吹也”就应是讲大鹏起飞及飞行过程中看到的景象。但大鹏飞行中居然能看到空中的游气和尘埃，也很让人费解，按照常理说，这样的庞然大物，在快速飞行中，应该是看不到游气和尘埃的。有人说游气和尘埃是助力大鹏起飞的，这也不合适，因为大鹏起飞依赖于扶摇，这点游气显然起不到任何作用，完全可以忽略不计。历来注家都只解释了它的字面含义，很少有人把字面的意思和前后文联系起来讲，说明这几句话真的不是特别好解释。在此，可以推测，这几句话可能是错简的结果。如果把这几句话删去，前后文意便很通畅。

天之苍苍，其正色邪？天蓝蓝的颜色是天的本色吗？这是一个开启心智的疑问，这是对感官真实性的怀疑，而对感官的怀疑，正是思想的开始。我们看到的天是不是天本来的样子呢？

其远而无所至极邪？ 还是由于天距离太远，远到无法企及然后呈现出来的颜色呢？也就是说，是不是人和天的距离造成的一种错觉，以为这是天的颜色呢？在每个人的经验里，天就是蓝色的，如果不借助于大鹏，人就不会提出这个疑问。人会很确定地认为，天的颜色就是蓝的，眼见为实嘛！庄子的疑问表明，他对眼见的真实性产生了怀疑，眼见的东西就是真实的吗？这是对眼见为实思想的反思。通常，人对所见总是深信不疑，而庄子质疑，人与所见对象的距离是否会影响到看的结果呢？一般说来，对象越近，看得越真切，对象越远，看得越模糊。当然，相反的情况也是存在的，看油画离得太近，反而看不到对象了。韩愈诗里说："天街小雨润如酥，草色遥看近却无"，苏东坡诗里说："不识庐山真面目，只缘身在此山中"，都说明距离与看的效果是有直接关系的。在山里和山外，看到的山绝对不同。古人还讲，远近不同，看到的山不同；季节不同，看到的山不同；早晚不同，看到的山不同；和不同的人看山，看到的山也不同。到底哪一个是山的本来面目？过去，我们认为看到的就是本来面目，现在发现，本来面目是看不见的。庄子的怀疑思想，会激发出许多灵感，借此可以重新审视许多观念。比如说，月盈月亏，月哪有盈亏呢？你没看到完整的月亮，就说月亏了；你看到完整的月亮，就说月盈了；可见，盈亏是个错误的观念。所以，对看的质疑会引发一系列颠覆性的思想。

其视下也，亦若是则已矣。大鹏从天上看人间，应该与人从人间看天上是一样的，看到的也只是一片苍苍的颜色而已。以前以为天苍苍，现在发现地也苍苍。过去我们把天地分得那么清楚，天圆地方，现在大鹏从上面看呢，则是地圆天方。借助于大鹏，人跳出本来的方式看世界，就会看到一个完全不同的世界，就会动摇过去那些根深蒂固的观念。那些自以为真理的观念，换一个角度看，却不是真理。过去执着于那个真理，为了那个真理甚至献出自己的生命，现在发现，原来以为的真理只是一种幻觉。庄子通过大鹏从天上看人间，让人跳出自己看自己，跳出自己看世界。过去人习惯站在地上看，以为看到的东西就是真的。如果人到空中去看，看到的会是完全不同的景象，天不再是蓝蓝的，而地则是蓝蓝的。庄子那个时代，人是没办法在空中看世界的，和现在不一样，现在可以航拍，可以造成实际的震撼和颠覆，庄子那个时代没有这个技术。但是，庄子的伟大在于，在没有技术的情况下，想象大鹏从天上看地下。这种想象力超越了科学，这就是哲学的魅力。所以，看世界至少要有两种相反的眼光，才能接近事实本身，只有一种眼光，是看不到真相的。读书也是一样，一定要读不同观念的书，读儒家书的同时读道家的书，读中国的书同时还要读外国的书，你会感觉到不同的世界。

且夫水之积也不厚，则其负大舟也无力。覆杯水于坳堂之上，则芥为之舟；置杯焉则胶，水浅而舟大也。风之积也不厚，则其负大翼也无力。故九万里，则风斯在下矣，而后乃今培风；背负青天而莫之夭阏者，而后乃今将图南。

且夫水之积也不厚，则其负大舟也无力。这段文字常被有意无意地忽略，因为按照传统的解庄模式，这段文字会影响大鹏的形象。水的深度和广度不够，在这样的水域上是不能行驶大船的。这是一个普通的道理，一个人人都明白的道理，也可以说是公理。其他一切道理，都源自公理。公理是不需要证明的，是为无数生活经验所证实的，就像两点之间直线距离最短一样，即使不懂这个公理，走路的时候也会走直线。

覆杯水于坳堂之上，则芥为之舟。这也是生活中的经验之谈。把一杯水倒在院子里的小洼地上，只有用一根草做成的船才可以漂浮在上面。

置杯焉则胶，水浅而舟大也。如果把杯子当船放在小洼地的水面上，杯子就会陷进泥里漂不起来。道理很简单，水太浅了，船太大了。这个道理不只大人懂，连小孩都懂，小孩玩游戏的时候，都知道多大的水能放多大的船。庄子举人人皆知的例子，想要说明什么呢？

风之积也不厚，则其负大翼也无力。在鸟还是鱼的时候，它对水深、水域有要求，要求水足够深，水域足够大，才足以让其在水里游动。当鱼变成鸟高飞的时候，必须要具备飞行条件，如果风力不够大，就无法托起大鹏鸟的翅膀。也就是说，我们不能只看到大鹏展翅的壮丽景观，只看到它的表面，还要看到大鹏展翅飞翔背后的条件。大鹏展翅是有条件的，不是无条件的。

故九万里，则风斯在下矣，而后乃今培风。大鹏飞到九万里高时，所有的风都在它身下。大鹏是乘着身下的飓风，是驾驭着飓风，一路往南飞行的。

背负青天而莫之夭阏者，而后乃今将图南。这时的大鹏背负着青天，在天空中自由飞行。庄子这段文字的主旨在于，我们不要只看到大鹏飞行的壮观场面，更应该关注大鹏飞行的条件。如果没有飓风的话，大鹏是飞不起来的。而飓风又是不常见的，说明大鹏展翅的条件是非常苛刻的，不是说它想飞就能飞的，它是要等待飓风到来才能飞的。从这个意义上讲，大鹏展翅完全取决于偶然的条件，是受到飞行条件的严格限制的，是飓风成就了大鹏。这与大鹏在我们心目中那种志存高远、自由自在的形象形成了巨大的反差。大鹏有大鹏的难处，大鹏有大鹏的不得已。人们往往被成功的表象所迷惑，看不到成功背后的条件，成功背后的艰辛和无奈。其实，成就越大，需要的条件就越苛刻。某个人成功了，如果他是靠自己努力成功的，人们就会觉得他了不起，如果发现是“官二代”“富二代”的身份给他带来的成功呢，他身上还有那种光环吗？人们还会崇拜他吗？所以，强调大鹏展翅的条件，实际上就是打破了大鹏在我们心目中的崇高形象，把它变成一个普通的形象。千百年来，人们被大鹏的形象所迷惑，一方面，表明庄子对大鹏形象的描述很成功；另一方面，也可以说损害了庄子的思想。从思想方面来看，大鹏的形象越是成功，对它隐含的思想误解也就越多。人们被大鹏的形象所迷惑，不愿意接受，或者说不愿意看到大鹏飞行的条件。所以，庄子的真实思想一直被遮蔽了。这段文字抵消了前面所表述的大鹏形象。庄子先说大鹏如何惊天动地，但没想到，它还要依赖于飓风。庄子讲大鹏飞行的条件，其实是提醒我们不要对大鹏徒生羡慕。大鹏展翅有它的条件，它的条件还特别苛刻。庄子的思想意图是：先描绘一个成功的典范，而且是常人做不到的那种成功，因为达不到这种成功，所以就羡慕这种成功，然后庄子就讲，你根本不用羡慕它的成功，因为它的成功是有条件的。但后人普遍误解了庄子的意图，只看到了成功，却不去关注成功的条件，以为自己一努力，也能达到同样的成功。现实中是不是这样呢？人们是不是都很羡慕大鹏？庄子下面讲小鸟，小鸟就在羡慕大鹏。小鸟不就是我们大家吗？应该说，庄子的思路非常清晰，但是，好多读庄子的人没意识到这个思路。

蜩与学鸠笑之曰："我决起而飞，抢榆枋，时则不至而控于地而已矣，奚以之九万里而南为？"适莽苍者，三餐而反，腹犹果然；适百里者，宿舂粮；适千里者，三月聚粮。之二虫又何知！

蜩与学鸠笑之曰。蜩和学鸠显然是看到了大鹏起飞的壮观景象，这时，它们的情绪不由自主会有所反应。什么反应呢？这就是笑。这个笑，很多人都把它翻译成嘲笑，陈鼓应也是这么翻译的。为什么要翻译成嘲笑呢？那是因为大家都把大鹏看作正面的形象，把蜩和学鸠看作负面的形象。大家都认为蜩与学鸠，自己不思进取，反而还嘲笑进取的大鹏。这样理解对不对呢，或者说好不好呢？我们看后面的文字就知道了。下面是小鸟的自白，是小鸟看到大鹏飞行的壮观景象后，它内心的一种感慨。

"我决起而飞。""决起"，奋力。我用尽自己的力气，拼命往上飞。为什么要拼命飞呢？显然，它是想超越自己，否则，它只需要自然地飞行就可以了。所以，"决起而飞"表明，小鸟努力地想要飞得更高、飞得更远。它为什么突然想要努力地飞行呢？显然受到了大鹏飞行的壮观景象的激励，生出了羡慕之心，觉得应该向大鹏看齐。那么，努力的结果是怎样的呢？

"抢榆枋。"小鸟飞得最高的地方，也没有超过榆树和枋树的高度，只不过是碰到榆树和枋树。榆树和枋树是很小的灌木，属于很矮的小树。也就是说，小鸟虽然努力地想飞，但还是没有飞得更高更远。小鸟的努力没有达到预期的效果。

更糟糕的是什么呢，**"时则不至而控于地而已矣"**。有的时候，还达不到这样的高度就掉到地上去了。"控于地"，就是掉到地上去了。掉到地上意味着什么呀？意味着身体受到了伤害，你看是不是？本来，飞得很矮的时候，它可以自然地着陆，但由于用力过猛，便导致我们通常所讲的"硬着陆"。

小鸟就更加感慨了。**“奚以之九万里而南为？”**这句话好多人都译为：为什么要飞九万里高往南飞行呢？这样翻译，表明小鸟对大鹏飞那么高很不解，言下之意是，大鹏何必要飞那么高。显然，小鸟对大鹏飞那么高是很不屑的，但仔细琢磨，感觉这样翻译有些不妥，应该把它翻译成：它怎么能飞到九万里那么高呢？它是怎么做到的呢？小鸟的这几句独白透露出怎样的一种心理呢？一方面是自己很自卑，另一方面是对大鹏的羡慕。在蜩与学鸠的独白里，也可以说是自言自语里，我们读不到任何自得，更读不到任何自傲。从头到尾，小鸟都在自陈不足，甚至是自曝家丑，自曝短处。小鸟“决起而飞”，表明它在努力，而非安于现状。“抢榆枋”，表明它的飞行限度。“时则不至而控于地”，表明它尽了最大的努力去飞，甚至不惜摔伤自己的身体。它一直在自责，为什么大鹏能飞那么高，它却不能。在这种情况下，小鸟是很难嘲笑飞得比它高得多的大鹏的。如果在不同的领域，由于对别的领域缺少了解，还可以盲目地嘲笑别人。但小鸟和大鹏呢，同属于飞行动物，完全是同一类的。飞行动物总是以飞得高、飞得远作为自己的目标。就像大家都在学习，总是希望学得比别人更好，看的书比别人更多，理解得比别人更深，总是希望这样。我们不可能看到别人在各个方面比我们做得好的时候，反而去嘲笑他，这几乎是不可能的事情，因为我们的目标是一致的。当然，如果目标不一致，那还可以盲目地嘲笑。因为目标是一致的，那个离目标最近的人，肯定是值得我们羡慕的。比如说，都是练跑步的，人家跑得快，那我肯定羡慕；都是练跳高的，人家比我跳得高，不也要羡慕吗？所以，蜩和学鸠只能去羡慕大鹏能飞到九万里那么高，而自责自己只能飞到榆枋这么高。小鸟怎么可能去嘲笑大鹏呢？如果说蜩和学鸠真的是在嘲笑的话，那只能说明一点，蜩和学鸠心理上出问题了。说得严重一点，可能就是心理有点变态了。如果心理都不正常了，那就没什么好说的了，那庄子写它们也就没有任何意义了。这个寓言故事里，大鹏是主人公，蜩和学鸠也是主人公，主人公的形象必须具有普遍意义。从来没有哪个作家会把完全变态的人作为作品的主人公，主人公是常态的人，他的命运、心理才具有普遍意义。鲁迅《狂人日记》里的那个狂人，乍一看心理上好像有点不正常，但鲁迅着力要刻画的，不是心理不正常本身，他要揭示为什么会出现这种不正常，狂人为什么这么敏感、多疑。所以，庄子所写的蜩和学鸠，一定是正常的鸟，而不是变态的鸟。这样看来，“蜩与学鸠笑之曰”的“笑之”，就不能翻译成“嘲笑”，而要翻译成“苦笑”“自嘲”，自嘲自己的能力为什么这么差，恨自己为什么飞不到那么高。接下来，庄子就要对小鸟的行为进行评价。

适莽苍者，三餐而反，腹犹果然。“莽苍”是城市的郊区，也就是距离很近的地方。去城市的郊区，吃三顿饭就可以回来，回来的时候肚子还是饱饱的。所以，出门只需要带很少的粮食。

适百里者，宿舂粮。“宿舂粮”就是舂宿粮。去百里之外的地方，要准备一个晚上的粮食。人一天是走不到百里的，走到了身体也是特别累的，能够在外面住一晚是最理想的，那就要准备晚上的大餐。

适千里者，三月聚粮。要到千里之外的话，就要聚集三个月的粮食。走得越远，准备的粮食就要越多。也就是说，准备粮食的多少取决于路程的远近。去近处的人，就不要羡慕那些走远路的人。行远路的人准备很多的粮食是必须的，行近路的人产生羡慕，也准备很多粮食，那就会成为累赘。这里，路的远近比喻物性的差异。物性的差异决定了大鹏能飞那么高，小鸟只能飞这么低。大鹏飞那么高不是大鹏想要飞那么高，不是它想要飞多高就能飞多高，而是它不得不飞那么高，飞不到这样的高度，对大鹏来说就很危险，风力不足，它随时都会掉下来。

之二虫又何知！蜩和学鸠哪里知道这个道理呢？这里把蜩和学鸠称为“二虫”，显然是在贬低它们。这两只小虫子哪里知道呢？它们只知道大鹏飞得那么高，于是心生羡慕，它们不知道大鹏不得不飞那么高。言下之意，这两只小鸟只能飞这么高，想飞得更高，就会有危险。如果小鸟像大鹏那样飞的话，就会被飓风卷得无影无踪。换句话说，大鹏不能飞得太低，而小鸟不能飞得太高。那么，大鹏与小鸟的飞行高度由谁决定呢？庄子没有说。但答案是很清楚的，这是由物性来决定的。大鹏的本性决定了它能飞那么高，小鸟的本性决定它只能飞这么高。物只能在物性规定的范围内活动。有个词叫“性质”，性有质的不同，所以说到物，总要先问物的性质是什么。说到人呢，为了区别于物，就说成性别和性格。性别和性格是天生的，对人的行为有重要的制约作用，人是无法超越性别和性格的。西方曾有一种女权主义的思想，认为女性不是天生的，而是文化造就的，要求女性向男性看齐。这种思想，是以失去自己的本性为代价的，是注定不能成功的。同样，庄子在这里对小鸟的态度是批评的。但是，他批评的角度非常独特，不是平常认为的批评小鸟不思进取、沾沾自喜，相反，他是批评小鸟过于进取，以至于失去了自己的本性。所以，尽管都是批评，但批评所要达到的目的是完全不一样的。小鸟在《逍遥游》里是个负面形象，但这个负面形象，在现实当中恰恰是大家肯定的正面形象。在某种意义上说，它也是儒家的形象。所以，庄子对小鸟的批评，既是对我们大家的批评，也是对儒家的批评。世俗中人都特别具有进取心，也特别赞赏这种进取心，而且会鼓励人有进取心。所谓的“进取心”是什么呢？就是不断地实现自我超越。但自我超越是有限度的，人只能在本性范围内实现自我超越，越过本性去做自己不能做的事，必然会导致失败。经常有人说，有条件要上，没有条件创造条件也要上。但问题是，创造条件本身也要条件，这个条件你能创造出来吗？庄子批评小鸟盲目崇拜、羡慕大鹏，忘记了自己的本性，在某种意义上说，也是借批评小鸟来批评孔子。孔子说，“见贤思齐”，还说，“三人行，必有我师焉。择其善者而从之，其不善者而改之”，这不也是“见贤思齐”吗？孔子还把人分成君子、小人，小人必须要向君子学习，向君子看齐。按照庄子的看法，“见贤”要不要去“思齐”呢？答案是没有必要的。别人“贤”是有条件的，是适合他本性的，你要“思齐”的话，就等于做越性的事情。所以，最好的方法就是保持自己的本性，不需要学习别人，因为你想学也学不了。大鹏在飓风中才能飞起来，小鸟羡慕什么呢？羡慕的结果是失掉自己的本性，甚至丢掉自己的生命。从这里可以看出，庄子特别理性，他很理性地看待每个事物。庄子认为，每个人都有自己的性，适合自己的性就能逍遥，不适合自己的性就不能逍遥。换句话讲，在性分之内做事，就能逍遥；超出自己的性，就无法逍遥。大鹏适性，所以大鹏逍遥；小鸟越性，所以小鸟就不逍遥。

庄子讲的适性具有内在自由的含义，这是对老子自由思想的发展。老子讲，道无为，让人自为，是要给人以自由。老子这样说，主要目的是什么？是要求统治者给人以自由，给每个人以自由。所以，老子是解决人的外在自由问题，是解决人的行为自由、思想自由的问题。庄子深化了老子的自由思想。庄子的问题是，人有了自由以后会怎么样？人拥有了自由，就必然会自由吗？人还可能利用自己的自由，使得自己不自由。换句话讲，人会在自由的状态中让自己变得不自由。这个问题就更深了。蜩与学鸠是不是自由的？是自由的啊，并没有人把它们关在鸟笼子里。如果说鸟被关在笼子里，它要争取自由，争取从笼子里飞出去以获得自由，这是老子要解决的问题。对庄子而言呢，这只小鸟已经飞出去了，已经在天空自由地飞翔了。可是，它突然发现大鹏比它飞得更高、更远，它被这种景象震撼了，决心要向大鹏学习，也要做一番事业，结果在努力飞翔中，掉到地上，摔伤了自己。小鸟不就是在自由中让自己变得不自由了吗？这就是自由的悖论。人利用自由寻求不自由，也可以说，人利用自由寻求更大的自由，结果导致自己不自由。庄子告诫小鸟要把握住自己的性，也就是告诫人要把握住自己的性。人为什么把握不住自己的性呢？根本原因在于人的自由。人既可以自由地越出本性，想得到更多，也可以自由地回到本性，得其所应得。当人迷恋于事物大的外观时，就容易生出羡慕之心，当人理性分析大的条件时，就会返回人的自性。大有大的难处，这不是一般人能体会的。一般人都知道瘦死的骆驼比马大，却不知道高处不胜寒。《红楼梦》里谁最清醒？王熙凤嘛！从外面看贾府，贾府轰轰烈烈，锦衣玉食，只有当家的王熙凤知道大厦将倾。老子讲自由，庄子讲自由的限度，他们所理解的自由是不一样的。老子的自由在先，然后才有庄子的自由限度，老子和庄子的自由思想具有连续性。老子的自由是外在的，更强调政治、社会的自由，庄子更在意人的内在自由。接下来，庄子进一步阐述万物的差异性。在万物差异性中，又会出现什么问题呢？

小知不及大知，小年不及大年。奚以知其然也？朝菌不知晦朔，蟪蛄不知春秋，此小年也。楚之南有冥灵者，以五百岁为春，五百岁为秋；上古有大椿者，以八千岁为春，八千岁为秋，此大年也。而彭祖乃今以久特闻，众人匹之，不亦悲乎！

小知不及大知，小年不及大年。“小知”，知道得少。“大知”，知道得多。“不及”不是比不上，而是理解不了。庄子是反对比较的，在比较中，比较的双方或多方都会失去本性。所以，这句话应该译为：知道少的人不能理解知道多的人。这是一个客观事实。为什么有的人知道得多，有的人知道得少呢？原因有很多。比如，客观上说，有的人聪明些，有的人笨拙些；主观上说，有的人努力，有的人懒惰。庄子是从寿命的角度去解释这个问题，“小年不及大年”。“小年”指寿命短，“大年”指寿命长。知道多少与寿命长短相关。寿命短自然知道得少，寿命长自然知道得多。寿命短的，就无法理解寿命之外所出现的事情。至于为什么有的寿命短，有的寿命长，这又与性相关。

奚以知其然也？怎么知道是这样的呢？庄子开始举例子。

朝菌不知晦朔。“朝菌”，只能活一个早上，寿命短，所以它不知晦朔。“晦朔”，有人说是一天，有人说是一个月，都可以，不影响对文意的理解。你跟只能活一个早上的细菌，说一天或者一个月的事情，它是无法理解的。

蟪蛄不知春秋。“蟪蛄”就是蝉，夏天生，秋天就死了，所以，你给它讲一年之内的事情，它也听不懂。

此小年也。这就叫作寿命短。这里讲的小年，以及后面讲的大年，是以什么为标准的呢？这是以人为标准的。比人寿命短的就叫小年，比人寿命长的叫大年。对人来讲，一天、一月、一年这样的说法是天经地义的，但对于朝菌、蟪蛄来讲，这是不可思议的。怎么会有这样的概念呢？什么是日？什么是月？什么是年呢？这对它们来讲就是天书。所以，人就很瞧不起朝菌和蟪蛄，觉得它们挺可怜的，来到这个世界上连日、月、年都不知道，稀里糊涂地来了，又稀里糊涂地走了。但庄子这个人特别了不起，特别厉害。厉害在什么地方呢？就在我们可怜、同情朝菌和蟪蛄，同情小年的时候，我们却被冥灵和大椿，被大年可怜、同情。

楚之南有冥灵者，以五百岁为春，五百岁为秋。“冥灵”，大乌龟。楚国的南部有大乌龟，它寿命很长。长到什么地步呢？它以人间的五百年作为它的春天，以人间的五百年作为它的秋天。也就是说，这个大乌龟活一年就是人间的两千年。

上古有大椿者，以八千岁为春，八千岁为秋，此大年也。上古有棵大椿树，以人间的八千岁作为它的春天，以人间的八千岁作为它的秋天。人间的三千二百年，才抵得上它一年。前面讲大乌龟、讲大椿树、讲自然，后面才讲人。

而彭祖乃今以久特闻。人间最长寿的是彭祖，他活了八百岁。庄子讲这些其实都是在讲物的差异性。单是从寿命看，就是天壤之别。有的只活了一个早晨，有的只活了两个季节，人最多活百年，彭祖很特殊，活了八百年，大乌龟和大椿了不得，它们至少在万年以上。寿命的长短导致了观念的差异，也可以说，时间的差异导致了观念的差异。时间是我们观察事物的基础。普通人活不到百年，与彭祖活八百年相比，对世界的感觉、认知就会完全不同。如果我们都像彭祖一样活八百年，很多观念会发生巨大变化。比如说大家学的《古代文学史》，课程的名字就要变了，名副其实是《当代文学史》。孔子距今天两千五百年，到现在才几代啊？才三代。我们就是孔子的孙辈。前八百年孔子的思想完全可以自己解释，第二个八百年他儿子可以去解释，第三个八百年他孙子可以解释，关我们什么事？一部《中国古代思想史》也就成了《中国当代思想史》。可见，寿命的长短会导致观念的差异，以至于相互不能理解。我们对寿命短的事物，容易表示轻视和同情；对寿命长的事物，就会产生崇拜和羡慕。无论是哪一种情况，都是失性的行为。你同情、瞧不起寿命短的，是不理解性；你去羡慕寿命长的，其实也是不懂性。都是不懂性，但对人来讲，最容易羡慕寿命长的，并努力向他们看齐。如何理解这种看齐意识呢？

众人匹之，不亦悲乎！所谓“匹之”，那不就是看齐吗？我们都向彭祖看齐，这不是很可悲吗？看齐为什么很可悲呢？因为看齐不会仅仅停留在意识的状态，还会落实到行动上。受到彭祖长寿的诱惑，大家都想长寿。古人就开始炼丹，外丹也好，内丹也好，目标都是一样的，要向彭祖看齐。很多人因为服了这些丹药，反而短命。所以，在庄子的思想里，首先，承认差异性，其次，就是如何理解差异性。因为差异会产生攀比，攀比又会产生苦恼。庄子要解决的就是消除由于攀比而带来的苦恼。在攀比中，最大的苦恼就是失去本性。攀比要求在量上不断超越自己，而量是无穷的，所以量是无法超越的。与五百岁为春、五百岁为秋的大乌龟相比，与八千岁为春、八千岁为秋的大椿相比，彭祖肯定觉得自己很渺小。彭祖肯定很羡慕那个大乌龟。那么，大乌龟就知足吗？它肯定会羡慕那棵大椿树。大椿树是不是就绝对知足呢？也不是，完全可以设想比八千岁为春、八千岁为秋寿命更长的事物。所以，在攀比的过程中，所有的攀比物都失去自性。蜩与学鸠因羡慕大鹏能飞九万里高，而失去自性，如果有比大鹏飞得更高的大鸟，大鹏会不会因羡慕而失去自性呢？也是有可能的。只不过庄子没有说，我们以为大鹏是飞得最高的了。所以，面对万物的差异性，不能从量上进行比较，只能坚守事物的质，坚守事物的性。在庄子看来，物无论大小，都受到物性的制约，每个人、每个物都只能在自己的性分之内去行动，就这一点而言，万物都是平等的，也都是自由的，没有必要彼此羡慕。大鹏并不比小鸟自由，彭祖也不比平常人更自由。所以，要以适性、以人的内在自由作为标准去衡量人是否逍遥，以人获得的自由感去衡量人的逍遥，而不是以外在的生命长短、成就大小去衡量人的逍遥。这就要求人不要在量上作比较，而要在性上作比较，在自由感上作比较。这样的话，每个人都安于自己的性，都可以在自己身上找到价值，找到意义。

汤之问棘也是已：

汤问棘曰："上下四方有极乎？"

棘曰："无极之外，复无极也。穷发之北有冥海者，天池也。有鱼焉，其广数千里，未有知其修者，其名为鲲。有鸟焉，其名为鹏，背若太山，翼若垂天之云，抟扶摇羊角而上者九万里，绝云气，负青天，然后图南，（且适南冥也）。斥鴳笑之曰：'彼且奚适也？我腾跃而上，不过数仞而下，翱翔蓬蒿之间，此亦飞之至也。而彼且奚适也？'"此小大之辩也。

这段话，从**"汤之问棘也是已"**到**"而彼且奚适也"**，都是前面内容的重复，是前面寓言故事的另一个版本。寓言故事版本的多样性，说明这个故事影响力很大，传播范围很广。当然，也从侧面证实这个故事的可靠性。如果说前面的故事来自《齐谐》，来自志怪小说，那么这个故事更具有现实感。汤也好，棘也好，都是实有其人，都是真实的人。用现实中真实的人来复述这个故事，说明这个故事的真实性。人并不满足于讲故事，人讲故事是因为，故事不仅仅是一种生活，更是一种观念、一种哲理。所以，要善于把故事转换成一种观念。故事可能是假的，但是观念是真的。庄子要把这个故事转化成一种什么样的观念呢？

此小大之辩也。"小大之辩"就是小和大的关系。如何理解小和大的关系呢？首先，小和大是有差别的，这个要承认，大就是大，小就是小。尽管从思辨的角度讲，可以把大说成小，可以把小说成大，但在绝对意义上，小和大的差别是客观存在的，不会因为思辨而有丝毫改变。庄子也无意抹杀小和大的区别。但是，在小和大的关系中，经常会出现小羡慕大的情况。当然，在特定的情况下，大有时候也羡慕小，但这个不是很常见。秦朝的李斯被押到刑场砍头，才想起来人生最美好的事情莫过于和儿子牵着小狗散步，觉得与其做轰轰烈烈的宰相，还不如做个默默无闻的平头百姓，这个时候他醒悟过来了。但通常情况下，都是小羡慕大，因为大代表了正面价值，代表了进步，代表了超越。人在观念中根深蒂固地认为大比小好，总是鼓励人从平凡到伟大。人在由小追逐大的过程中，就可能越过本性。这里要注意的是，庄子并没有说人不要去追求，而是说人要在自己的本性范围内去追求，在自己本性范围内实现自己的本性，完善自己的本性。庄子只是提醒我们在追求的时候，不要越过自己的性。人有一种越性的冲动，总以为越大越好。中国文化里这样的冲动似乎更加明显。大家你追我赶，在追赶之中变得越来越相似，没有任何差别。常旅游的人，会发现这样的问题，好多城市都一模一样，好多景点也一模一样，没有人真的有定力去保持自己。就在大家追赶羡慕之时，庄子提出自己的大小观念，他不否定大小的差别，但要超越大小的差别。因为大小的差别只是量的差别，不是质的差别，质的差别才是最重要的。庄子改变了评价的标准，他以性为标准，也就是以人内在的自由感为标准，来衡量人的价值。小和大是有差别的，但自由感是没有差别的。自由感就是适性，也可以说，庄子是以适性作为逍遥的标准，超越了大小的差别。这是我们从庄子讲的故事中读出的庄子的思想。当然，故事往往有多种读法，文学中常说形象大于思想，人可以在同样的故事中读出不同的思想。每个人对故事的体验不一样，读出的思想也就不一样，大家可以去比较，看看哪种读法更好。

故夫知效一官，行比一乡，德合一君而征一国者，其自视也亦若此矣。而宋荣子犹然笑之。且举世而誉之而不加劝，举世而非之而不加沮，定乎内外之分，辩乎荣辱之境，斯已矣。彼其于世未数数然也。虽然，犹有未树也。夫列子御风而行，泠然善也，旬有五日而后反。彼于致福者，未数数然也。此虽免乎行，犹有所待者也。

若夫乘天地之正，而御六气之辩，以游无穷者，彼且恶乎待哉！

故曰，至人无己，神人无功，圣人无名。

故夫知效一官，行比一乡，德合一君而征一国者，其自视也亦若此矣。前面其实已经把什么是逍遥讲完了，结论是什么呢？适性逍遥。这个问题实际上已经解决了。庄子要进一步深化我们对逍遥的理解，所以才有这里的文字。“知效一官”，就是能力只适合做管理某个部门的官员，这在官员里面地位是比较低的。“行比一乡”，就是能力能够主政一方的官员，这显然要高于“知效一官”。“德合一君而征一国者”，这个能力就更大了。他的德行合乎国君的要求，能够取信于一个国家，这个地位就相当于一国的宰相。这三句话是讲三种不同等级的官员，他们在管理能力的范围之内，都是逍遥的。为什么讲都是逍遥的呢？“知效一官，行比一乡，德合一君”里的“效”“比”“合”，表明他们的职位和能力是相称的，是一致的。也就是说，如果他们都安分守己的话，他们都是逍遥的。但是呢，“其自视也亦若此矣”。“若此”，就像那些小鸟一样。他们每个人在看待自己的时候，都像前面讲的小鸟一样，都感到自己的不足，都试图去超越自己。“知效一官”的人想要成为“行比一乡”的人，“行比一乡”的人想要成为“德合一君”的人，然后呢，都努力去超越自己。超越这个词容易受到误解，以为超越是无限度的。其实，人只能在性的范围之内去实现超越，这种超越实际上是对自己性的一种完善，是实现最好的自己。在这里，“知效一官，行比一乡，德合一君”的官员们，他们的自我超越，或者说对他人的羡慕，是不是在性的范围之内呢？从庄子的表述可以看出，他们的能力，有的只能“效一官”，有的只能“比一乡”，有的只能“合一君”，也就是说，他们的能力和他们现在的职位是完全匹配的，是完全适性的。在这种情况下，由于对他人的羡慕而超越自我，实际上就变成了对自身性的超越，而不是在性分之内的超越。那么最终呢，他们都会像蜩与学鸠一样，想要飞得更高，但最后反而摔得更惨。所以，这几句话是讲，我们世俗的人，往往都想越性而为，最后导致失性，失去了自己的本性。为什么这么讲呢？每个人都有自己的性，人按照性去实现自己，那就是适性。人心生羡慕，超越自己，就是以他人的性作为自己的性，这会失掉了自己的性，也就是迷失自我。当然，这里也有一个问题，那些超越本性的人，并不认为他们的行为是超越本性的，他们对自己的能力往往表现得特别自信。所以，如何确定自己的性是个关键的问题。人不能凭空确定自己的性，需要在不断超越中确定自己的性。由此可见，对性的确定需要不断地试错，人需要在不断尝试中认识自己的性，这就难免会有越性的事。

而宋荣子犹然笑之。“犹然笑之”，这个“笑”应该怎么翻译？可以翻译成嘲笑、讥笑、冷笑，也就是看不上他们的这种行为。宋荣子看不上别人，那他自己是怎么做的呢？

且举世而誉之而不加劝，举世而非之而不加沮。“举世而誉之而不加劝”，全天下的人都表扬他，他也不会更加勤勉，更加努力。“劝”，勤勉、努力。这不容易做到啊！人听到表扬，就会暗自得意，何况受到所有人的表扬，自然就会有一种飘飘然的感觉，就会暗下决心，继续努力。“举世而非之而不加沮”，全天下的人都在批评他，他也丝毫不沮丧，这也不容易做到啊！人受到批评就会沮丧，就会放弃自己的追求。人人都主张个性，但个性是最难坚持的，许多人开始时都坚持个性，但在持续不断的批评下，就开始怀疑个性，放弃自我。宋荣子面临所有人的批评，仍坚守自己的本性，不受任何外在的干扰，可见他的内心有多强大。他是怎么做到这一点的呢？

定乎内外之分，辩乎荣辱之境，斯已矣。他明确地知道内外之分、荣辱之境。什么是“内外”？符合他的性就是内，不符合他的性就是外。什么是“荣辱”？在性分之内做事就是荣，在性分之外做事就是辱。宋荣子坚守了自己的性，符合庄子道遥的标准，理应得到庄子的表扬，但奇怪的是，庄子对宋荣子似乎有所批评。

彼其于世未数数然也。虽然，犹有未树也。宋荣子对人世间的那些功名呢，并没有汲汲以求。他以自己的性为标准，不以世俗观念为标准，必然会淡泊名利。但庄子认为，宋荣子的行为“犹有未树也”。“未树”，也就是还有不足。适性逍遥怎么还有不足呢？从庄子后面的论述，我们就会明白，庄子是站在理想的层面去批评宋荣子。这个理想是什么？就是人应该突破自己的性去逍遥。宋荣子不能突破自己的性，只在他的性内逍遥，这个逍遥是有限的逍遥，也可以称为有待逍遥。那么突破性的逍遥有没有可能呢？

夫列子御风而行，泠然善也，旬有五日而后反。列子就更厉害了，他能御风而行。在世人看来，这就是神仙中人，在层次上显然高于宋荣子。宋荣子是人间的人，列子已经是仙人了。列子御风而行，每次飞行十五天，再返回，显得轻盈、飘逸，让人羡慕不已，这是人能达到的逍遥的最高境界。当然，对列子来讲，这仍然是适性逍遥，是他性分之内的逍遥，没有越过他的性，他并没有飞行超过十五天后返回。那么，庄子对列子这种逍遥又是怎么评价的呢？

彼于致福者，未数数然也。列子对于人间的福祉没什么追求，他只追求一种神仙的生活。

此虽免乎行，犹有所待者也。按照适性逍遥的理论，庄子应该表扬列子，但他却在批评列子，批评他“犹有所待”。列子所待什么？他的所待就是风。有所待正是列子的本性。如果他越过他的所待，那就失去了他的性。如果他在没有风的情况下试图飞行，那么小鸟的命运就是他的命运。那庄子为什么要批评他？这不是理论上的自我矛盾吗？就人的现实而言，人是不能突破自己的性的，但就人的理想而言，人显然不愿意局限于自己的性，人会倾向于突破自己的性。那么理想的性是什么呢？

若夫乘天地之正。“天地之正”就是天地之性。天地之性具体表现为万物之性，所以“乘天地之正”就是顺万物之性。万物之性各不相同，所谓顺应万物之性，就要求人随时改变自己的性，以适应万物各不相同的性。但人如何才能随时改变自己的性呢？

而御六气之辩，以游无穷者，彼且恶乎待哉！“六气”指阴、阳、风、雨、晦、明，实际上就是气的六种变化方式。“辩”通“变”。庄子那个时代的人认为，世界万物是由气构成的，气的变化形成了万物。气的变化有六种方式，六气里面，列子只能御风，这就是限制，这就是列子的致命弱点。万一没有风呢？万一风不能连续吹十五天，突然停了怎么办？那就要命了。所以列子依赖于风，也就受到了风的制约。如果有人能使自己的性顺应阴、阳、风、雨、晦、明六气变化的话，那他就绝对的自由了，就真的自由自在了。也就是说，他能在各种天气里飞行，他的飞行是无条件的。这就要求他的性能随机应变，随时自我调节，以适应六气的变化。天晴了可以御晴，下雨了可以御雨，六气怎么变，性就跟着怎么变。这种随机应变的性，换句话讲就是无性。“彼且恶乎待哉！”这样的人还有什么所待的呢？他还依赖什么呢？他什么都不依赖，这就是无待逍遥。什么样的人才能无待逍遥呢？就是那些无性的人。哪些人无性呢？

故曰，至人无己，神人无功，圣人无名。能够做到无待逍遥的是至人、神人、圣人。因为他们无己、无功、无名，所以才能无待逍遥。这里的至人、神人、圣人虽各有侧重，但都是理想的人。至人是指修养达到极致的人。神人严格地说不算人而算神。圣人是理想的统治者。这些人在生活中都难得一见。在无己、无功、无名中，无己是最重要的，己是功和名的前提，你只要有己了，就很难不去追求功和名，至人无己就必然会神人无功、圣人无名。也就是说，理想的性应该侧重至人无己，换句话讲，至人无己才是理想的性。所谓“无己”，就是不断改变自己，这是一个随机而动的己，一个变化无常的己，只有这样的己才能无待逍遥。人们特别重视庄子的无待逍遥，认为它是庄子思想的精华，体现了庄子的浪漫精神，以及对绝对自由的追求，所以对无待逍遥评价特别高。那么，我们应该怎样看待无待逍遥呢？

庄子前面所讲的逍遥都是有待逍遥，也可以讲是适性逍遥。大鹏有待于飓风，是适性逍遥。小鸟实际上也是适性逍遥，只不过它失去了自己的性，所以它不逍遥，这从反面说明了适性逍遥。宋荣子执着于自我，也是适性逍遥。列子看起来很飘逸，但仍然是在性的范围之内逍遥，也是适性逍遥。可见，庄子的思想一向都是适性逍遥，但现在他却由适性逍遥提出理想的逍遥：无待逍遥。怎样理解庄子讲的无待逍遥呢？庄子所讲的无待逍遥，也即绝对的自由，有没有可能？显然，从世俗的观念来看，无待逍遥是不可能的，能做到适性逍遥就不错了。现在，我们从庄子的表述去看他的无待逍遥。他说，至人“乘天地之正”，那么，“乘天地之正”是不是一种无待逍遥？“天地之正”是不是逍遥的条件？是不是限制了无待逍遥？进一步说，“乘天地之正”是不是与“无待逍遥”相矛盾？至人如果绝对逍遥的话，无论天地正不正都会逍遥，至人的无待逍遥是不需要天地之正的。如果还需要“乘天地之正”，还能叫无待逍遥吗？真正的无待逍遥，不但不需要天地之正，连天地也不应该需要。“御六气之辩”的道理也是一样的。“御六气之辩”说明至人还依赖六气，如果突然没有六气了呢？至人怎么办？“以游无穷者”，这里的“无穷”是广大的空间，也就是说，至人云游还要依赖一个广大的空间。庄子说，至人“恶乎待哉”，这个结论从哪来呢？严格来说，是得不出这个结论的。

什么叫“无己”呢？一般人都倾向于把“己”分为两个层次，一个是世俗意义上的己，被社会化了的己，这个己可以称为虚假的自己。另一个是真己、真我，这个可以称为真正的自己。那么，无己就是去掉虚假的自己，留下真正的自己。陈鼓应先生也是这么说的，说无己是没有偏执的我见，不以自己为中心，扬弃为功名束缚的小我，成为独与天地精神往来的大我。

陈鼓应先生把“我”分为两个层次，研究庄子的学者们基本都是采取这种观念。而且学者们把“无己”和《齐物论》里的“吾丧我”联系到一起，说两者的意思是一样的。其实两者的意思是不一样的。在“吾丧我”那里，正如大家所说的，把外在的我排除掉，留下内在的我、真我，让这个真我成为一个逍遥的主体，但是，人经过艰苦修行达到“吾丧我”的境界，却不能一直停留在这个境界里，还是要回到现实中来。所以，“吾丧我”类似于审美现象，只是暂时地忘掉自己。但是，“至人无己”不是生活中的审美状态，它是至人的存在状态，它自始至终就以绝对自由的方式存在，不能想象他还会回到有待的现实中。所以“至人无己”，不仅要排除那个虚假的我、外在的我，甚至连真正的我、内在的我都不能要。当然，肉体的我肯定也不能有。那么，在一无所有的情况下，至人的内涵是什么呢？其实就剩下无。因为，只要有任何的有，这个有就会成为绝对自由的累赘。所以，至人一定是没有身体的，只要有身体，身体就会成为绝对自由的障碍。人的身体是无法不断变化适应自然万物的。平常意义上的适应，只是有限意义上的适应。比如说，冷了加衣服，热了减衣服，也是适应自然的变化。但如果温度超出了身体适应的范围，地球突然冷却了或者突然升到太阳的温度，身体还如何去适应呢？所以，绝对自由的最大障碍不是观念，不是真我、假我的问题，而是身体的问题。

可见，“至人无己”只是个纯粹的观念，纯粹的理念，是没有任何内容的纯粹形式，但这个纯粹形式的东西，并非毫无意义。人在现实的行为中固然要守住自己的性，但人的自由本性决定了，人不满于性的限制。人的外在超越受到了性的限制，人的内在超越却应该是无限的，人可以在虚拟的生活、想象的生活、意识的生活中放飞自己的心灵。现实中的小鸟固然不能像大鹏那样飞翔，但小鸟完全有权利想象自己像大鹏那样飞翔。现实中，人只能一步一步往前走，但人完全可以想象自己像孙悟空那样一个筋斗翻出十万八千里。至人无己，连身体也没有，只是纯精神的存在。纯精神并非消极，它有积极的成果，在它里面，产生出许多精神产品，如艺术、宗教等。尽管无待逍遥特别高端，倍受读庄者的追捧，但它毕竟是私人领域的事，只涉及人的情趣、境界，而适性逍遥则关涉到每个人的现实生活。人若不能适性，不仅会给个人带来痛苦，还会给社会带来灾难。即便是无待逍遥，如果不以有待逍遥（适性逍遥）为前提、基础，就只能是精神的幻觉。所以，对于无待逍遥的思想，不能把它看得太高，过去好多人都把这个思想看得太重要，有人甚至把它当成庄子思想的核心，这就偏离了庄子整个思想的特征，对庄子思想的把握可能不够准确。

二

尧让天下于许由，曰："日月出矣，而爝火不息，其于光也，不亦难乎！时雨降矣，而犹浸灌，其于泽也，不亦劳乎！夫子立，而天下治，而我犹尸之，吾自视缺然。请致天下。"

尧让天下于许由。尧把天下让给许由，这是值得大书特书的事情。天下是世界上最贵重的东西，拥有了天下就拥有了一切。中国历史上，为争夺天下打得头破血流的事屡见不鲜，可以毫不夸张地说，一部中国古代史就是争夺天下的历史。所以，让天下是特别让人敬佩、让人赞许的事情，它意味着权力的和平交接，这是天下稳定的最重要的因素。尧能够把天下让给许由，表现了尧的崇高品质。尧是天子，是儒家的圣人，许由是隐士，是道家的圣人。尧把天下让给许由，换句话讲，也就是儒家的圣人要把权力让给道家的圣人。所以，这里尧和许由的对话也就可以看作是儒家和道家的一次思想对话。尧把天下让给许由，意味着在儒家圣人的眼里，道家圣人的地位更高，治天下的方式更为理想。因为，所让的人必须高于让位的人，这才是让贤，尧不可能把位置让给各方面低于自己的人。尧把天下让给许由，还必须要有让的理由，也就是说，把一个好的东西让给一个好的人，还需要一个好的理由。没有好的理由，这个好人没办法接受这个好东西。那么这个理由是什么呢？

曰："日月出矣，而爝火不息，其于光也，不亦难乎！"

“日月”指的是许由。尧把许由比作日月，把自己比作爝火。“爝火”是小火，是用于夜间照明的火。日月之光普照大地，而小火只能照亮很小的地方。从范围上讲，小火是不能跟日月之光相比的。人在迫不得已的情况下，才用小火临时照明。尧把许由抬得如此之高，言下之意是，因为许由你比我强得多，所以我必须把位置让给你，这是一个很好的理由。尧大概觉得这个比喻说服力还不够，他又打了一个比方。

“时雨降矣，而犹浸灌，其于泽也，不亦劳乎！”这里把许由比作时雨。时雨已经下来了，还去给庄稼浇水，对滋润庄稼来讲，这不是徒劳无功吗？说来说去，都是说有了你的存在，我就没有必要了，所以我要把天下交给你。

“夫子立，而天下治，而我犹尸之，吾自视缺然。请致天下。”“夫子”是对老师的尊称。尧尊许由为夫子，就是学生把天下让给老师的意思。尧认为，如果老师做天子的话，就会让天下大治，而我待在天子的位置上，觉得自己不称职，我请求把天下交给你。应该说，尧让天下的理由已经很充分了，从常理上讲，许由没有任何理由可以拒绝，而且，面对这样一份大礼，一般人都会喜不自胜，也不会想着去拒绝。但许由还是拒绝了。拒绝体现了许由的非凡品质，但品质不是拒绝的理由，过分地强调品质，会有自夸的嫌疑。许由需要提供别的拒绝的理由，提供拒绝的理由其实比提供给予的理由更难。你可以拒绝别人的坏，怎么能拒绝别人的好呢？那么许由用什么理由拒绝的呢？

许由曰："子治天下，天下既已治也。而我犹代子，吾将为名乎？名者实之宾也。吾将为宾乎？鹪鹩巢于深林，不过一枝；偃鼠饮河，不过满腹。归休乎君，予无所用天下为！庖人虽不治庖，尸祝不越樽俎而代之矣。"

许由曰："子治天下，天下既已治也。"你治理天下，把天下已经治理得很好了。现在你要把治理好的天下交给我，我怎么能接受呢？我没有理由接受啊！无功不受禄。我什么都没做，却得了天下，我成什么人了？换句话说，你把我看成是什么人了？大家注意，尧让天下很谦卑，许由辞天下同样也很谦卑。许由特别强调尧已经把天下治理得很好了，他不能做得比尧更好了，而非尧所说，我做得不好，你一定做得比我好。

"而我犹代子，吾将为名乎？名者实之宾也。吾将为宾乎？"在没有理由的情况下，我接受了天下，是为了名吗？"名"是什么？名是实之宾，是实的附属品。我追求的是实，我不需要名，不需要这个附属品。这里的名实关系是广义的，不是狭义的。狭义的名实关系是名实相符。以狭义的名实关系来看，意思就是，你给我天子的位置，不仅要把天子之名给我，还要把天子之实给我，也就是说，我这个天子不是傀儡，要有实际的权力。你把名给我了，但在背后操纵我的行为，这就名不副实了。庄子这里讲的"名者实之宾也"，是广义的名实关系。这里的"实"是实际的需要、身体的需要；而"名"呢，是身体不需要的、多余的东西。具体地讲，名实是什么？看许由举的例子。

“鹪鹩巢于深林，不过一枝。”鹪鹩待在大森林里，它实际的需要，只不过是大森林里某一棵小树的某根小树枝而已。但对于求名的鸟来讲，他需要整片大森林，想把整片大森林都变成自己的，而它实际的需要不过是某根小树枝。这是许由眼里的名和实。

“偃鼠饮河，不过满腹。”偃鼠在大河里饮水，不过是喝饱了为止，它只需要大河里的一点点水就够了。但求名的偃鼠呢，却想要拥有整条河流。许由借鸟和森林的关系，偃鼠和河水的关系，说明他与世界的关系，也即人与世界的关系。在这里，许由提出了自己的价值观。人是在世界中生存呢？还是去占有世界呢？人只是世间的过客，世界提供人的需要，满足人的需要，人没有理由去占有世界，人也占有不了世界。所以，占有世界的价值观是错误的。人和世界的关系说到底是人和自己欲望之间的关系。人如何对待自己的欲望呢？人所欲望的对象肯定都是对人有好处的对象，人只会欲望好的对象，没有人会欲望坏的对象。换句话讲，许由的思想就是，人如何对待自己想要的东西，如何对待好的东西。更抽象点说，就是人如何对待好。人对于好向来是来者不拒，何况是最好的天下呢！人怎么能拒绝呢？但对于许由来讲，接受了天下就意味着失去本性。人在好的诱惑下会失去本性，许由拒绝接受天下，实际上就是拒绝好的诱惑，以确保自己的本性。尧因为好心险些让许由失去本性，而许由则拒绝尧的好心，保持了自己的本性。可见，这段对话仍然是围绕着适性逍遥来说的。

“归休乎君，予无所用天下为！”你还是回去做天子吧，我不需要天下。许由觉得，给了他天下，就是给了他负担，给了他累赘。鹪鹩只需要某根小树枝，如果它想要大森林，就会给自己带来烦恼。它如何去拥有大森林呢？它用什么方式去体现它的拥有呢？它只能在每棵树、每根树枝上都睡一下，这会让它没办法睡，这就把睡觉的本质忘掉了。偃鼠饮河喝饱就够了，想要拥有整条河流的话，就得不停地喝，就会被水撑死。

“庖人虽不治庖，尸祝不越樽俎而代之矣。”“越俎代庖”这个成语就由此而来。厨师不做饭，主管祭祀的人是不会替厨师做饭的，厨师和祭祀官各有分工。也就是说，你可以不想做天子，但你不要让我去替你做天子。值得注意的是，无论是尧让天下也好，还是许由拒绝天下也好，都是个体之间的行为，不是群体之间的行为。尧的给予和许由的拒绝是个体与个体的关系，每个人只能代表自己，不能代表一个群体。尧可以自己让天下，但不能让别人让天下；许由可以自己拒绝天下，但不能代表其他人拒绝天下。这一点非常重要，否则就有可能以自己的性来替代他人的性。适性的性永远是个体的，没有所谓的群体之性，群体之性也在个体之性里面。这就防止了以适性的名义破坏性，防止任何人对他人的性进行干预。

肩吾问于连叔曰:“吾闻言于接舆，大而无当，往而不返。吾惊怖其言，犹河汉而无极也；大有径庭，不近人情焉。”

连叔曰:“其言谓何哉?”

“曰:‘藐姑射之山，有神人居焉，肌肤若冰雪，绰约若处子；不食五谷，吸风饮露；乘云气，御飞龙，而游乎四海之外。其神凝，使物不疵疠而年谷熟。’吾以是狂而不信也。”

连叔曰:“然！瞽者无以与乎文章之观，聋者无以与乎钟鼓之声。岂唯形骸有聋盲哉?夫知亦有之。是其言也，犹时女也。之人也，之德也，将旁礴万物以为一，世蕲乎乱，孰弊弊焉以天下为事！之人也，物莫之伤，大浸稽天而不溺，大旱金石流、土山焦而不热。是其尘垢粃穅，将犹陶铸尧舜者也，孰肯分分然以物为事。”

肩吾问于连叔曰:“吾闻言于接舆，大而无当，往而不返。”肩吾和连叔都是庄子虚构的人物，不必追究他们究竟是什么人。接舆是楚国的隐士,《论语》上记载了他的言行，孔子见过接舆，接舆还写诗讽刺过孔子，所以接舆应该是实有其人的。肩吾对连叔说，我在接舆那里听到这样的话。接舆说了什么呢?肩吾没有说。但他谈到了对接舆这段话的感受，那就是“大而无当，往而不返”。“大而无当”，这是说，他的话立意高远，富丽堂皇，但不发挥任何作用，没有任何意义。“往而不返”是说，他的话漫无边际，说出去收不回来。

“吾惊怖其言，犹河汉而无极也。”他进一步描述自己对接舆话的感觉。“惊怖”就是震惊，甚至很恐怖。接舆的话和通常人说的话完全不一样，或者说，与世俗的观念完全不一样，他的话就像宽广的银河一样没有任何边际。

“大有径庭，不近人情焉。”“径”是门外面的路，“庭”是院子里面的路。“大有径庭”是说，两者风马牛不相及，接舆讲的话和通常的观点是完全不同的。“不近人情”是说，接舆的话不合乎人情世故。由于接舆的话完全背离了生活常识，所以肩吾怀疑接舆的话的真实性，认为接舆完全是在胡编乱造、胡说八道。这段文字里出现了好多成语，比如大而无当、往而不返、河汉无极、大有径庭、不近人情等。成语是现成的语言。对今天的人来讲，它是现成的，但对当年讲的人来说，它是首创的。因为大家都认可这个首创，不断去重复这个首创，慢慢地它就成了成语了。成语是使用频率特别高的词，它的影响特别大。可以说，每一个成语都是一部历史，一部思想史，一部社会生活史。成语，历史上无数的人使用过它，今天大家还在使用它，未来人们肯定还要使用它。成语是民族共同语，使用同一个词语，就拥有同一种思想方式，同一种生活方式。接舆的话引发了肩吾这么多的感想，连叔自然就想知道他到底说了什么。

连叔曰：“其言谓何哉？”连叔问，他到底说了些什么呢？

曰：“藐姑射之山，有神人居焉，肌肤若冰雪，绰约若处子。”这是讲神人的住所。关于“藐姑射之山”，有两种说法：一种是把“藐姑射”作为山的名字，一种是把“藐”当修饰语，修饰“姑射山”，意思就是遥远的姑射山。后一种理解可能更好，更具有神话色彩。遥远的姑射山上，居住着神人。神人不同于普通人，这首先体现在神人的身体上。“肌肤若冰雪”，神人的身体冰清玉洁，没有任何瑕疵。“绰约若处子”，神人像少女一样风姿绰约。这种表述让人感觉神人好像是有性别的，好像是一个女性，但事实上神人应该是没有性别的。因为没有性别他才神嘛，有了性别就变成普通人了。因为神人身体的这种特殊性，导致了功能的特殊性。

“不食五谷，吸风饮露。”这是讲神人的吃。吃饭是人的生存需要，正因为如此，人需要劳作，需要辛苦。人需要吃饭不是一件小事情，它规定了人一生当中要做什么。人吃五谷的本性，就构成了人的有限性。风和露是自然中本来就有的，神人吸风饮露一方面表现了神人的无限性，另一方面也表现了神人的纯洁性。

“乘云气，御飞龙，而游乎四海之外。”这是讲神人的行。普通人靠双腿走路，在大地上行走，会遇到很多障碍，这就制约了人的行动。神人“乘云气，御飞龙”，那就不一样了。神人在天上飞行，没有了大地上各种各样的障碍，所以才能够“游乎四海之外”。从上面这几句话可以看出，神人的身体，神人的吃、住、行，都和常人不一样。

“其神凝，使物不疵疠而年谷熟。”这是神人发挥的作用。神人精神凝聚的时候，具有奇特的功能，能让万物健康，让庄稼成熟。以上就是肩吾转述接舆的话。我们听到接舆的话，会有什么感觉呢？可能会产生跟肩吾一样的感觉，会认同肩吾对接舆的评价。怎么理解接舆的话呢？这段话可以看作是接舆的作品，他说的话不就是他的作品吗？从严格意义上说，作品都是想象力的产物，但细分的话，想象的方式是不一样的，有的按照现实的逻辑去想象，有的则按照情感的逻辑去幻想。显然，接舆的这些话是纯粹的幻想。那么，幻想作为人的作品，有没有合理性呢？如果是合理的，那么接舆的话就是可以理解的；如果是不合理的，那肩吾的感觉就是合理的。幻想出于人的自由，是人性的需要，所以幻想是合理的，幻想的产品也是合理的。艺术也是幻想的产物，承认幻想产品的合理性也就承认了艺术的合理性，承认了艺术的合理性就是承认了艺术家的合理性。艺术家具有特殊的想象力，他有表达想象力的权利，用庄子的话来讲，他有适性的权利。如果认同肩吾的说法，就会认为这种想象是不合理的。既然想象是不合理的，就要反对这种想象，就要否定人有这样想象的权利，进而否定这样想象的艺术家。所以，这段话本质上牵扯到对艺术、对艺术家所本有的性是承认还是否定的问题。人的性是复杂的，有一般的性，也有特殊的性。艺术家特殊的性往往会被误解、被歪曲。而且对常人来讲，这种误解和歪曲并不是故意的，他是用自己的性否认他人的性，用一种常性否认别人的一种特性。

在这里，可以把接舆看作是一位浪漫主义的作家，把他所说的话看作浪漫主义的作品。这就涉及对浪漫主义作品的认识问题。比如《西游记》，写的不是正常的人和事，写的是四个单身汉去西天取经的故事。看《西游记》的时候，谁都知道它是假的，但谁也不会说它是假的，都说它是真的。这是一种什么真呢？这是想象的真实，艺术的真实。这表明每个人都有艺术的心灵。如果有人看《西游记》的时候，老在追问孙悟空怎么能从石头缝里蹦出来呢？怎么能一个筋斗翻出十万八千里呢？那么，人们就会责怪他不懂艺术，说他没有艺术的心灵，说他用一种非艺术的、现实的眼光去看待艺术。杜牧有一句诗，“千里莺啼绿映红”，人人都说好，但明朝有个学问家却质疑，千里莺啼谁听得见呢？他大笔一挥，把“千里”改成十里，可这么一改艺术的味道就没有了。同样的道理，肩吾听到接舆的话表示很吃惊，无法理解，说明了什么？说明肩吾缺少一颗艺术的心灵。他把接舆的话当真了，要跟接舆较真。所以，跟肩吾这样的人待在一起会觉得很无趣，没意思。

这里还要问一个问题。前面讲逍遥有两种：一种叫有待逍遥（适性逍遥），一种叫无待逍遥。接舆创造出来的神人形象是有待逍遥还是无待逍遥呢？这个神人其实也是有待逍遥。他住在姑射山上，吸风饮露，他所乘的云气，驾驭的飞龙，不都是他的所待吗？不都构成了对他的限制吗？“其神凝”其实也是所待。为什么一定要神凝才行呢？如果他看一眼，五谷就能成熟，万物就能健康，那不更好吗？为什么不这样去写呢？既然是想象，把它想象得更为神奇，不是更畅快吗？为什么还要给想象的对象一种限制呢？这就涉及艺术的本性问题。如果对象无限制的话，就无法构成一个故事。因为无限缺少了对立面，不能构成冲突，不能形成一个故事，就没有了吸引力。所以孙悟空必须要受到限制，他再厉害也逃不出如来佛祖的手心，再厉害唐僧也可以给他念紧箍咒。可见，孙悟空充其量也只能是有待逍遥。接舆这段话包含了浪漫主义艺术的所有观念，也可以说，它是最早的浪漫主义作品，这种浪漫主义精神不是肩吾这样的人能理解的。

“吾以是狂而不信也。”因此，我把他的话当成谎言，根本不相信。这里，肩吾和连叔的对话体现了他们对浪漫想象的不同态度。这是俗人和艺术家之间的对话，他们怎么能聊到一起呢？

连叔曰：“然！瞽者无以与乎文章之观，聋者无以与乎钟鼓之声。”瞎子是不能够欣赏色彩美的，对于瞎子而言，再美的绘画也是没有意义的。对于聋子而言，最好的音乐也是没有意义的。换句话说，对于没有艺术心灵的人，所有的艺术都没有意义。也可以说，艺术只有对于懂得艺术的人才有意义。

“岂唯形骸有聋盲哉？夫知亦有之。”连叔从艺术出发，对思想作进一步深化。人不仅有形体上的聋子、瞎子，人还有智力上的聋子、瞎子。形体上的聋子、瞎子一望而知，他们也承认自己是聋子、瞎子；智力上的聋子、瞎子就不一样了，他们明明判断力低下，却自以为很聪明。

“是其言也，犹时女也。”这句话说的就是你呀。“时”，是。“女”，你。你这个人没有艺术的心灵，还贬低有艺术心灵的人。那么，连叔对神人是怎么看的呢？神人是什么样的人呢？

“之人也，之德也，将旁礴万物以为一，世蕲乎乱，孰弊弊焉以天下为事！”神人的德和普通人的德完全不一样。他的德具有超越性，不体现为一事一物的德，他混同万物，把万物看成一体。他具有哲学的智慧。普通人看到的是万物，关注万物的差别，就会有所取舍，就会生出烦恼。神人把万物视为一体，无所谓彼此亲疏，就没有了是非得失，没有了烦恼。由于神人这样的大胸襟、大气魄，他眼里的问题和常人也完全不一样。“世蕲乎乱”，“乱”是治的意思。常人都喜欢治理天下，把天下大治作为治理目标。神人根本不把这个目标当回事。人们会问，不把治理天下当回事，那不就天下大乱了吗？对于神人来讲，天下本来就是一，本来就没有什么乱，每个人都在很好地生活，可世人庸人自扰，把每个人做自己的事看成了天下大乱，然后费尽心机去治理。对神人来讲，天下本来就大治，又有什么可治的呢？

“之人也，物莫之伤，大浸稽天而不溺，大旱金石流、土山焦而不热。”这几句话讲神人的神奇性。神人的神奇在于，任何物都不能伤他，水不能淹他，火也不能烧他。在常人的眼里，神人是不可思议的。显然，神人是连叔虚构出来的，神人是人的理想。从艺术创造的角度看，神人既源于生活，又高于生活。人为什么要创造理想的人呢？理想的人是人自我超越的依据。没有理想怎么去自我超越？怎么去克服自己的有限，趋向于无限呢？还有什么必要去修养呢？所以，对于神人，不能去质疑他的真实性问题，就像不能质疑孙悟空是不是真的，如果质疑的话，不是孙悟空有问题，而是质疑的人有问题。事实上，稍有艺术修养的人都不会问孙悟空的真假，人们都认可他是真的，像肩吾那样完全没有艺术心灵的人是少见的。

“是其尘垢粃穅，将犹陶铸尧舜者也，孰肯分分然以物为事。”理想的人和现实中的尧舜相比会怎么样呢？也可以说，道家理想的人和儒家理想的人相比孰高孰低呢？在庄子看来，或者说在接舆看来，或者说在连叔看来，尧舜毕竟是人间的人，人间的人再完美也是不完美的，有缺陷的。在道家看来，儒家最理想的人仍然不够理想，因为他还要吃五谷，还要在地上行走，最终还要死。神人则不然，吸风饮露，乘云气，御飞龙，尽管没说到神人会不会死，但理论上讲，神人应该是不会死的，因为他是不生的，不生也就不死。在神人看来，神人那里的“尘垢粃穅”都可以造就人间的尧舜，可见两者差距之大。从这里也可以发现，为什么儒家后来没有发展成为宗教，尽管现在很多人称儒家为儒教，但这个说法应该说是有问题的。问题出在什么地方呢？儒家理想的人是现实的人，而现实的人是不能成为偶像的。因为现实的人是有限的，崇拜有限是不牢靠的，是没有安全感的。道家把神人变成了理想，这才是真正的理想。因为神人无限，才能够让人去崇拜。这也就能够理解，为什么从道家可以发展出道教。道教要修炼成仙，比儒家人人成为尧舜更难，但大家觉得这个很可靠，好多人都去学。所以，老子也好，庄子也好，他们的思想里已经包含了道教产生的可能性。

这段话的核心思想是替艺术家的本性辩护，也是为艺术辩护。艺术家有一种特殊的性，这种特殊的性不被常人理解，所以庄子把这种性单独提出来加以保护。人的本性里面有一种艺术性，既然有这种本性，就要适应这种本性。对于肩吾这样的人，唯一要做的就是让他理解艺术本性，不要去干预、否定这种艺术本性。尽管大家都承认人的艺术本性，但在生活中，艺术家的艺术本性并不能够完全被理解。欣赏艺术作品和宽容艺术家是两码事。因为艺术家独特的禀赋，有人甚至把他们称为疯子，在现实当中他们真的是不近人情、大相径庭的，但也是因为这种不近人情，他才成为了艺术家，所以大家务必要理解艺术家，尤其是那些浪漫型的艺术家。就如李白，大家读他诗的时候非常振奋，“五花马，千金裘，呼儿将出换美酒”，朗诵的人激昂澎湃，听的人也是热血沸腾。但要和他待在一起，他为了喝酒，把五花马、千金裘都卖了，你就会突然感觉无法接受。所以，庄子在这里为未来的中国艺术家提前进行了辩护，也提前进行了保护。这样也就很容易理解，历来的艺术家为什么都特别喜欢庄子，因为庄子是他们遥远的知音。

宋人资章甫而适诸越，越人断发文身，无所用之。尧治天下之民，平海内之政，往见四子藐姑射之山，汾水之阳，窅然丧其天下焉。

宋人资章甫而适诸越，越人断发文身，无所用之。这里表达的思想仍然是，人的好心好意对于不需要的人来说是多余的，甚至还是一种干扰。宋国人到越国卖帽子，可是越国人“断发文身”，不戴帽子，帽子是多余的。这段话与尧让天下给许由的意思是一样的。这个例子用来说明，尧让天下给许由，许由为什么会拒绝？还是强调性的差别。道家强调性的差别性，儒家强调性的统一性。因为强调性的统一性，尧就想当然地认为，把天下让给许由，许由一定会接受，他不理解许由为什么会拒绝。庄子用宋人资章甫这个例子来说明许由拒绝的理由。宋人向越人卖帽子不就像尧让天下给许由一样吗？许由拒绝接受天下，不就像越人“断发文身”用不着帽子一样吗？不同地方的人有不同的性，不同的人也有不同的性。可见，许由以性的差异拒绝接受天下是有理由的。从文意和行文逻辑来讲，这段话调整到上文“庖人虽不治庖，尸祝不越樽俎而代之矣”后面会更好。

尧治天下之民，平海内之政，往见四子藐姑射之山，汾水之阳，窅然丧其天下焉。尧治理好天下，但不满足于治天下，他又有新的追求。他追求自我超越，要超越儒家治天下的理想，进入道家的人生理想中去。他去汾水北岸的姑射山见四子。四子据说是王倪、啮缺、被衣、许由，他们都是得道的高人，甚至可以说就是神人。尧见了四子之后，完全忘记了他的天下。这也意味着，尧从儒家的理想里跳出来，彻底进入道家的理想之中。这里要注意一个问题，尧的性到底是什么？前面是儒家之性，后面又转移到道家之性，这就有一个问题，性是不能改变的，由儒家之性怎么可以变成道家之性呢？如果性可以改变，而尧又真的改变了自己的性，这说明尧已进入无待逍遥的境界，可以在不同的性之间来回穿梭，这样一来，儒家的圣人就高于道家的神人了。这显然不符合庄子的思想。所以，尧向往道家的思想境界，不能理解为性的改变，而要理解为性的完善。性不是现成的，性是一种潜能，有待于人去实现。对于性，既有过的问题，也有不足的问题，人把现有的性当作了自己的性，按照这个性去做事，就有可能遮蔽性。比如说井底之蛙，如果蛙一直在井底，它就会把所看到的当作它的性，但蛙一旦跳出井底，看见了另一个天地，就会发现自己新的性，这个新发现的性其实还是蛙性，只不过过去没有发现而已。可见，性特别复杂，性里面有多种成分。男性和女性是一个大的分类，往细里分的话，男性里面也包含了女性的成分，女性里面也包含了男性的成分，不能说他们是截然不同的。尧从儒家的理想进入道家的理想，不是尧改变了性，而是尧发现了心灵深处更本质的性，尧在不断完善性，但并没有越过他的性。庄子借尧从儒家之性往道家之性的转变，提出了性的缺失问题以及性的不断完善问题。

这段话表达了一个新的思想，表达了庄子对性更深的理解。适性的性里包含了一个弹性的空间，人可以在这个空间里不断地去充实性、丰富性。这个思想非常重要。好多人批评庄子，也批评解释庄子的郭象，说他误解了庄子，把逍遥游变成了适性逍遥，让人安于现状、不思进取，对人产生消极的影响。但是，从尧由儒转向道的过程，庄子揭示了性的丰富性。人适性同时也意味着追求性的丰富性，实现性的丰富性，以达到完美的性。尧实际上就是在追求完美的性。尧从低级的“平海内之政”到更高级的“窅然丧其天下焉”，这是尧的自我实现。这样看来，尧当初要把天下让给许由是发自内心的，他不是虚伪，不是为了博得“让天下”的名声。在庄子这里，尧是由儒家最终走向道家的圣人，他的性里包含着儒道两种成分，但最终道家的思想战胜了儒家的思想。这段话特别重要。在这里，庄子发展了性的思想，把单一的性变成了丰富的性，把现成的性变成了未成的性。但未成的性又不是无限制的，而是有限制的，至于具体的限制在什么地方、在什么范围，又是不确定的。就像百米赛跑的时间不断在缩短，不断在破纪录，但破纪录有没有一个限制呢？会不会在九秒以内呢？会不会到五秒呢？会不会到一秒呢？肯定是有限制的。人希望自己跑得更快，但快在终极意义上又受到性的限制。所以，性有二重性，既有开放性，又有封闭性。这样才能正确地理解庄子的性，而不会产生误解了。如果再发现有人批评庄子的适性思想是让人消极认命时，就可以对他进行批评，依据就在文本。那些批评庄子的人无法解释这段话，就有意忽略这段话。这就是细读文本的好处。

三

惠子谓庄子曰："魏王贻我大瓠之种，我树之成而实五石，以盛水浆，其坚不能自举也；剖之以为瓢，则瓠落无所容。非不呺然大也，吾为其无用而掊之。"

庄子曰："夫子固拙于用大矣。宋人有善为不龟手之药者，世世以洴澼絖为事。客闻之，请买其方以百金。聚族而谋曰：'我世世为洴澼絖，不过数金；今一朝而鬻技百金，请与之。'客得之，以说吴王。越有难，吴王使之将，冬与越人水战，大败越人，裂地而封之。能不龟手，一也；或以封，或不免于洴澼絖，则所用之异也。今子有五石之瓠，何不虑以为大樽而浮乎江湖，而忧其瓠落无所容？则夫子犹有蓬之心也夫！"

惠子谓庄子曰："魏王贻我大瓠之种，我树之成而实五石，以盛水浆，其坚不能自举也；剖之以为瓢，则瓠落无所容。"惠子是庄子的朋友。这是一对非常奇怪的朋友，待在一起就吵架，离开了还有点想念。惠子去世以后，庄子路过惠子的墓前，特别感慨，再也没有人向他提出批评了，再也没有人和他争论了。可见，庄子很喜欢争论，并且乐在其中。但是呢，这两人性情、脾气、气质正好相反，一言不合就吵架。事实上，他们每言都不合，所以，吵架就成了他们独特的交往方式。本质上讲，惠子是一位科学家，庄子是一位哲学家，也可以说是一位艺术家，他们的争论某种意义上讲就是科学和哲学（艺术）之争，科学和人文之争，这样看待他们的争论，争论就变得特别有意义了。惠子说，魏王给了我一个大瓠之种，我把它种上了，也结成果实了，而且果实非常巨大，这个葫芦能装五石的粮食。有人说，“实五石”是说大葫芦重有五石，我觉得没有道理，重五石应该很结实，怎么说装水“其坚不能自举”呢？说能装五石粮食是为了说明葫芦之大。但葫芦大也暴露了它的缺点：装水，水太重了，葫芦承受不了；把葫芦剖成瓢，瓢又太大了，不便使用。惠子面对大葫芦可以说是一筹莫展，不知道该怎么办。那么，没有办法的办法是什么呢？

“非不呺然大也，吾为其无用而掊之。”对没有用的东西通常有两种处理方式：一种是搁置，先放着不着急；另一种比较极端，“掊之”，打碎后扔掉算了，反正它也没有用处。体会一下“掊之”，让人很心惊。当人把某个东西判定为无用的时候，它的命运就可能极为悲惨。所以通常情况下，不要随便判定一个对象是无用的。“掊之”也表明一个科学家对艺术、对人文的残忍。用现在人的话讲，就是自然科学对人文科学的残忍，这会导致社会失去规范。

庄子曰：“夫子固拙于用大矣。”庄子批评惠子的想法和做法，认为他的问题在于“拙于用大”，不善于“用大”，不知怎么去“用大”。要注意“用大”这个词，大是可用的，只是因为惠子的笨拙，不会用大才导致行为的极端，甚至是行为的残忍，要把这个葫芦打碎。这里，庄子与惠子争锋相对，惠子认为葫芦大而无用，庄子认为惠子是拙于用大。当然只说拙于用大还不行，还需要证明。怎么证明呢？庄子和老子、孔子、孟子一样，都是采取类比的论证方式，这是中国古代思想表达的普遍方式。

“宋人有善为不龟手之药者，世世以洴澼絖为事。”宋国有个人善于制造一种不冻手药。为什么要制造这种药呢？这和他的职业有关。他家世世代代都浣洗棉纱，天天都要和水接触。冬天的时候，手有被冻坏的危险，这就迫使他制造这种药来保护自己的手不被冻坏。

“客闻之，请买其方以百金。”这个“客”不是一般人，是一个特别有头脑、特别聪明的人，而且是个具有战略思维的人，他能够到处发现机会。机会到处都有，有人发现了，有人没有发现。这位客发现机会来了，要求用“百金”买这个药方。百金应该是笔巨款。为什么呢？往下看。

“聚族而谋曰：‘我世世为洴澼絖，不过数金；今一朝而鬻技百金，请与之。’”宋人觉得发财的机会来了，召集全家人开会，讨论要不要卖掉自己的专利技术。这是天上掉馅饼的事，根本用不着讨论，肯定要卖啊！理由很简单，我家世世代代洗棉纱不过挣到数金啊！现在一下子就能卖百金，当然要卖掉，卖掉一点也不妨碍他们继续从事洗棉纱的工作，还白得了百金的巨款。所以，卖技术是必然的结论。客要用这个技术谋取更大的利益。这是双赢，双方立即成交。

“客得之，以说吴王。”客果然很厉害，得到药方之后，就去游说吴王。客能用百金去买药方，说明他胆识过人。其实，宋人世世代代才挣得几金，他完全可以用低得多的价格去买药方，但他却一定要用百金购买药方，说明他对药方的价值充满自信。在巨大的利益面前，百金又算得了什么呢？另外，既然预期有巨大利益，就不能亏待了宋人，不能个人独占利益，就必须以百金提前酬谢宋人。这说明客不贪图利益，很有义气。因为有这样的心胸，他才能拿着药方去找吴王，没有这样心胸的话，他拿到药方也想不到去找吴王。可见，心胸对人有多重要。

“越有难，吴王使之将，冬与越人水战，大败越人，裂地而封之。”这是对心胸大的酬报。吴越发生战争，吴王命他带领吴军打仗，靠着不冻手的药，大败越军。吴王专门割了一块地赏他，让他世世代代拥有，就像天子封疆建国一样。可见，吴王也很大气，两个大气的人组合到一起，做了一件大气的事。

接下来庄子就得出结论。**“能不龟手，一也；或以封，或不免于洴澼絖，则所用之异也。”**这就是能否用大的差别。同样的不冻手之药，有人得到了封地，有人还继续在浣洗棉纱。宋人觉得得了百金已经是非常了不起的事了，他绝对想不到有人居然用这个药得到了封地。这说明同一个东西有不同的使用方法，你可以往小里去用，也可以往大里去用，还说明物性是多样的，是丰富的，人在多大程度上发现物性，就会在多大程度上使用物性。也可以讲，任何一个物都是有用的，就看把它用在何处，把它用在卖药方上是小用，把它用于战争是大用。

可见，物的用处和用物之人有关，什么样的人能发现什么样的用途。当然我们要讲，宋人的做法也符合他的性，宋人卖药方，在他的性的范围内已经达到利益最大化。所以在这里，不能理解成庄子在批评宋人，事实上，他认为宋人也完美地实现了他的性。只是庄子认为，这个客让药方实现了大用。他为什么能实现大用呢？这和他性中的大气有关，这种大气最后成就了他。

最后的结论就出来了。**“今子有五石之瓠，何不虑以为大樽而浮乎江湖，而忧其瓠落无所容？”**通常，我们认为葫芦是装水用的，或者做瓢用的。常人为什么会这么认为呢？这是由常人之性决定的。常人的性决定了常人只能这么认为，否则他们就不是常人了。庄子不是常人，他善于用“大”。庄子认为可以把葫芦做成腰舟用于游泳，浮于江湖，这多好啊！这种用法惠子是绝对想不到的。从一个科学家的眼光来看，他想到的是葫芦本身的用法，却没想过葫芦在更广阔意义上的用法。这个只有庄子想得到，因为庄子有一种大气，有为大的性，才想到这样去使用对象。可见，对象的使用方式和人有关。而惠子是什么人呢？

“则夫子犹有蓬之心也夫！”你的心被茅草塞住了，茅塞不开，限制了思维。你只想到葫芦的实用，却没想到葫芦的无用之用。这里，实际上是讲两种不同的人，看到物的两种不同的性。惠子只知道物的适用性、科学性，而庄子看到了物的艺术性、审美性。

惠子谓庄子曰："吾有大树，人谓之樗。其大本拥肿而不中绳墨，其小枝卷曲而不中规矩，立之涂，匠者不顾。今子之言，大而无用，众所同去也。"

庄子曰："子独不见狸狌乎？卑身而伏，以候敖者；东西跳梁，不辟高下；中于机辟，死于罔罟。今夫斄牛，其大若垂天之云。此能为大矣，而不能执鼠。今子有大树，患其无用，何不树之于无何有之乡，广莫之野，彷徨乎无为其侧，逍遥乎寝卧其下。不夭斤斧，物无害者，无所可用，安所困苦哉！"

惠子谓庄子曰："吾有大树，人谓之樗。"前面讲惠子和庄子的对话，这个对话解决了如何用大的问题。庄子最后做了总结，说明惠子"有蓬之心"，心被草堵塞，所以不知用大。严格意义上讲，《逍遥游》已经可以结束了。但庄子觉得意犹未尽，他还要对这个思想作进一步深化，这才有了这段文字。这段文字还是从惠子开始的。惠子不服庄子给他下的结论，他又举了一个例子。他说，有一棵大树，名字叫樗。它有什么特点呢？

"其大本拥肿而不中绳墨，其小枝卷曲而不中规矩，立之涂，匠者不顾。""大本"是树的主干，"拥肿"是树上的结疤，"绳墨"指的是规矩。这棵大树的主干由于结疤而不中绳墨，小枝因为弯曲也不合规矩，言下之意，这棵树彻头彻尾地毫无用处。因为毫无用处，尽管它生长在道路的旁边，木匠连看一眼都不看。可以设想一下，这棵长在路边的大树，如果它是有用的，或者是部分的有用，它也就活不到今天了。惠子这样说，是要表明这棵大树的无用，他是以大树的无用说明庄子前面讲的那些话就像它一样，也是毫无意义、毫无用处的。惠子着眼于这棵树的用处，认为有用才有意义。从用这个角度衡量的话，庄子的话是没有用的、没有意义的。

“今子之言，大而无用，众所同去也。”你刚才所说的那些话，看起来很雄辩，但就像那棵大树一样“大而无用”。因为“大而无用”，所以“众所同去”，大家都会反对你的观点，都不相信你的胡说八道，抛弃你的言论就像抛弃路边的那棵大树一样。这里，惠子用类比否定了庄子对他的指责，他指责庄子的言论“大而无用”。这里要注意惠子说的“今子之言”几个字。庄子关于如何用大的言论，换句话来讲，就是庄子的哲学。所以，惠子说“子之言大而无用，众所同去”，说的就是庄子的哲学“大而无用，众所同去”。庄子的哲学又可泛指所有的哲学，所以，惠子说的就是哲学“大而无用，众所同去”。惠子这里以科学来否定哲学，否定人文科学。凡是具有科学思维的人，出于一种职业的习惯，都觉得人文科学是没有用的。这是科学思想的传统。在惠子以前，还有一个典型的代表，就是墨子。墨子也是一位科学家，他从功利的角度去看待艺术，专门写了一篇《非乐》，否定音乐，否定艺术，否定美。二十世纪二三十年代，中国思想界有一场科学和玄学之争，具有科学思想的一派认为，科学可以代替玄学指导人的生活。今天，科学思想深入人心，人文危机日益突出。所以，惠子和庄子争论的问题，看起来很古老，其实很现代。

庄子和惠子关于有用和无用之争，其实就是科学与哲学之争，也可以讲是实用和审美之争。当然古今对于有用、无用的理解有所不同。远古时期，实用总是与人的生存相关，具体地说，就是与人的吃穿住相关。随着社会的发展，人的吃穿住的问题得到了解决，实用性的标准发生了变化，这时有用都货币化了。一个对象，一个事物，或者是一个职业，评价它有用的标准，就是能值多少钱。值钱多，挣钱多，就有用；值钱少，挣钱少，就无用。当然，也要承认，实用性、功利性、科学性，它们是有价值的，否则就构不成争论的一方。所以，科学和哲学之争实际上是两种价值的争论。在这两种价值中，科学的价值一直处于优势地位，因为它直接决定了人的生活水平、生存质量，也正因为如此，它被广泛接受。而争论的另一方——哲学、艺术、宗教一直处在弱势地位，容易被人忽略。所以庄子对无用的辩护，就显得特别有意义。没有科学，人活得很艰难。没有哲学，人活得没意义。对人而言，正是那些无意义的东西构成了人的意义。人喜欢追问：人从哪里来，要往哪里去？这个追问看起来毫无意义，它不能提高人的生活质量，它体现了人之为人的特征，只有人才会这样追问。这个追问不是要寻求一个确定的答案，但追问能改变人对事物的态度。通过追问，人决定做某些事；通过追问，人决定放弃做某些事。追问让人摆脱现状，超越现状，否则，人就会沦为现状的奴隶，就会像机器一样，被人操纵，没有自我。我作为人，有思想、有情感，有做人的尊严。庄子反对惠子，不是否定科学，而是要超越科学，防止科学膨胀，他要为哲学、艺术确定一个位置。接下来就是庄子的辩护。

庄子曰："子独不见狸狌乎？卑身而伏，以候敖者；东西跳梁，不辟高下；中于机辟，死于罔罟。"这是一个有用的例子。"狸"，猫。"狌"，黄鼠狼。猫和黄鼠狼都是夜间活动，它们趴在那里，等候出游的小动物。看到小动物，就忘乎所以，跳来跳去，只看到猎物，却看不到脚下的危险，结果全部落入人设置的机辟、罔罟当中。狸狌很有能力，有能力就要发挥自己的能力，最后在发挥能力的过程中丧失了自己的性命。狸狌死于自己的能力，正应了那句古老的谚语："淹死的都是会水的。"所以人有某方面能力的时候，就要警惕自己的能力，防止能力被过度使用。

"今夫斄牛，其大若垂天之云。此能为大矣，而不能执鼠。"这是一个大而无用的例子。"斄牛"，牦牛。牦牛的躯体虽比较伟岸，但它缺乏捕鼠的能力。这么大的牦牛，居然抓不住一个小老鼠，只知道吃现成的草，显得很笨拙、很无用。大家会发现，这句话好像没说完，好像少了点什么。上面讲到狸狌由于它们的有用丧失了自己的生命，那牦牛的例子得出的结论就应该是，由于它的无用保住了自己的生命。所以，"而不能执鼠"后面应该补一句牦牛因此而活下来的话。庄子在这里讲了半句话，突然停住了。为什么停住了呢？体会庄子的心态，他讲着讲着好像发现这话有点问题，再往下有点讲不下去了。

为什么呢？他大概突然产生了一种感觉，感到牦牛的无用未必真能保住自己的生命。所以，他说着说着就停了，不往下说了。换句话说，庄子对自己的观念产生了疑虑，有点不自信。这样体会应该是有道理的，看下文的话就更能证明这一点。

“今子有大树，患其无用，何不树之于无何有之乡，广莫之野，彷徨乎无为其侧，逍遥乎寝卧其下。”庄子认为无用的大树可以变得有用。怎么变得有用呢？通过什么方式呢？就是把大树移植到“无何有之乡，广莫之野”。这两句话特别重要，就是因为刚才的疑虑才提出来的，才增加出来的。如果把这两句话删掉，文意仍然非常流畅。不需要移植大树，也可以在大树底下逍遥彷徨，干嘛要把它放到“无何有之乡，广莫之野”呢？“无何有之乡，广莫之野”是什么地方？这是个远离人群的地方，是个荒凉的地方。庄子在把这棵大树从无用变成有用之前，先做了一项工作，把惠子“立之途”的那棵大树移植到荒无人烟的地方。他觉得惠子说的“立之途”是不保险的，不可靠的，所以，他暗暗地增加了这两句话，把这棵大树移植到了“无何有之乡，广莫之野”，他感觉大树在这个地方要安全多了。当然，这个地方也不是绝对安全，不管怎么样，暂时安全了。那么，把大树移到这个地方干什么呢？通过距离实现一种审美的转化。这棵大树可以供人在下面散步，炎热的夏天人们可以在大树底下乘凉睡觉，谈天说地，许多美好的故事都是从大树底下开始的。所以大树底下是产生故事的地方，产生美的地方，产生艺术的地方。因为无用才有艺术。

“不夭斤斧，物无害者，无所可用，安所困苦哉！”庄子把这棵大树移到那么远的地方是有用意的，是要避免斧斤的砍伐，保全大树的生命，所以在庄子看来，以无用保全性命，也是有条件的。这是很重要的体验。这棵无用的大树能在路边活下来，一方面是因为它的无用，另一方面也是侥幸，是一种偶然。正是因为这样，庄子才把这棵大树移到荒无人烟的地方去了。这样就能体会庄子写作时的心理状态了。庄子最后的结论是，大树“不夭斤斧，物无害者，无所可用，安所困苦哉！”到了这个地方，这棵大树就能保全它的性命了。不过我们细想一下，你能把这棵大树移植到荒无人烟的地方，就会有人追踪你的足迹也跟到这个荒无人烟的地方，这棵大树最终能不能活下来还是有疑问的。

《庄子·山木篇》里有个非常有名的故事。庄子和学生一起在林间漫游，看见了一棵大树。学生问，这棵树怎么这么大？庄子回答，这是一棵无用的大树，所以才能长这么大。晚上，庄子领着学生到朋友家去了，朋友非常高兴，要杀一只鹅招待他们。仆人说家里有两只鹅，一只会叫，一只不会叫，杀哪只？主人说杀不会叫的。第二天，学生就问老师，大树因为无用活着，鹅因为无用而死掉，你怎么回答这个问题？庄子说，我要让自己保持在才与不才之间，也就是有用与无用之间。这个故事用心很深，一方面，是对惠子思想的批判；另一方面，又对自己的思想进行了反思。这个时候我们才体会到庄子思想之深刻，让人感觉到在这个世界上无路可走。按照刚才的说法，需要对“无何有之乡，广莫之野”再作新的解释。它不是实指一个遥远的荒无人烟的地方，而是虚指把这棵大树移到人的心灵、思想、想象里，把这棵大树移到这个地方才真正安全了。

庄子和惠子辩论大树的有用、无用，只是个表面现象，而主旨是庄子对哲学的辩护，哲学是无用之用。哲学之用关涉到哲人之用，如果哲学没有用处，哲人就没有用处。通过庄子的自我辩护，肯定了哲人的无用之用。哲人的用牵扯到哲人的性。哲人有自己的性，也需要适自己的性。每个人或多或少都有哲人之性，也有权利去适自己的哲人之性。只有适性，哲人才能逍遥，有哲人之性的人才可以逍遥。剩下的问题就是，哲人之性是有待还是无待？也是有待的。“无何有之乡，广莫之野”，不就是哲人的生存条件吗？可见，《逍遥游》主要讲适性逍遥，适性逍遥常常会受到外部的干扰，这种干扰很容易让人失去本性。比如，别人强加的好可能导致失性，对艺术的不理解可能导致艺术家失性，对无用的指责可能导致哲人失性。当然，庄子通过至人、神人、圣人表达了无待逍遥的理想。尽管无待逍遥的理想也很重要，但这种重要性显然被夸大了。读庄者喜欢把无待逍遥当作绝对自由去追求，绝对自由让人不受限制地放飞精神，所以人特别神往。另外也是出于人们对适性逍遥的误解，他们把适性逍遥庸俗化，把适性逍遥当作不思进取的代名词，他们没有意识到，适性就是不失性，就是坚持自己的个性。如果生活中，人人都坚持适性，坚持个性，而又不干扰他人的个性，这该是多么美好的社会。适性的性是开放的，它不仅是道家意义上的性，也可以包含儒家意义上的性。儒家的人格也是个性，也需要适性，孔子推崇的狂狷人格，孟子倡导的大丈夫人格，又何尝不是适性呢？而且，如果没有适性逍遥作为基础，那么无待逍遥就是空洞抽象的、软弱无力的、自说自话的。可见，适性逍遥是前提、基础，有了适性逍遥，无待逍遥才是有意义的。逍遥也是美学问题，逍遥实际上就是审美体验，《逍遥游》就是讲如何获得审美体验的，在适性逍遥那里，表现为心灵的自由美（对内）和个性美（对外）；在无待逍遥那里，表现为神奇的浪漫之美。

齐物论

一

南郭子綦隐机而坐，仰天而嘘，荅焉似丧其耦。颜成子游立侍乎前，曰："何居乎？形固可使如槁木，而心固可使如死灰乎？今之隐机者，非昔之隐机者也。"

子綦曰："偃，不亦善乎，而问之也！今者吾丧我，汝知之乎？汝闻人籁而未闻地籁；汝闻地籁而未闻天籁夫！"

子游曰："敢问其方。"

子綦曰："夫大块噫气，其名为风。是唯无作，作则万窍怒呺。而独不闻之翏翏乎？山陵之畏隹，大木百围之窍穴，似鼻，似口，似耳，似枅，似圈，似臼，似洼者，似污者；激者，謞者，叱者，吸者，叫者，譹者，宎者，咬者。前者唱于而随者唱喁。泠风则小和，飘风则大和，厉风济则众窍为虚。而独不见之调调之刁刁乎？"

子游曰："地籁则众窍是已，人籁则比竹是已。敢问天籁。"

子綦曰："夫天籁者，吹万不同，而使其自己也，咸其自取，怒者其谁邪！"

南郭子綦隐机而坐，仰天而嘘，荅焉似丧其耦。南郭子綦是个修道的人。"隐机而坐"，"隐机"，有的说是靠在竹床上，有的说是靠在竹椅上，都可以。“坐”，是修炼的方式，可以翻译成打坐，和日常的坐姿有所不同。“仰天而嘘”，“嘘”是吐气的意思，也是修炼的一种方式，以嘘气来吐故纳新。“荅焉似丧其耦”，“荅焉”与“似丧其耦”的意思是一样的，“耦”是对立面的意思，“似丧其耦”就是好像失去了对立面。人有对立面，就会有斗志；失去对立面，也就失去了斗志。所以，“荅焉”应该是无精打采的样子，这是讲修炼的结果。这里要问，人修炼到什么样，才算是成功的？如果越修炼越是斗志昂扬、精神抖擞的，这就不像是修炼，这倒像世俗的人了。修炼正是要把世俗中的斗志修炼掉，让人失去斗志。《庄子·达生篇》里呆若木鸡的故事，很能说明这个问题。纪渻子替国王养斗鸡，养了十天以后，国王就问：“鸡可斗已乎？”鸡可以拿出去斗了吗？曰：“未也，方虚憍而恃气。”说还没训练好，鸡身上还有一种骄气。过了十日又问，鸡能不能去斗了，曰：“未也”，说还是不行。为什么呢？“犹应响景。”只要外面有响动，它马上就有呼应，表明它特别关注外面的东西，没有定力，还不行。过了十日又问，曰：“未也。”说还是不行。为什么呢？“犹疾视而盛气。”看到其他的鸡，还怒目而视，还有盛气凌人的感觉。过了十日又问，曰：“几也。”差不多可以去斗了。为什么呢？这只鸡已经到了什么状态呢？“鸡虽有鸣者，已无变矣，望之似木鸡矣，其德全矣。”这只鸡听到别的鸡在叫，在向它挑衅，可它“已无变矣”，一点反应都没有。任别的鸡怎么挑衅，这只鸡都不理会，一再示弱。“呆若木鸡”，这只鸡傻得像只木鸡。可见，“呆若木鸡”本来是个褒义词，现在变成贬义词了。因为“呆若木鸡”，所以，“异鸡无敢应，见者反走矣”，别的鸡怎么挑衅它都没反应，反而手足无措，不知道怎么对待它，没有一只鸡敢来应战，因为紧张害怕全跑了。这只鸡修成正果，达到了无我的境界。人的修行也一样，修成正果给人感觉是：没有主张，没有意志，就像个傻子，什么都不会，是个毫无用处的人。这大概就是“荅焉似丧其耦”的感觉，“荅焉”不能是趾高气扬的，相反，应该是垂头丧气的。

颜成子游立侍乎前，曰：“何居乎？” 颜成子游是南郭子綦的学生，学生一直陪着老师。他看见老师今天修炼成这个状态，情不自禁地问了一句：修炼怎么会达到这样的状态呢？

“形固可使如槁木，而心固可使如死灰乎？” 人可以把形体修炼成槁木，怎么可以把心修炼成死灰呢？这里出现两个成语：“形如槁木”“心如死灰”。这两个词今天都是贬义的，但在庄子这里，它们都是褒义的，表示修炼的两个层次。一般人只能修炼到形如槁木，让身体长时间一动不动地坐着，修炼到这个境界很不容易，这需要忘掉自己的身体。如果感觉到身体存在，身体就无法成为槁木，身体是切身的，忘掉身体谈何容易。一般人坐久了，身体就不舒服，就要换个姿势，这说明身体已成了人的负担、累赘。但更难的是心如死灰。心如死灰就是心不动，有点像孟子讲的不动心，但两者又有本质的区别。孟子的不动心，是要摆脱外在的各种干扰，以形成一个独立的自我。而心如死灰则是要消解那个独立的自我，甚至连消解自我的意识也要消解掉，让意识彻底停止活动，保持一种虚空的状态。这比不动心要难得多。大家不妨坐在这里，脑子什么也不想。你会发现，你控制不住地要去想一个对象，失眠的时候最明显。所谓失眠，就是意识活动异常活跃，停不下来，而且还不能下功夫让它停下来，越是下功夫，意识越活跃。所以，让人的意识变成空白是修炼的最高境界，正因为如此，颜成子游才对老师今天的修炼状态感到吃惊。

“今之隐机者，非昔之隐机者也。”今天的修炼者跟以前的修炼者完全不一样，好像不是同一个人。今天的修炼者达到了更高的层次，已经从形如槁木到了心如死灰。形如槁木是看得见的，心如死灰是看不见的，颜成子游居然能透过外在看到人的内在，他能看到此时此刻老师进入心如死灰的状态。可见，这个学生也非常了不得。儒家讲教学相长，庄子没有这样说，但师生之间的默契也表达了相似的含义。好老师成就好学生，好学生也成就好老师。所以，子綦特别高兴。

子綦曰：“偃，不亦善乎，而问之也！”你问得太好了，问到问题的本质上来了。学生问的水平决定了老师答的水平，学生会问，才能引出老师精彩的回答。也可以说，是颜成子游成全了南郭子綦。其实在孔子那里也是这样。三千弟子中只有那么几十个人在提问，这几十人都成了七十二贤人，就因为他们有问题要问，所以才成了贤人，贤是通过问体现出来的。同样可以讲，孔子的学生成就了孔子。问特别重要，许多问题是被问出来的。当然，在没有提问对象的时候，也可以反问自己。

“今者吾丧我，汝知之乎？”这是老师的回答。我是怎么从“心如槁木”达到“心如死灰”的呢？关键在于“吾丧我”。这是一个很奇怪的命题。吾和我都是指自己，但不同的称呼又表明这是不同的自己。也就是说，南郭子綦把自己一分为二：一个称为“吾”，那是本真的自己，自然的自己；一个称为“我”，这是非本真的自己，是社会化了的自己。“吾丧我”，就是把非本真的、社会化的自己剥离出去，剩下本真的、自然的自己。怎么理解剥离？也就是怎么理解丧呢？丧不能理解成永久的丧失，不是说吾和我从此一刀两断，丧应该是临时性的遗忘，忘掉以后还会再回来，所以，丧是指可以丧、能够丧，不是说永久地丧。丧掉了我以后，吾就获得一种新的眼光，就能看到事物的真相，就能看到过去看不到的东西。吾在未丧我之前看到的类似于王国维说的“有我之境”，这个吾是透过我去看世界的，看到的都是有我之境，用诗来表达就是“泪眼问花花不语，乱红飞过秋千去”。吾丧我以后，看到的是“无我之境”，用诗来表达就是“采菊东篱下，悠然见南山”“寒波澹澹起，白鸟悠悠下”。也可以说，吾丧我之前，是以我观物，吾丧我之后，是以物观物。心如死灰了，不就是一个物了嘛？呆若木鸡了，不也是一个物了嘛？所以，人修炼到吾丧我境界之后，看到的是一个本然的世界。当然，如果按照康德的讲法，我们所谓的本然世界其实还不是本然的，我们是看不到本然世界的，他把那个本然世界称为物自身。我们所看到的物，已经是被人建构出来的，具体地来讲，是被人的时空感觉和知性范畴建构出来的。所以，人看到的都是人建构出来的世界，人只能看见自己建构的世界。但是，康德的这个观点并不妨碍吾丧我后会看到一个完全不同的世界。这是一个什么样的世界呢？

“汝闻人籁而未闻地籁；汝闻地籁而未闻天籁夫！” 吾丧我以前，在常人的状态下，我们听到的大多是“人籁”。“籁”是音乐的声音。我们平常听到音乐的声音，这是人为表演出来的声音，这是艺术的声音、美的声音，人人都喜欢。普通人都是从艺术的途径进入艺术中的。那么“地籁”呢？就不容易听到了。地籁是大自然的作品，我们或者没有听到自然的声音，或者忽略掉了自然的声音，更别说领略自然声音的美了。只有少数人听到了自然的声音，他们是艺术家，或者是哲人。美学中有艺术美和生活美，我们平常欣赏的都是艺术美，不大容易去欣赏生活美，只有艺术家才能看到生活美，并把生活美转化成艺术美，让人去欣赏。至于“天籁”，绝大多数人都没听过。因为没有听到过，甚至不相信有天籁的存在。“天籁”与其说是天的声音，是宇宙的声音，还不如说是道的声音。但是，这一天，南郭子綦经过长期艰苦的修炼，终于听到天籁了。

子游曰：“敢问其方。”“方”指具体的情况。人籁大家都听过，所以“方”应该是指地籁和天籁。子游问地籁和天籁究竟是怎么回事。下面子綦就解释什么是地籁，什么是天籁。子綦首先解释什么是地籁。

子綦曰：“夫大块噫气，其名为风。”“大块”，大地。“噫气”，吐气。大地吐出来的气叫作风。我们平常都感觉到风的存在，但很少追问风的来源。庄子有一种非凡的想象力，他把大地比作一个大土块，只有具有天眼的人才可能把大地看作一个大土块，而在我们的眼里，大地是广大无边的。这足以看出庄子的视野有多广阔，常人眼中巨大的东西在他眼里却显得如此之小。这种置身世外看事物的角度，可以更清楚地看到事物的真相。

“是唯无作，作则万窍怒呺。”风不吹则已，吹出来以后，让大地上所有的孔窍都能发出自己的声音。风声产生如此效果，足以说明风声之大。

“而独不闻之翏翏乎？”你难道没有听到过那种长风呼啸的声音吗？也就是说人人都听到过这样的声音。

“山陵之畏佳，大木百围之窍穴，似鼻，似口，似耳，似枅，似圈，似臼，似洼者，似污者。”“畏佳”指山势盘桓起伏，“山陵之畏佳”应该是“畏佳之山陵”。在蜿蜒起伏的山陵里，有许多百人围的大木。百人围的大木是难得一见的，但在庄子这里，似乎是寻常的大树。百人围的大木年代久远，身上布满了窍穴。这些窍穴形状各异，有的像鼻子，有的像嘴巴，有的像耳朵，有的是方的，有的是圆的，有的像舂臼，有的像深窍穴，有的像浅窍穴。能发现大树身上形状各异的窍穴，一是说明大树年代久远，二也体现出观察者的细心。人在无我的状态下，才能观察到这么细致，这是在“吾丧我”的状态下才能看得到的景象，有我的时候会心不在焉。

“激者，謞者，叱者，吸者，叫者，譹者，宎者，咬者。”

这是讲不同形状的窍穴发出不同的声音。有的像流水的声音，有的像射箭发出来的声音，有的像骂人的声音，有的像呼吸的声音，有的像叫喊的声音，有的像号哭的声音，有的像风吹到深谷的声音，有的像哀切感叹的声音。能在风声里辨别出如此不同的声音，这也是“吾丧我”的结果。

“前者唱于而随者唱喁。”前者发出“于”的声音，后者就发出“喁”的声音。陈鼓应把“于”翻译成呼呼的声音，把“喁”翻译成呜呜的声音，应该说还是很准确的。

“泠风则小和，飘风则大和，厉风济则众窍为虚。”“泠风”是小风，“飘风”是大风，“厉风”是猛烈的风。风小声音就小，风大声音就大，风停了声音也停了，又回到众窍为虚的状态。风的声音大小和停止，和风是有关系的。那么，风为什么有大有小，又为什么会停止呢？这是不知道的。

“而独不见之调调之刁刁乎？”风停了，树枝也好，树叶也好，还在那里晃动，表明刚刚有一场大风经过了。我们可以从中体会到一种禅的意味。风尽管没有了，但凭着一种惯性，树枝、树叶还在微动。风吹万窍发出各种各样的声音，这正是大地发出来的声音。大地发出来的声音不就是地籁吗？

子游曰：“地籁则众窍是已，人籁则比竹是已。”“地籁”是众窍发出来的声音，准确地说，是风吹窍穴发出来的声音，不是窍穴本身发出来的声音。“人籁”是丝竹管箫发出来的声音。这两种声音有什么差别呢？也就是地籁和人籁有什么差别呢？它们的差别不仅在发出声音的器具上，还在于声音的来源上，一个是人发出来的声音，一个是风发出来的声音。人发出来的声音和人的情绪有关，它要表达人的情绪，这里有一种主观意志，人可以决定发出什么样的声音。风吹窍穴，风为什么大？为什么小？为什么停？它自己都不知道是为什么，风来无影去无踪，不可捉摸。仔细体会，自然的声音比人的声音更意味深长。这是讲地籁和人籁的区别。

“敢问天籁。”人籁早知道了，地籁刚才也听说了，现在颜成子游问什么叫天籁。

子綦曰：“夫天籁者，吹万不同，而使其自己也，咸其自取，怒者其谁邪！”什么叫“天籁”？“吹万不同”，是指吹出来各种不同的声音，这些声音既包括地籁，也包括人籁，不能只理解为地籁。同样的风，不同的窍穴会发出不同的声音，同样的乐器，人会吹出不同的声音。为什么能发出不同的声音呢？谁让它们发出这些不同的声音呢？“咸其自取”，都是它们自己发出这样的声音。人有什么样的情感，它就发出什么样的声音；窍穴有什么样的形状，它就发出什么样的声音。它们发出各种声音都是自取的结果，没有受到任何外力的干扰。“怒者其谁邪”，让它们发出不同声音的到底是谁呢？这几句话是对天籁的解释，是对什么是天籁的回答。但读完以后，让人云里雾里，不得要领，似乎是答非所问。仔细体会，天籁的答案就在“怒者其谁邪”这句话里。是谁让人籁、地籁各自都发出自己的声音呢？这就是天籁。天籁是天发出的声音。天发出了什么声音？天什么声音也没有发出，天籁是无声的。既然天籁无声，如何去听天籁呢？这就需要从地籁和人籁中体会天籁的存在。在天、地、人三者之中，天的地位最高，所以天籁必须是无声的，因为它的无声，才能使人籁、地籁发出自己的声音。如果天籁也是一种声音，也能发出自己的声音，那个声音必定特别巨大，特别洪亮，它会淹没掉所有的人籁和地籁。天籁宁静无声，才有地籁、人籁众声喧哗。所以地籁、人籁发出自己的声音，不能归功于自己，要归功于天籁。人籁再美好，再动听，也不要沾沾自喜，那是天籁给了你舞台，没有天籁，哪有人籁、地籁？但是，我们通常只听到人籁、地籁，没有听到过天籁，结果反而把最重要的天籁给遗忘了。子綦通过长时间的修行达到了“吾丧我”的状态，才听到了天籁。我们现在也用“天籁”这个词，声音特别好听就说是天籁。“此曲只应天上有，人间哪得几回闻。”这里的天籁是指一种好听的声音，是一种能听到的声音。这是一种比喻性的说法，和庄子的天籁含义是完全相反的。比喻性的天籁是有声的，庄子这里所说的天籁是无声的。值得注意的是，天籁的无声和人籁、地籁暂停发声，在层次上是有区别的。天籁无声是本体无声，本体无声就意味着它永远不会发出声音。人籁和地籁暂停发声是现象上的无声，它随时保持发声的可能，它可以发声，也可以不发声。打个不恰当的比方，天籁无声就像哑巴不会说话，哑巴永远不会说话；人籁、地籁像正常人只是暂时不发声，但随时都可以发声。要区分本体的不发声和现象的不发声。人不要局限于人籁和地籁，要通过人籁和地籁体会到天籁，体会到天籁以后，就会感到人籁和地籁的渺小。人体会到天籁以后，再伟大的歌唱家都会感到谦卑。庄子在这里没有明确回答什么是天籁，讲到天籁时戛然而止，给人的感觉好像什么都没有说。天籁的奥秘就在“怒者其谁邪”这句话里，是留给我们体会的，是让每个读者来回答的。

二

大知闲闲，小知间间；大言炎炎，小言詹詹。其寐也魂交，其觉也形开，与接为构，日以心斗。缦者，窖者，密者。小恐惴惴，大恐缦缦。其发若机栝，其司是非之谓也；其留如诅盟，其守胜之谓也；其杀若秋冬，以言其日消也；其溺之所为之，不可使复之也；其厌也如缄，以言其老洫也；近死之心，莫使复阳也。喜怒哀乐，虑叹变慹，姚佚启态；乐出虚，蒸成菌。日夜相代乎前，而莫知其所萌。已乎，已乎！旦暮得此，其所由以生乎！

大知闲闲，小知间间。前面讲的都是自然的声音，讲风的声音。这个地方呢，讲到了人的声音。从自然返回到人，这是道家惯常的思维方式。“闲闲”，广博。“间间”，狭小。大智慧的人显得很广博，小智慧的人显得有点琐碎。大智慧和小智慧是智慧的两种极端，两端之间还有无穷多的各种智慧。所以，这里的“大知”和“小知”不要以为只讲了两种人，实际上是指所有人，这样去理解，思维就更开阔了。这是语言的概括性表达，就像讲花开花落，花不是开了马上就落的，花从开到落的过程都包含在花开花落这个词里面了。所以，“大知闲闲，小知间间”，应该翻译为，世界上各种各样的人有各种各样的智慧。

大言炎炎，小言詹詹。大智慧的人说出来的是大言，小智慧的人说出来的是小言。“大言”是盛气凌人的，“小言”是唠唠叨叨的。大言和小言也是指语言的两种极端，它要表达的其实是各种各样的人说出来各种各样的言。这里面有一个问题：好多人解释大言和小言的时候，都认为庄子特指当时百家争鸣的那种状态，也就是指参与百家争鸣的那些人，这样理解显然有些狭隘。这个大知小知、大言小言应该是泛指所有的人。

其寐也魂交，其觉也形开，与接为构，日以心斗。人说话发出来的声音和风吹窍穴发出来的声音是不同的，这个不同体现在什么地方呢？每个窍穴发出自己的声音，但并不干扰别的窍穴发出声音，万窍怒号的时候，没有哪个窍穴要用自己的声音盖过别的窍穴发出的声音，也没有试图用这个窍穴的声音去替代那个窍穴的声音，每个窍穴都可以发出自己独立的声音。它们为什么能各自发出自己独立的声音呢？因为风吹窍穴是无意识的，窍穴发声也是无意识的。但是，人发出来的声音不一样，人是有意识地发出某种声音，要用这种声音去控制去干扰别的声音，甚至只准自己发出声音，不准他人发出声音，所以，人类的语言里面具有一种权力倾向，人试图用话语去征服别人，这就是话语权的问题。人发出的声音是非自然的，是有意图的。因为有意图、有目的，人在发言以前，“其寐也魂交”，睡觉做梦都想着怎么用言语去征服别人。“其觉也形开”，醒了以后，形体开始行动，去落实自己的意图。“与接为构”，和自己接触到的一切人都构成对立的关系，把他们作为征服的对象。这样的事情不是一天两天，而是“日以心斗”，天天如此，每天都用心和别人争斗。争斗表现在什么地方呢？主要表现为语言争斗，这就形成了各种不同的言说方式。

缦者，窖者，密者。“缦者”，说话慢吞吞的，漫不经心的。“窖者”，说话给别人挖陷阱。“密者”，心思缜密，滴水不漏。这样的语言生态给所有人都带来了生存的压力，让每个人都活在恐惧当中。

小恐惴惴，大恐缦缦。“小恐”，一天到晚都忧心忡忡。“大恐”，每天都失魂落魄。在这样的状态之下，人人都想自保，于是采取了极端的语言形式。

其发若机栝，其司是非之谓也。这是主动进攻的语言方式。说话特别快，先发制人，以攻为守。说话就像射箭一样快，专门挑起别人的是非，让别人没有还手的机会。

其留如诅盟，其守胜之谓也。这是被动防守的语言方式。“留”是不说话，就像赌过咒发过誓一样，一言不发，保持沉默，以寻找获胜的机会。语言的状态就是生存的状态。庄子对语言的表述，让人感觉到这个世界的人际关系是何等紧张。这样的描述让人联想到存在主义对于人生存状态的描述。萨特讲过一句非常著名的话：“他人即地狱。”他人就是我的地狱啊！庄子对语言关系的这种表述，体现了他对语言的独特感受。应当说，语言世界里并非都像庄子描述的那样险恶，语言还有沟通的作用，还有和谐关系的作用。语言在本质上是工具，人可以用语言来体现话语权，也可以通过语言来化解这种话语权，达到人的平等的目的。因语言而产生的问题，可以通过语言来解决。还有一种艺术的语言，主要表达人的亲情、友情和爱情，所以，语言并不像庄子所描述的那样险恶。庄子对语言的这种感觉应该说是非常超前的，很多人把两千多年前的庄子和存在主义联系到一起，表明他对语言的这种感受是何等独特。他通过语言的关系来分析人和人之间的关系，这个角度非常新颖和独特。

其杀若秋冬，以言其日消也。“杀”，衰落。他们的行为像秋冬一样处于衰落的状态。显然，庄子对这种语言状态是不满意的。庄子虽然表述这种语言状态，但并不赞同这种状态，而是否定这种状态，要人们从这种状态当中走出来。萨特讲“他人即地狱”，也不是说他赞赏这种状态，他要引出人的自由。海德格尔讲人的生存状态是沉沦，同时又讲沉沦不是本真的状态，本真的状态是需要自我决断的，实际上也是讲自由。可以看出，对人的生存现状的表述，都是为了引出人的理想状态。这是一种思维逻辑，也是一种思想方法。按庄子所说，人处在不断争斗的状态，为什么是秋冬的状态呢？某种意义上讲，人争斗、争强好胜，不正是说明人的生命力旺盛吗？这是春夏的状态，怎么是秋冬的状态呢？这是因为，这种争斗状态体现了人类心理上的阴暗，应该从这个角度去理解。人想通过语言去征服所有的人，这种做法就把所有的人变成了自己的敌人，人看见谁都像是看见了敌人，心理上不是很阴暗吗？这种心理不是很痛苦吗？这些人怎么样呢？“以言其日消也”，他们像秋冬的草木，日渐衰弱，老气横秋，丧失掉自己本该有的童心和爱心。儿童认为万物都是有生命的，连玩具娃娃都是有生命的，摔到地上也会疼。艺术家的思维很像儿童，艺术家会说小树在寒风中发抖。当人失去了童心和爱心之后，他的心理就类似于秋冬的状态。所以，从形式上来看，争斗者好像是强者，因为他试图征服所有人，征服世界，但从内心来看，这其实是一种病态。因为，庄子对现实中的语言状态表示不满，所以，要用自然的风声来纠正人类语言中的暴力倾向，让人的语言恢复到风声的状态。但要做到这一点，其实非常难。

其溺之所为之，不可使复之也。人沉溺于语言的争斗状态，不是想恢复就能恢复的，人很难走出这种状态，因为这是人的生存状态，人沉溺于其中，身不由己。当然，庄子哲学的意图是想让人走出这种状态，否则他就不会批评这种状态。接下来，庄子换个角度，再次对这种状态进行了批评。

其厌也如缄，以言其老洫也。“厌”，闭塞。“缄”，用绳子捆住。庄子又打了个比方，把这种状态比作像用绳子捆住箱子一样，使人的思维局限在狭小的自我当中，听不到任何别的意见，也不愿听别的意见。他们的心灵特别封闭，心中只有自己。这种人像什么呢？“以言其老洫也”。“老洫”不是指人身体的衰老，应该理解为心理上的衰老，它和年龄无关，和心态有关。

近死之心，莫使复阳也。这个说法就更严重了。庄子把这种心理状态叫作“近死之心”，认为再也无法恢复生机了。庄子把心灵封闭、只有自己没有他人的心理叫作“近死之心”，和我们通常对“近死之心”的理解是完全不一样的。我们通常认为，人不奋斗、不进取是“近死之心”，但庄子却把那种极端自我奋斗、自我征服的心理看作是“近死之心”。为什么要这样理解呢？因为人是群体动物，人必须要和他人共存，而不是通过征服别人、打倒别人让自己生存。个人是无法独自生存的。《论语》里面讲到两个隐士，一个叫长沮，一个叫桀溺，两个人一起耕地，就连隐士也不能一个人耕地，也必须要两个人。陶渊明的桃花源里，不是一个人，也不是一家人，而是一个小社会，这说明人只能以群体的方式生存。引申一点说，凡是一人独大的时候，就是死亡的前兆。商业上的垄断，导致的结果就是被拆分，否则就会制造人间地狱。拆分既能避免垄断者成为“孤家寡人”，也是对垄断者的保护。个人的独断专行，也可以看成是“近死之心”。所以，“近死之心”不是在人的生命力衰弱的时候，恰好是在人的生命力最强的时候，这是庄子独特的体验。

喜怒哀乐，虑叹变慹，姚佚启态。“喜怒哀乐”好理解。“虑叹变慹”，“虑”是忧虑，“叹”是感叹，“变”是反复无常，“慹”是一种惊恐。“姚佚启态”，“姚”是轻佻、轻浮，“佚”是放纵，“启”是张狂，“态”是装模作样。这是讲人的各种情绪、心理状态，包括行为方式。这是对上面所讲的各种各样的人、各种各样言的一种抽象概括。人与生俱来就有各种情绪，这些情绪会影响人的心理状态、行为方式。这些心理、这些情绪特别重要。一般来讲，在严格的哲学里是要避免谈情绪的。庄子的哲学思想，把情绪当作思考的对象，这是非常有特色的。

这种思想也是很超前的。二十世纪的海德格尔才正式地把情绪作为哲学思考的重点，他认为，人是带着情绪去理解世界的，所以人对这个世界的理解必然是有差异的。人并不是要消除差异，而是要以何种方式去承认这些差异。

乐出虚，蒸成菌。人的这些情绪从哪里来的呢？这就像音乐从虚空当中产生，菌类从蒸汽当中产生一样。人不去吹奏的话，音乐是不可能产生的，汽不去蒸的话，菌类也是不会产生的。这说明什么呢？说明乐也好，菌类也好，都依存于偶然性的外物才会存在，这个外物是不确定的。所以乐也好，菌也好，都是无根的。尽管它们是无根的，但我们的确听到了乐的声音，又看到了那些菌类，表明它们的确又是存在的。言下之意，人的那些情绪也是无根的，但的确又是存在的，也可以说它们是存在的，但却是无根的。一个无根而又存在的东西，在佛教那里，就称为假有、幻有。既然如此，第一不应否定它，因为它真的存在；第二不要执着于它，因为它是虚幻的。这是庄子对人的情绪所做的深层思考，这种思考和佛教对万物的思考是一致的。好多人喜欢禅说庄子，以禅的方式来说庄子，禅和庄子的确有一些相通的地方。

日夜相代乎前，而莫知其所萌。每个人每天都会经历这些情绪，但是，我们不知道为什么会有这些情绪，也不知道这些情绪是从哪里来的。情绪来了却找不到原因，这就是无根的特点。鉴于这样的情况，庄子才有了以下对情绪的感慨。

已乎，已乎！旦暮得此，其所由以生乎！算了吧，算了吧！什么时候知道了这些情绪从哪里来的，我们也就知道了为什么会产生这种情绪！言下之意，这一天永远不会到来。人永远不会知道自己的情绪来自哪里，也永远不会知道这些情绪为何会产生。因为它们是无根的，你也就找不到它们的根。情绪是很容易幻灭的。我们通常总以为情绪和某种外部原因相关，但同样的外部原因，在另一个人那里却没有产生相应的情绪。情绪的产生貌似有因果关系，这个因果关系其实又是情绪的产物。我们生活在大地上，从来没有忧虑过天塌地陷，但是呢，有一个杞国人很担忧，担心天会塌下来，地会掉下去，茶饭不思，寝食难安。这种情绪对他来讲绝对是真实的，他真的产生了这种情绪。具有这种情绪的人非常了不起啊，这是科学思维的原动力啊！后人用杞人忧天这个成语来嘲笑杞人，这是不应该的。如果要问杞人为什么有这种忧虑，他也不会知道。情绪具有先天性，庄子对情绪的思考是非常有意义的，也是非常深刻的。

非彼无我，非我无所取。是亦近矣，而不知其所为使。若有真宰，而特不得其眹；可行已信；而不见其形。有情而无形。

百骸、九窍、六藏，赅而存焉，吾谁与为亲？汝皆说之乎？其有私焉？如是皆有为臣妾乎？其臣妾不足以相治乎？其递相为君臣乎？其有真君存焉？如求得其情与不得，无益损乎其真。

一受其成形，不亡以待尽。与物相刃相靡，其行进如驰，而莫之能止，不亦悲乎！终身役役而不见其成功，苶然疲役而不知其所归，可不哀邪！人谓之不死，奚益！其形化，其心与之然，可不谓大哀乎？人之生也，固若是芒乎？其我独芒，而人亦有不芒者乎？

非彼无我，非我无所取。这个“彼”是指前面讲到的各种各样的情绪。这两句话是讲我和这些情绪之间的关系。“非彼无我”，没有这些情绪也就没有我，言下之意，我是由这些情绪构成的。反过来讲，“非我无所取”，如果没有我的话，这些情绪也就没有了一个载体，我和情绪是合二为一的。什么是“我”呢？平时说话的时候，总是会说我怎么样，可是，如果有人要问我究竟是什么，却会令我感到很茫然。就像卡夫卡的《变形记》一样，人还是这个人，没有变，但是身子变成了虫子，这还是不是这个人？庄子这里提出了“我是谁”的问题，一个很现代、很前卫的问题。庄子认为，我就是我的情绪，我的情绪也就是我。这就把情绪提到了哲学的高度。

是亦近矣，而不知其所为使。“是亦近矣”，这就是讲，我和我的情绪是相近的。这种相近，一方面把情绪提升到我的高度，但另外一方面呢，又把我降低为一种情绪。如果我仅仅是一种情绪，而情绪具有反复无常的性质，那么情绪就是不可捉摸的，人就会陷入一种情绪不能自拔。人能不能从情绪中摆脱出来呢？在庄子看来是可以的。如果人不能摆脱情绪的话，齐物的思想和前面讲到的逍遥的思想就不可能产生。所以，在情绪里面或者说在情绪的后面一定有个东西，它能够控制情绪，但我们又不知道，这个控制情绪的东西是什么？“不知其所为使”，就是不知道这个能够控制情绪的东西是什么。

若有真宰，而特不得其眹。隐隐约约地，能感觉到有真宰，它能够控制人的情绪。但是，又看不到这个真宰的踪迹。既然看不到踪迹，又凭什么相信它存在呢？

可行已信；而不见其形。对于它的信任来自生活实践。在生活实践中，我们并非时时处处都受制于情绪，而是能够有效地控制情绪，从情绪中走出来。人的意识中其实有两个我：一个是感受性的我，这是情绪的我，还有另外一个我，庄子前面把它称为吾。“吾丧我”，吾也是我，但吾是摆脱了情绪的我。吾和我纠缠在一起，它们源于同一个地方，但具有截然不同的性质。佛教称之为“一心开二门”，同一个心有两个门，这两个门又源于同一个心。这是心的奥妙，也是意识的奥妙，甚至可以说是人的奥妙。人面对欲望的对象，想把这个对象据为己有，这是情绪化的我在发挥作用。但同时呢，我又听到了相反的声音，拒绝把对象据为己有，这是非情绪化的吾在提醒、在告诫情绪化的我不要轻举妄动。这个我就是真宰，就是佛教讲的真如心。真如心在什么地方，在世俗心里面，所以佛教说烦恼即菩提。庄子的思维方式类似于佛教的思维方式。庄子肯定真宰，也就是肯定吾，肯定人有一个非情绪化的我。这就为齐物和逍遥打下了基础，否则齐物、逍遥就失去了依据，因为情绪会导致物之不齐。

有情而无形。“情”，真实。这个真宰、这个非情绪化的我，是真实存在的，但又是无形的。为什么是无形的呢？如果是有形的，就会对情绪产生严格的限定，那么人的生活就会按照规定的情绪去进行，生命就被机械化。吾和我的关系特别微妙，既不能让情绪泛滥，又不能够把情绪控制得井然有序。生命的意义或者说生活的意义就在于，在情绪当中去摆脱情绪，然后又回到情绪当中。人不能一劳永逸地摆脱情绪，还要回到情绪当中，然后又开始新一次的摆脱，奥妙就在这里。所以，从情绪中摆脱情绪就成了人的宿命。但就庄子的思想主旨来看，这里他更多地强调摆脱情绪的可能性。那么人有没有可能摆脱情绪呢？庄子下面举例说明情绪的背后或者讲情绪的里面，有一种趋向于秩序的力量、倾向。下面他举了身体的例证。

百骸、九窍、六藏，赅而存焉，吾谁与为亲？身体是最切身的，离我最近的，所以庄子就以身体为例证，来说明身体里面具有一种自然的秩序。身体有百骸，有九窍，有六藏。“赅而存焉”，它们完备地存在于身体里面，构成了身体。这里讲的“百骸、九窍、六藏”不仅是完备，而且是近乎完美，完美到不可思议。这个“赅”还有完美的意思。仅就五官来看，成对的器官具有天然的对称性，眼睛、耳朵分布在两边，具有对称性，单个的鼻子和嘴巴位于中间，具有稳定性。五官位置的这种安排，还合目的性。如果眼睛长在了耳朵的位置上，看不到正面，走路就成问题了。鼻子、嘴巴的位置也是合目的性的，鼻子和嘴巴必须在一起，边闻边吃，起到节约时间的作用，否则的话，你得先闻再吃，就要浪费大量的时间。另外，嘴巴在下面，鼻子在上面，就避免了吃饭时食物流到鼻子上去。身体的每一个器官都有自己独特的作用，它们的性质不一样，发挥的作用也不一样。那么谁发挥的作用大呢？是不是对那些作用大的器官给予特别的照顾呢？如果给予了特别的照顾，那我们就陷入情绪化当中。事实上，人们对身体的每个部分似乎都同等的看待，尽管事实上，身体的器官对身体发挥的作用有大小的差别，但是，人并不因此就对那些作用小的器官表示任何的歧视。这表明，人能摆脱情绪，以一种非情绪化的方式对待自己的身体。

汝皆说之乎？其有私焉？对于身体的各部分，你是都喜欢呢？还是有私心、有偏爱呢？显而易见，我们对自己身体的各个部分是一视同仁、平等对待的。只有在特定的情况下，当身体的某个器官因疾病会影响到生命整体的时候，人才可能忍痛舍弃掉这个器官。

如是皆有为臣妾乎？如果说人对自己的身体各部分一视同仁的话，那么我们是以什么样的方式去喜欢身体呢？是把它们当成臣妾那样去喜欢吗？“臣妾”是什么意思？臣妾是受制于人的，臣妾和主人之间是不平等的。那么控制身体的真宰或者讲真君，是以什么样的方式来对待身体的呢？它并不要求以自己的主观意志去绝对控制自己的身体，也没有心血来潮，强制地改变人的身体器官的功能、性质、作用，而是顺其自然地发挥各个器官的作用。也正是由于真君不去有意识地控制身体的器官，身体的各个器官反而能更好地发挥自己的作用。

其臣妾不足以相治乎？其递相为君臣乎？如果真君不去有

意识地控制身体的器官，那么身体的各个器官之间和谐的关系又怎么可能呢？是器官之间相互治理吗？“递相为君臣”，是轮流做主吗？是今天眼睛做主，明天嘴巴做主吗？事实上它们分工明确，谁也不做谁的主，只各自发挥自己的作用，结果反而成就了身体。可见，身体的各个器官看起来相互分散、相互独立，但冥冥之中又相互协作、相互成就。

其有真君存焉？身体各器官之间这种相互协作是怎么实现的呢？这让人联想到有一个真君存在。

如求得其情与不得，无益损乎其真。不管你有没有找到真君，都无损于它的存在。显然，庄子从身体结构的合理性、秩序性当中感觉到有真君的存在，而且确信真君的存在。那么这个真君到底是什么呢？庄子的真君就是道。“道法自然”，这里的“自然”是自己这样、自己如此的意思。庄子继承了老子道法自然的思想，相信自然本身会带来秩序。身体的秩序是自然而然产生的。由于自然秩序的存在，人就有了摆脱情绪的可能，并从自然的秩序中引申出人的自由秩序。庄子以身体作为例子说明自然秩序的存在，而且自然秩序对身体器官没有任何限制，它没有要求哪个器官改变自己的功能，只是让各器官发挥自己的作用，所以，器官之间的秩序并没有干扰任何器官的独立性，相反，这种秩序是让各器官独立。庄子从身体器官的秩序里看到了人的希望、人类社会的希望。人间社会有没有可能也去造就类似于身体器官这样的秩序呢？

一受其成形，不亡以待尽。“一受其成形”，是说人有了身体的时候，也就是人从出生开始。“不亡以待尽”，“不亡”就是活着的时候，“待尽”就是等到结束。这句话是说从活着到结束，也就是人从生到死。

与物相刃相靡，其行进如驰，而莫之能止，不亦悲乎！这是讲人从生到死的生存状态，这个状态让人非常悲观。庄子从身体的自然秩序里没有直接延伸出人的自由秩序。自然秩序讲的是身体各部分之间的关系，而现实生活中，还有身体与身体之间的关系，也就是人和人之间的关系。人和人之间的关系比身体各部分之间的关系复杂得多。而且在庄子看来，人和人之间更多的是负面的关系，或者说庄子更多地看到了人和人之间的负面关系，这源于他对生命、对生活的独特体验。平常人对于人际关系的体验并非全是负面的，甚至在许多人那里，正面的体验还是主导性的。但是，这种体验的独特性甚至片面性，也成就了庄子的思想。那么具体地说，庄子体验到了什么呢？“与物相刃相靡”，这个“物”应该是人的意思。“刃”是刀割，“靡”是摩擦。人和人之间相互摩擦，像刀割一样，这是让人特别痛苦的关系。“其行进如驰，而莫之能止”，这种关系根深蒂固，想摆脱都无法摆脱，想停也停不下来，似乎成了一种生命的本能，一种生活的习惯。有这种关系体验的人，往往都是特别纯粹的人，特别纯真的人。他们不能适应复杂的关系，对生活当中这种复杂关系特别敏感。庄子不满人和人之间“相刃相靡”，他追求一种单纯的、自然的关系。

终身役役而不见其成功，苶然疲役而不知其所归，可不哀

邪！庄子对人的这种现实关系有两个判断。第一个判断是“终身役役”“苶然疲役”。“役役”也好，“疲役”也好，都是讲人受到了情绪的控制不能自拔，所以一生劳劳碌碌、疲于奔命。第二个判断是“不见其成功”“不知其所归”。庄子这里讲的成功不同于通常人所谓的成功。通常看来，人“终身役役”也能够做出一些成绩，甚至做出很大的成绩，但在庄子看来，这些都不算是成功，甚至跟成功毫无关系。通常人是以超过他人作为成功的标志，超过了就算成功，超不过就算是失败。这等于把他人作为成功的标准，这种所谓的成功，在庄子看来，越是成功就越是失败。而且，他人是无限多的，他人的标准也是无限多的，超越他人终究只是一个梦想，以他人为标准，只能让自己成为一个永远的失败者。庄子又把这种成功称为“不知其所归”，不知道自己的归宿在哪里。什么是人的归宿呢？把人当作目的，不把人当作手段去实现外在的目的，这也就意味着，一切都是为了人。人是目的主要指什么呢？就是人应该自由地生活。牺牲人的自由生活去成就一个目的，即便是取得了成功，在庄子看来仍然是一件可悲的事，“可不哀邪！”比如说，秦始皇修建了万里长城，算不算成功呢？在通常人看来，那肯定算成功。到今天，还有很多人为这个伟大的工程而自豪。但是，通过孟姜女哭长城一事，说明当年修建长城是以无数人的生命为代价的，是以无数的家破人亡为代价的。如果你处在那样一个时代，你可能就是那无数生命中的一个。当你听到后人如此赞美这种成功的时候，你会怎么想？如果孟姜女知道后人为此而自豪的话，她会怎么想？就在我们不经意地表达一种自豪的时候，恰恰暴露了内心的冷漠、残忍。这实际上就是把生命当成是一种手段，把生命当成一种造长城的工具，完全背离了“人是目的”的价值观念。在庄子看来，这就叫作“不知其所归”。更重要的是，这样的自豪感，会让曾经的悲剧不断发生，会让人产生把人当作手段的认同感，以为这是合理的。这不就导致了悲剧的不断发生吗？所以对于长城来讲，正常的体验应该是什么呢？应该是一种伤感，而不是自豪。在长城上，耳边响起的应该是孟姜女的哭声，这才是最重要的。但是，把人当作目的特别难，人总是倾向于把他人当作手段，人在很多的时候其实也把自己当作手段，去实现某个目的。中国古代文学史上，为什么特别推崇陶渊明呢？陶渊明不把他人当作手段，也绝不把自己当作手段。他是真的把自己当作目的的人。大多数田园诗人只是在创作中表达对田园的向往，没有人真的能走进田园，连苏东坡那样旷达的人都做不到。他时常感慨“长恨此身非我有”，“此身非我有”不就是把自己当手段了吗？因为苏东坡自己做不到，所以他发自内心的推崇陶渊明。

人谓之不死，奚益！通常人把活着当作是最高的目标，没有进一步追问应该如何活着。人可能是“终身役役”“苶然疲役”这样地活着，这样身不由己地活着。按照庄子的说法，这样活着是没有意义的，是“不知其所归”。言下之意，人应该有另外的活法，那就是自由自在地活着。当然，这不是指某个人自由自在地活着，在庄子的理想里，应该是所有人都能够自由自在地活着，所有人都应该把人当作目的来活着。

其形化，其心与之然，可不谓大哀乎？“其形化”就是形体的变化。人的形体不断变化，最后结果就是形体的消亡，也就是说，人最终是会死亡的。身体死亡了，那么人的心呢？人的那种“相刃相靡”的心呢，也就随之死亡了。心随着身体一起死亡，这是人生最大的悲哀。这句话仔细琢磨起来有点奇怪，为什么呢？因为人总是要死的。但在庄子看来，人有不同的死法，看起来都是死，但死得不一样。有的死得明白，有的死得糊涂，通常的说法是，有的死重于泰山，有的死轻于鸿毛。人应该在明明白白中死，而不是在糊里糊涂中死。如果死了都不知道是怎么死的，这就是“大哀”。就像阿Q一样，人要死了，还要把那个圆画圆一点。所以，“其心与之然”里的“心”指的是“相刃相靡”之心，是“行进如驰，而莫之能止”之心。

人之生也，固若是芒乎？其我独芒，而人亦有不芒者乎？人“终身役役”“苶然疲役”的这种状态，或者讲“不见其成功”“不知其所归”的这种状态，这是普遍的现象还是个别的现象呢？是我一个人这样还是大家都这样呢？如果仅仅是某个人的独有现象，那就不算是一个问题。如果是普遍的现象呢？如果人都在这种状态中，人还能不能从这种状态中走出来呢？这就是一个问题了。这里，我们又陷入到思维的困境当中，摆脱这种思维的困境有两个思路：一个思路是依赖外在的拯救，这是基督教上帝的思路。基督教认为人都有原罪，人是不能够自我解脱的，只有上帝才能拯救人。在中国人的思想里面，儒家的圣人也类似于上帝，只要有圣人在，人就有希望，在儒家思想里，人是离不开圣人的。庄子的思想则认为，人自身内部有摆脱困境的理性倾向，理性是内在于人的。庄子对人性还是很有信心的，认为人的理性能够把控人的情绪，人是能够做到这一点的。后面，庄子都是用理性来克服人的情绪，通过理性的思辨来齐同万物。到此为止，只是《齐物论》绪论，在绪论里，庄子讲到了万物不齐的现状以及这种现状给人带来的痛苦和烦恼，然后讲齐物的可能性。因为这种可能性的存在，才有齐物的方式方法。

三

夫随其成心而师之，谁独且无师乎？奚必知代而心自取者有之？愚者与有焉。未成乎心而有是非，是今日适越而昔至也。是以无有为有。无有为有，虽有神禹，且不能知，吾独且奈何哉！

夫言非吹也，言者有言，其所言者特未定也。果有言邪？其未尝有言邪？其以为异于鷇音，亦有辩乎，其无辩乎？

道恶乎隐而有真伪？言恶乎隐而有是非？道恶乎往而不存？言恶乎存而不可？道隐于小成，言隐于荣华。故有儒墨之是非，以是其所非而非其所是。欲是其所非而非其所是，则莫若以明。

夫随其成心而师之，谁独且无师乎？在此以前，“齐物论”所讲的内容，主要是涉及人的生存状态。从这里开始，探讨这种生存状态的原因，即是什么导致这种生存状态的产生。在庄子看来，导致这种生存状态的原因是成心。这里所说的“成心”，属于心的一种样式，所以在讲到成心以前，我们先了解一下什么是心。在老子和孔子那里，心只是一个普通的名称，只是人身体里面的某一个器官而已，没有什么特殊的含义。比如老子讲“百姓心”“圣人常无心”，孔子讲“七十而从心所欲，不逾矩”，这些心都没有理论上的意义。从孟子和庄子开始，心才作为一个专题而被认识，心才开始具有哲学意义、思想意义。比如孟子讲“尽心知性”，尽心就是认识自己的心，体验自己的心，这里，心就变成了研究的对象。孟子还讲“心之官则思”，心不是一般的器官，不像眼、耳、鼻、舌这样的器官，心这个器官有一个非常重要的特点，它可以思考，这就是说心具有认知能力。儒家后来很多观念，都来自心这个概念，王阳明的学问叫心学，朱熹尽管讲的是理学，但他认为人的心可以把握万物之理。儒家这些心学观念，据他们自己说都是来自孟子，但实际上也来自庄子，只是由于学派的纷争，他们不愿意把自己的思想和道家思想联系在一起。只要看一看他们的思想传记，就会发现，他们早期都有一段出入佛老的经历，而佛老思想最重要的特点，就是把万事万物最终都归结于心。

不仅中国有漫长的心学传统，西方人也很早意识到心的重要性。他们对于心的研究具有自己的独特性。他们深入心的内部去探讨心的结构，把心划分为知、情、意三个部分，由这三个部分又发展出相对应的各种学科。比如知，因为心有认知能力，就产生了最早的逻辑学，以及建立在逻辑学基础之上的自然科学。因为心有意志能力，就产生了相对应的伦理学、法学，这是社会科学的来源。心还有情感能力，就产生了相对应的美学、艺术学。可见，所有的学科都源自心。心里有什么，世界才有什么。从日常的观念出发，也能够发现心的重要性。人超越于动物（严格讲人也是动物），主要就在于人有心。人的身体构造和动物大同小异，正因如此，人类的许多实验都是从动物开始，然后才运用到人的身上。心是人和动物的分界，是人之为人的终极原因。所以，庄子就把对世界的思考、对对象的思考转移到对心的思考上。庄子认为，心经常是以成心的方式出现。什么叫“成心”呢？成心是现成之心，是已经形成的心。也就是说，人在认识对象之前，心不是空白的，它是有内容的。把成心作贬义的理解，就是成见，人有自己的成见。当人以成见对待他人的时候，我们都会批评他的成见，让他要保持一个公心。但现实中，每个人都是以成心去看待他人的，包括那些批评他人有成见的人，他们也是抱着成见去批评他人的。若是没有成见的话，他就无法说出那些批评的话语。问题在于，如果每个人都以自己的成心为师，那人人都是自己的老师，人人都自以为是了。这里的“师”是动词，是做老师的意思。“师”又是标准的意思，韩愈说师者“传道受业解惑”，师是学习的标准。所以，这里的“师”又可以直接翻译成标准。这句话的意思就是，如果每个人都把自己的成心作为标准的话，那么谁没有自己的标准呢？

奚必知代而心自取者有之？愚者与有焉。这是进一步解释人人都有自己标准的问题。现实生活中，人们并不承认每个人都有自己的标准，因为每个人都有自己的标准，那就意味着世界上没有标准了，所以要提出一个观念：“实践是检验真理的唯一标准。”实践是超越所有人之上的标准，它不是主观的标准，而是客观的标准，所以，大家才把它当作所有人的共同标准。但在此之前，人们把谁看作是真理的标准呢？就是那些“知代”者。知代者就是知道事物变化原理的人。这些人知道事物的真相，有自己独立的见解，能够心有所取，所以有一套自己的思想理论。这就是通常所说的圣人或者智者。我们通常都认为，只有这些圣人、智者才能提供真理的标准，但庄子认为，如果每个人都以自己的成心作为标准的话，何必圣人、智者才能提供标准呢？生活中的每个人都会有自己的标准，连最愚笨的人也有自己的标准。正如刚才讲到的，人人都有标准的话，就等于没有标准了。按照庄子这样的思路，他是在肯定成心呢，还是在否定成心呢，庄子的态度是，一方面肯定成心是人不得不有的，是人无法摆脱的，但另一方面，又批评成心。这就构成了庄子心学的特色。

未成乎心而有是非，是今日适越而昔至也。“今日适越而昔至”，这是惠子提出来的命题，庄子借助惠子的命题来说明自己的主张。今天准备去越国，而昨天就已经到了，这是不可能发生的事情。庄子这句话是说，人没有成心，不把成心作为标准，却出现了关于是非的判断，这就像今天准备去越国，而昨天就已经到达一样，是不可能发生的。换句话讲，因为人有成心，并把成心作为标准，就必然会导致是非的产生。这就明确说出了是非的来源，是非源自成心。这也就意味着，要解决是非问题，就要解决人的成心问题。庄子把外在的问题转化成了内在的问题，这是问题的一种内转，是思维方式的一种转化，也是人类思想的一种进化。西方在康德以前，哲学研究重点在认识对象，康德的伟大就在于扭转了哲学认识的对象，认为哲学在认识对象之前，先要认识人认识对象的能力。也就是要确定人能够认识什么，不能够认识什么，人不能够超越自己的认识能力去认识对象。康德认为人只能通过时空直觉的形式和先验的范畴去认识经验之中的事物，不能认识经验之外的事物，所以上帝、自由、灵魂都是人的认识能力所无法认识的。

是以无有为有。“无有”就是没有，就是把没有当作有。

无有为有，虽有神禹，且不能知，吾独且奈何哉！如果一定要以“无有为有”的话，这样的事情就是神禹也不能理解。据说神禹有预测的能力，现在连神禹也无法理解这样的事情，表明这件事是任何人都无法理解的。“吾独且奈何哉！”我也没有办法了！庄子的结论就是，人都是通过成心，把成心作为标准，然后才有了各种是非。因为成心是标准，有标准才能判断，有判断才有是非。也就是说，判断之前要先有判断的标准，然后才能判断。这里，我们发现了心的悖论，心如果不是成心的话，就无法进行判断。正如说某个人好，说这件事做得好，就预设好的成心为标准了，否则怎么能说这个人好，这件事做得好呢？所以人没有成心的话，人就不能判断事物，说得严重一点，人就不能开口讲话。但是，人用成心判断的时候，这个判断又一定是成见的产物。这样，人就处在一种困境当中，或者不说话，或者一直在说错话。

夫言非吹也，言者有言，其所言者特未定也。人的成心是如何表现出来的呢？是通过语言表现的。所以要过渡到语言问题，讨论人的语言特点。语言说到底就是一串声音，讨论语言发声的特殊性，最好的办法就是与另外一种声音进行对比。“言非吹也”，人说话发出来的声音和风吹的声音是不一样的。风吹的声音是自然的声音，没有任何主观意志，也不表达任何意思。风吹“万窍怒呺”，但“万窍怒呺”与风的意志毫无关系。“言者有言”，人说话是要表达一种思想、一种情感。可见，人讲话发出的声音和风吹发出的声音有本质的差别。人用语言，用这一串声音，不仅是在表达自己，还要用这种表达来影响他人，说得严重一点，是要改变甚至控制他人。什么叫教育？教育不就是老师用语言改变学生的思想观念吗？所以，人的语言是有目的、有意图、有内容的。但语言和对象的关系并非这么简单。“其所言者特未定也”，你所讲的那些话，是不是表达了确定的真理呢？不是。因为语言表达的对象“特未定也”，对象本身就是不确定的。语言要用确定性去表达不确定的对象，就会产生诸多的困惑。比如今天是星期三，我们在黑板上写上一行字：今天是星期三，这是符合今天的实际情况的，但明天呢？我们再来看这行字，明天已经是星期四了，黑板上的字仍然是“今天是星期三”。所以，语言的确定性和对象的不确定性就构成了矛盾。语言对现实的表达，只有在初始的时候具有某种真理性，脱离这种初始状态，语言和对象就进入了分离状态。

果有言邪？其未尝有言邪？于是就有疑问。我们真的说了一点什么吗？还是什么都没有说呢？“果有言邪”，意味着人的言和风吹的声音真的不一样，人真的想说点什么，也的确说出了点什么。“未尝有言邪”，所说的那些言没有任何确定性，没有任何意义，无异于胡言乱语、痴人说梦，又等于什么都没有说。人言和风吹既不一样，好像又一样。

其以为异于鷇音，亦有辩乎，其无辩乎？“鷇音”指的是小鸟刚出壳时发出来的声音，也就是小鸟最原始的叫声。这句话说，人说话发出来的声音和小鸟最原始的声音有区别呢，还是没有区别呢？前面是把人说话的声音和风吹的声音进行了比较，这里又进一步把人的声音和小鸟发出来的声音进行比较。跟风吹相比，小鸟发出来的声音和人发出来的声音又更接近一些。小鸟的那种叫声尽管没有确切的含义，但我们能够体会出小鸟的声音表达了某种情绪。那么小鸟通过鸣叫表达它的情绪和人通过语言表达自己的情绪是有区别呢，还是没有区别呢？从区别上看，人说话是有意识的，小鸟的叫声是无意识的，有点类似婴儿的哭声。从无区别上看，它们都是一串声音而已。这里庄子通过双重比较，最终得出什么结论呢？语言是意识的产物。但是呢，这种意识本身又充满了不确定性。正因为如此，人就通过语言产生了许许多多的是非。这些是非产生了严重的后果。什么后果呢？下面就是例证。

道恶乎隐而有真伪？道在万物之中。庄子对此有明确的表述，他在《知北游》里说，道在稊稗里、瓦砾里，甚至在屎尿里。这就意味着，万物里都有道，道无处不在，无时不在。但有了语言之后，语言就把道隐藏起来了，人就通过语言去学道，只有语言触及的地方才有道。于是，人们千里迢迢地跑到遥远的名山去求道，去往得道的名人那里去求道。这个行为本身表明，人们的观念里，认为有些地方有道，有些地方没道，这不就把道隐藏起来了吗？如果道到处都有的话，有什么必要跑那么远去求道呢？在自己身边、自己身上就能体会到道啊！

言恶乎隐而有是非？这个“言”是指真言、道言。道言是无心之言，无成见之言。人言是偶然的、随机的、方便的，边立边破的。言是怎么被遮蔽然后产生了是非呢？现实中，人们执着于言，执着于言构成的差别，无心之言变成了有心之言，本真的言被遮蔽，然后形成了是非。

道恶乎往而不存？道到什么地方去了呢？以至于我们觉得它不存在了。道在时间上应该是一直存在的，在空间上应该是到处存在的。但这个应该一直存在、到处都存在的道，怎么会不见了呢？这肯定与人的参与有关。也可以讲，人揭示了道，但也隐蔽了道。

言恶乎存而不可？言以什么样的方式存在是不可以的呢？因为人的言说导致了道的隐匿，那么人要怎样言说才是本真的言说呢？

道隐于小成。这里具体地讲道是怎么被遮蔽的。道是被小成所遮蔽的。什么叫“小成”呢？小成就是小成就，道是被人微小的成就遮蔽掉的。这个道可以是本意上的道，指的是道路。没有路人就无法出行，于是人就去走出一条路，开辟出一条路，通过这条路去了解外部世界。但同时呢，这条路也构成了人的限制，人只能从这条路上走出去，久而久之，人们把这条偶然之路看作一条必然之路。这条偶然之路原本只是一个小成就，但人把这个偶然的小成就看成了必然的大成就。其实，在这条路被走出来之前，人原本有无数条路可走，但自从走出了这条路，这条路就变成了人唯一的路。人被这条路所困扰、所限制，限制了走别的路的可能。就道的引申义来说，作为道家的道是整体，每个人、每个群体所取得的成就都是微不足道的。人取得这些成就，就不能取得那些成就。当人为现有成就而自豪、而自以为是的时候，人就失去了大道；当人以自己的成就为有限成就的时候，就在揭示大道。换句话讲，人把有限的成就看作无限的时候，就失去了大道；人把有限的成就看作有限的时候，就是在揭示大道的存在。所以，道是干什么的？是让人谦虚的。谦虚不是品德，人不得不谦虚，因为谦虚是人的生存状态。

言隐于荣华。真言是被荣华之言隐蔽的。什么是真言？什么是荣华之言？老子讲过，“信言不美，美言不信”。“信言”就是真言，“美言”就是荣华之言。如果按照词性来讲，名词、动词相当于真言，真言是可以证实的。形容词、副词类似于美言，美言是不能证实的。说这里有一朵花，是信言、真言，说这朵花很美，就是美言、荣华之言。真言很容易得到证明，这地方是否有一朵花，这是可以证明的，可以把这朵花直接拿给你看。所以在真言的问题上，没有什么可争论，事实胜于雄辩。问题出在美言上，有人认为这朵花很美，有人认为这朵花并不美，这样就会产生争论。所以在美的领域里面，在荣华的领域里面，到处都有是非。日常生活领域也是这样。有人说爱你的时候，是真言还是美言？这是真言啊！但在后面补了几个字，“到永远”，那就变成美言了。美言是不能证明的，所以你不能把这几个字记下来，等哪一天感情出问题了，你就跟他理论，这就不合适了。生活中，很多事情都出在美言上，真言被美言遮蔽了。为什么真言容易被美言遮蔽？因为真言比较刺耳，真言比较残酷，人愿意逃避真言，躲避到美言里面去。尼采说过一句话，大概的意思是，这个世界因为美才能够活得下去。人本心都喜欢美言。婚礼上讲的话都是美言，"白头偕老"这四个字是必须要讲的，不管结果如何，都要讲白头偕老。人家请你去讲话，也就是让你去讲这句话。婚礼上最忌讳的就是真言，最喜欢的就是美言。所以，在讲完白头偕老之后，不能在后面说——但是也未必。尽管这样讲可能更符合事实，但你不能说。所以，真言被隐去，是人的心愿，是人性使然。反而是那些追求真言的人不被人理解。道家思想有个特点，就是崇尚真言，反对美言。所以，人在很幸福的时候，不要看道家，人在痛苦的时候，务必要看一点道家。值得注意的是，真言被隐去和道被隐去，都是必然的，千万不要把隐去当作错误，要把它理解成人的生存状态。生存其实既是道和真言被隐去的过程，又是寻找道、寻找真言的过程。因为道和真言的隐去，接下来人间的是非就出现了。

故有儒墨之是非，以是其所非而非其所是。人间是非是怎么来的？为什么有许多不同的观念？为什么这些观念针锋相对？庄子特别举出儒墨的思想差异。儒墨关系非常紧张。"是其所非"，只要是对方否定的就要肯定；"非其所是"，只要对方肯定的就要否定。双方都罔顾理性，意气用事，为了肯定而肯定，为了否定而否定。现实中也经常出现这样的情况。这种是非观念使得学派之间相互否定，都认为对方是错的，自己是对的，双方都在走极端。儒家说要厚葬，墨家就说要薄葬。厚葬是不是一定对？薄葬是不是一定对？厚葬有厚葬的道理，薄葬有薄葬的道理，但在争论的时候，双方似乎势不两立。还有，儒家讲爱有差等，墨家就讲兼爱，到底谁对呢？孟子骂杨朱和墨子，说杨朱讲为我是无君，墨子讲兼爱是无父，无父无君就是禽兽。无论怎么看，墨子、杨朱都是堂堂正正的人，但经过孟子一番推论就变成禽兽了。战国百家争鸣，各说各的理，让人很困惑，到底谁是对的呢？如何看待不同观念之间的相互批评呢？

欲是其所非而非其所是，则莫若以明。这是庄子正面的观点。与其彼此否定，不如"莫若以明"。什么叫"莫若以明"？关键就在这四个字。庄子对"莫若以明"并没有做具体的解释，仿佛这是自明的。他后面还反复提到"莫若以明"，有时候简称"以明"，有时候称为"照之于天"，有时候又叫"两行"，不同的说法表达的意思其实是一样的。那么"莫若以明"是什么意思呢？我们可以根据后面的内容再作出判断。

物无非彼，物无非是。自彼则不见，自是则知之。故曰彼出于是，是亦因彼。彼是方生之说也，虽然，方生方死，方死方生；方可方不可，方不可方可。因是因非，因非因是。是以圣人不由，而照之于天，亦因是也。

是亦彼也，彼亦是也。彼亦一是非，此亦一是非。果且有彼是乎哉？果且无彼是乎哉？彼是莫得其偶，谓之道枢。枢始得其环中，以应无穷。是亦一无穷，非亦一无穷也。故曰莫若以明。

物无非彼，物无非是。物没有不是彼的，物也没有不是是的。这个“彼”指的是那里，这个“是”指的是这里。所以，这句话也可以翻译成：物都是在那里，也都是在这里。物就它自身而言，无所谓这里或者那里，因为人的参与导致物有这里和那里之分。这里和那里，表示物位置的不同，物的位置取决于人的位置，人在哪里，哪里就是这里，这里以外的地方都是那里。这里是唯一的，那里是无限多的。人在青海，青海就是这里，青海之外都是那里。人在上海，上海就是这里，上海之外都是那里。歌词中，把青海唱成“在那遥远的地方”，对于青海人来说，这是生活的地方，哪里是遥远的地方呢？所以，任何地方都既是这里，又是那里。但就物本身而言，物永远在它所在的地方，并没有发生任何位置的改变，只是因为人的位置改变，导致永恒不动的物忽然在这里，忽然在那里。庄子讲这句话的目的是什么呢？他的目的就是要破除人的成心。他先追究人的成心是怎么来的，然后再想办法去破除成心。物有彼此的观念，而彼此又绝对不同。这个不同来自什么呢？来自人和物的关系。人们把身边之物说成在此，把非身边之物称为在彼。所以，彼此的观念源于人和物的不同关系，源于人所处的不同位置。人在这个世界上，总要处于某个位置，你可以不在这个位置上，也可以不在那个位置上，但无论如何，总要在某个位置上。有位置，就必然有彼此，所以，彼此与人的主观性无关。也就是说，彼此这个观念是因人而起的，但不是因人的主观性而起的。

任何一个人，都不得不具有一个位置，也就不得不具有彼此的观念。所以彼此的观念不是偶然产生的，是必然产生的。人的身体生在某个地方，就把某个地方称为家和家乡，这个家和家乡就构成了每个人的人生经验。每个人的人生经验都不一样，但人生经验的性质是一样的。经验都是被动的、偶然的，尤其是人生最初的经验，它源于人的生存处境，人只能在这个处境里被动地去经验，所以人的经验不是主观的，而是客观的。你不得不这样去经验，也不知道为什么会有这样的经验，但在无意识之中就具有了这样的经验。人的经验的偶然性导致人生的偶然性，你不知道一生中会遇到哪些人、哪些事，更不知道这些人、这些事会对你的未来产生什么样的影响。当然，人也可以有意识地去经验一些东西，经验里好像也具有一些主动的成分，比如大家决定要来青海师范大学上学，这应当是主动地获取经验，但这种经验的主动性只在选择的那一刹那，选择完之后，经验又变成被动的、不可知的。你只能决定到这个学校里来，你不知道这之前谁来过，也不知道一起来的还有谁，当然更不知道未来还有谁要来，你所未知的这些人都构成了你的人生经验。所以大家彼此结成的这种同学关系，纯粹是偶然的。这样就会形成各种各样的彼此关系，那些特定的彼此关系都是不能预知的。身体的位置改变了，你的此就改变了，你的彼也就改变了。所以有很多观念，都根源于身体的位置。人的观念和人的身体位置有关，这是很有意思的思想，因为身体的位置具有偶然性，所以人的思想也就具有偶然性。佛教则用因缘称呼偶然性。那么彼此这个观念会产生什么样的影响呢？

自彼则不见，自是则知之。从彼那个位置所看不到的，从此这个位置却能看见。这两句话位置颠倒一下，可能更好。从这里能够看得见的，从那里却看不见，彼此位置的差别导致经验的差别。这个经验的差别不是人的主观性造成的，是由人的客观经验造成的。这种客观经验构成了人的一种视野、视角、视域。也就是说，人经验到什么，就用他的经验去看世界。人原有的经验构成了理解世界的前提。海德格尔的解释学哲学就认为人在理解世界之前，先有一个前理解，也叫前见。这个前见又可称为偏见。这个偏见不是贬义的，是由人的身体必然构成的。因为这个偏见不是人的主观原因造成的，是实际看到的，人就会坚信看到的东西是真实的，更进一步，就很自信地把这个真实转化成真理，于是产生了是非。这样就由彼此产生了是非。

我们可以从文学叙事这个角度再去思考一下是非是怎么产生的。第一人称的叙事方式不用说，这种叙事方式最接近生活，只写自己看见的、听见的东西，所以以第一人称叙事的作品肯定是不同的。在第三人称叙事中，作家是全知全能的。但即便如此，他也要有一个切入的角度。先写什么，后写什么，也就是把空间中并列的事物如何转化成时间中先后的事物，这就是通常讲到的艺术技巧。由于艺术技巧的存在，客观的生活在艺术家这里就有了彼此的差别。每个作家都有自己切入生活的角度，所以，我们阅读不同的作品就会有不同的感受，就会感觉进入完全不同的世界。原本的世界只有一个，就是人生活的世界，但作家表现出来的却是多种多样的世界。人生活在同一个世界里，但每个人的生活却是如此不同。由于人身体位置的不同，导致人生活经验的不同，最终也导致人对生活的理解不同，导致各种不同的是非观。

对是非的产生，要特别注意是非的客观性问题，是非不是主观产生的。儒墨“相非”，不是说他们故意要去批评对方，他们在批评对方的时候都是很严肃的，很认真的，是充满正义感的，不是故意找别人麻烦。因为他们的观念都产生于他们的生活经验。儒家大多处于社会上层，墨家大多处于社会下层，他们接触到的人和事不一样，对许多问题的理解就不一样。比如说，对贫穷的理解，儒者理论上也知道百姓很贫穷，但身体上没有多少体会。孟子周游列国的时候，身后跟着数百人，数十辆大车，浩浩荡荡，从这个诸侯国吃到那个诸侯国。尽管他知道老百姓很贫穷，但他自己没有贫穷的感受。墨子处在下层社会，切身感受到贫穷对人身心所造成的影响，他提出的很多观念与他生存的体验有关。儒者觉得墨子“非乐”很奇怪，今天的人也觉得墨子这个观念很荒谬。人怎么能不要艺术、不要音乐呢？但你要知道，古代艺术最具代表性的就是乐，乐需要乐器，制造乐器需要极高的工艺，需要大量的投入，而且乐只能是上层社会的人才能享受的。所以，墨子“非乐”是从乐劳民伤财这个角度提出来的。这样来看儒墨辩论，到底谁有道理呢？双方都理直气壮。是非问题如果得不到解决，就会产生严重后果。是无法容忍非的存在，认为只有自己是，别人非，是必须要消灭非，就有可能把思想定于一尊。所以，先秦那么好的百家争鸣的局面，到了秦汉，就变成“罢黜百家，独尊儒术”了，这是思想的严重倒退，也是社会的严重倒退。倒退与什么有关？与没有正确解决是非问题有关。这种社会倒退源自一种错误的思想方式，就是把自己看到的真实无限放大，把一个局部真理转化成真理本身。那怎么破除由彼此差异导致的是非差异呢？

故曰彼出于是，是亦因彼。彼来自是，是也因为彼而存在。这是从彼是相依的角度来破除彼是对立。如果彼是相依，没有彼就没有此，那就意味着消除彼就消除了此，也就是消除了自己。所以要保持此的存在，就必须要容忍彼的存在。《论语》里孔子有一句话，很能说明问题，即“攻乎异端，斯害也已”。“异端”就是另外一端，就是彼。这句话有不同的解释。有人把这句话译为：攻击了异端，就消除了危害。这样的翻译认为孔子是反对异端的，显然，这种翻译歪曲了孔子的思想，损害了孔子的形象。正确的翻译应该是：攻击异端，这是一件有害的事情。也就是说不能攻击异端，要保持异端的存在。事实上，异端不但不能攻击，就是想攻击也攻击不掉。凡物都有此端和彼端，你砍掉异端，当初那个异端没了，留下的不还是异端吗？你可以不停地去砍，砍到最后，此端也就变成异端了。这也就意味着，这个物不再存在了。接下来庄子进一步讲彼和此是同时产生的。

彼是方生之说也，虽然，方生方死，方死方生。这里就说的更具体了。“方生”就是同时产生，彼和此是同时产生的。虽然这么讲，但还要有具体的体现，比如说，“方生方死，方死方生”。生死两种观念是同时产生的，有了生的观念，同时就有了死的观念；有了死的观念，同时就有了生的观念。一个不生的东西也就不会死，一个不死的东西也就不会生。生和死是紧紧联系在一起的，这是人人都知道的道理。但现实中，人们对生死的态度迥然有别，人们乐生而恶死。把生看作此，把死看作彼，把此看作是，把彼看作非，于是人们在生活中歌颂生命，厌恶死亡。按照庄子的说法，厌恶死亡是不对的，厌恶死亡就是不想死亡，不想死亡就是不想生。既然已经生了，就必须要坦然面对死；如果讨厌死，开始就别生。接受生是真理，接受死也是真理，生死是自然现象。

方可方不可，方不可方可。“可”就是肯定，“不可”就是否定。肯定的同时就是在否定，否定的同时也就是在肯定。肯定和否定都预设了前提，这个前提就是标准。因为标准在先，才能根据这个标准去肯定和否定，肯定和否定使用的是同一个标准。根据这个标准肯定这个对象的时候，也就是根据这个标准否定那个对象；反过来，根据这个标准在否定这个对象的时候，也就是根据这个标准肯定那个对象。肯定与否定表现为行为的选择与放弃，选择就意味着放弃。我们去超市选择某件物品，就是放弃同类其他所有物品。我们选择爱一个人，就是放弃爱其他所有人。

因是因非，因非因是。这两句话是“方生方死，方死方生；方可方不可，方不可方可”的抽象，表达的意思是一样的。因与是之间当有个“之”字，因与非之间也当有个“之”字，这样意思更明确。因之而是，也就因之而非；因之而非，也就因之而是。这个“之”是标准的意思，把它完整翻译一下就是：因为这个标准被肯定，也会因为这个标准而被否定；因为这个标准被否定，也会因为这个标准而被肯定。这就是说，同一个标准会产生两种不同的结果，导致是的标准，也是导致非的标准；也可以讲，肯定你的标准，就是否定你的标准。因为这个标准肯定你，也因为这个标准而否定你。用通俗的一句话来讲，那就是，你的长处就是你的短处，你的短处就是你的长处。在特定的位置上，你具有长处，也就意味着在另外的位置上，你具有短处。每个人都有长处，每个人都有短处，长处和短处是一体的。是与非也是一体的，没有一个纯粹的是，也没有一个纯粹的非。在恰当的位置上，都叫是；在不恰当的位置上，都叫非，这是讲特定的个体，处在不同的位置具有不同的是非。“因是因非，因非因是”还有一层意思，就是把自己的标准当作是，也就等于以自己的标准把别人当作非。这是讲个体与个体的关系、群体与群体的关系。以自己为标准的话，他人肯定就不符合标准，就会导致与他人的是非冲突。儒墨在许多观点上相对立，都是因为执着于自己的是，批评别人的非。

是以圣人不由，而照之于天，亦因是也。“不由”就是不按照是非来看待事物。圣人不以是非来看待事物，那么他以什么样的方式来看待事物呢？“而照之于天”，这个“天”可以理解成天眼，圣人用天眼来看待这个世界。天眼就像天上的太阳，阳光普照大地；人眼像灯光，只能照亮某一个区域。圣人如太阳，以天眼看世界，能看到世界的全部；常人如灯光，以人眼看世界，只能看到世界的局部。圣人看到了世界的全部，也就是看到了世界的真相，因此，他对世界的判断也就不同于我们常人。圣人以天眼看世界，但并不否认人眼看到的世界具有真实性。人眼看到的真实性只是有限的真实性，不是真实性本身，所有有限的真实加在一起，才能够趋向真实性本身。天眼和人眼的关系，类似于正常人看象和盲人摸象的关系。盲人摸到象的局部，就他所摸到的局部而言，他的判断是真实的，他的错误在于，把象的局部真实性理解成象本身。所以，我们嘲笑盲人摸象的时候，也就等于天眼在嘲笑人眼。生活中，每个人都是盲人摸象，是扩大版的盲人摸象。“亦因是也”，就是因其所是而是。这里的因其所是，不是因某个人的是而是，而是因所有人的是而是。圣人以天眼看到的全是是，没有非。对于天来说，这个世界都叫是，没有非。非是怎么来的呢？当人无限扩大自己是的时候，突破了是的界限的时候，这才产生了非。所以非与人有关，有人才有是非，世界本身没有是非，世界只是是。

“照之于天”类似于第三人称叙事。作者全知全能，了解作品中所有人物的性格、行为、心理。《红楼梦》里，贾宝玉和林黛玉出现很多误解，作者一清二楚，读者也一清二楚，唯一不清楚的就是他俩自己。作者和读者是以天眼看他们的关系，为他们的误会揪心，可是他俩从自己的角度看对方，相互猜忌，加大加深了已有的误会。古代绘画运用散点透视法，所画的山，山的上面、下面，阴面、阳面，都可以看得清楚，这就是"照之于天"。现代绘画运用焦点透视法，通过人眼去看对象，只能看到对象能看到的那部分，另外的部分就看不到了。可见"照之于天"都叫是，没有非。作者读者眼里的贾宝玉、林黛玉都是是，是他们自己造成了是非。

是亦彼也，彼亦是也。是就是彼，彼就是是。这句话仍然是要破除是非，但角度有所变化。前面是从彼是相辅相成的关系，说明是离不开彼，彼也离不开是，没有是就没有彼，没有彼也没有是。这里是讲彼和此可以换位，如果从此位的观点来讲，对方叫彼；如果把此位移到彼的位置，又会把刚才自己所处的位置称为彼。任何位置既是彼，也是此。彼此的位置调换后，是非不就发生了变化吗？过去以为此的地方，现在变成了彼；那么过去的是呢，现在变成了非；过去的非呢，现在变成了是。哪里还有固定的是非呢？换位思维的结果，既可以说事物都是非，也可以说事物都是是。

彼亦一是非，此亦一是非。在彼这个地方，你产生了一个是非观，在此的位置上，你又产生了一个是非观。这两种是非观正好相反，这就必然让人困惑，哪一个是非观才是正确的呢？

果且有彼是乎哉？果且无彼是乎哉？不同的位置产生了不同的是非观，是忽然成了非，非又忽然成了是，那还真的有是非吗？从是非的困惑回溯到彼是，彼是也不那么确定了。到底有彼是呢？还是没有彼是呢？从现象上看，的确有彼是。站在彼的位置上，真有一个彼的是非观，站在此的位置上，真有一个此的是非观，这说明人真的有是非观。但人在彼此两处的是非观完全相反，这又说明什么呢？从根本上来讲，是没有彼是的。下面讲如何破解彼是。

彼是莫得其偶，谓之道枢。“彼是莫得其偶”，“彼是”不是对立的。说明庄子承认有彼是的存在。很多人认为，庄子在解决彼是问题的时候，是要回到彼是之前的状态，也就是说，回到没有人参与的原始状态，说他要否定人类文明的成果，甚至说他要开历史的倒车。人能不能回到原始状态呢？显然是不能的。这是理解庄子思想的一个很重要的分界。庄子不认为人能回到那个混沌不分的原始状态，那个状态是回不去的。庄子是一个很理性的人，是一个理性主义者，道家都是理性主义者。理性主义者承认社会发展的现实，承认人长大后回不到小时候。人忘掉现有的东西比学习新的东西更难。人不认识字的时候，可以学习认字，认识了这个字以后，让你忘掉这个字，那几乎是不可能的。正如孔子讲宁武子，“其知可及也，其愚不可及也”，意为他的智慧可以学，他的愚笨是学不会的。一个笨人可以往聪明里学，但一个聪明人往笨里学，还真是很难。所以庄子不是要否定彼是，回到过去。他肯定彼是的客观存在，但他认为“彼是莫得其偶”，彼是不是对立的，这是庄子着重思考的问题。他说这是“道枢”，是道的枢纽，也就是道的关键。什么叫枢纽？枢纽是四通八达的地方，可以任意地去往任何方向。在枢纽这里，没有彼此、没有是非，它全部是是。但在枢纽这个地方，也可能会出现人为的是非。什么是人为的是非呢？人可能走错路，本来要走这条路，结果走错了，走到另外一条路上了。这是人走错了路，而不是说路本身错了，路是永远不会错的。这就意味着，世界本无是非，是人造出来的是非。

枢始得其环中，以应无穷。枢纽类似于环的中间，环的中间是虚、空、是无，所以枢纽就是无的意思。“以应无穷”，以无来应对无穷的有。环上是有，环中是无，立于环中，就是立足于无，就是以无应对有。如果跑到环上去了，就可能会和环上的他物发生碰撞。所以，枢纽能提供许多空的路让人去走。

是亦一无穷，非亦一无穷也。故曰莫若以明。每个人都有自己的是，所以是是无穷的；每个人都认为他人是非，所以非也是无穷的。因此就会产生无穷的是非。怎么解决呢？“莫若以明”，这是庄子解决是非的方法。这里的关键字是明。什么叫“明”呢？《老子》里面讲，“知人者智，自知者明”。知道别人那叫智慧，知道自己那才叫明。所以明在层次上肯定要高于智。老子还讲“见小曰明”，能看见小的东西就叫作明，明察秋毫嘛。这个小的东西是什么呢？老子又说，“道常无名，朴虽小”。可见，小是道的一个特点。所以，“见小曰明”，换句话讲就是看见道才能叫作明。道是看不见的，那也就是说，看见了看不见的东西才叫明。这么讲有点玄，可以换一种说法。“见小曰明”还可以理解为：能够看到自己的小，就是明智的。看到自己小，就是看到自己的有限性，这就叫作明。所以明就是认识到自己的有限性。为什么人是有限的？因为每个人的身体都在一个确定的位置上，人只能在这个确定的位置上去看世界，去理解这个世界。所以人只能看见世界的一个微小部分，绝对不要自信看到的东西就是真理。当你认为自己是有限的时候，就会给别人留下一个空间，就会承认他人可能也有真理性，就会包容他人、承认他人。所以“以明”的核心就是看到自己的有限，给他人的真理性留下空间。这个他人应该指所有人，这也就意味着要承认任何人都有真理性，每个人都是是，而不是非，这样就达到齐物了。

这里有一个问题，有人会说，这个人是对的，那个人也是对的，每个人都有真理性。庄子是不是在提倡相对主义呢？而对于相对主义，我们常常采取批评的态度。怎么理解这个问题呢？其实可以把相对主义分为两种：一种是积极的相对主义，一种是消极的相对主义。消极的相对主义为自己的错误进行辩护，通常的表达方式是：我有错误，你也有错误，我们都有错误，你有什么资格批评我？这是很糟糕的，这就是消极的相对主义。生活中，这种表述方式很流行。因此，消极相对主义变成了过街老鼠，人人喊打；当大家为自己的错误辩护时，就会不由自主地陷入这种相对主义之中。积极的相对主义认为，我是对的，你也可能是对的，我们都具有真理性。既然我们都具有真理性，真理性和真理性之间应该和平共处才是对的。但问题在于，真理性本身具有扩张的趋势，所以，真理性和真理性之间需要进行对话，以此来确定彼此之间的界限。因为彼此都具有真理性，否定对方都是不可能的，唯一可能的就是彼此对话。比如说，儒和墨就需要对话。怎么对话呢？儒家讲爱有差等，墨家讲兼爱，儒墨对话就是要确定各自的界限。在什么意义上讲，爱是有差等的？从人的现实状态看，爱肯定是有差等的，你不可能对所有人的爱是一样的，对熟悉的人，爱肯定多一点；对不熟悉的人，爱肯定会少一点；对完全陌生的人，甚至谈不上爱。所以，儒家强调爱的等级：亲亲，仁民，爱物。具体说来，亲亲又是不一样的，对父母的爱要高于对兄弟的爱。仁民、爱物也一样，也可以分出等级。那么，爱有差等会出现什么问题呢？那就是，人只关心熟悉的人，对不熟悉的人就非常冷漠，甚至变得很敌对。墨子说人应该兼爱，要克服爱有差等，实现爱的超越和升华。人必须也要爱他人，否则这个世界就会分裂，就会有战争。所以，从理想的角度讲，人应该兼爱。所以墨家其实是丰富了爱的思想，儒墨相加，正好完善了爱的思想，有什么对立呢？儒墨貌似对立，其实互补。

这里还要注意，真正的对话，必须是个体与个体的对话。所谓群体的对话，只有在群体内部，个体都能对话，群体才有可能对话。而且个体必须达到明，这样的个体才能对话。所以对话是有前提的，只有两个都认识到自身有限性的人才能对话，否则无法对话。可见，使人“以明”是不容易的，不能完全指望个人自觉“以明”，还要在“以明”之外建立一套制度，用制度确保“以明”，确保人不越过界限。孟子骂杨朱和墨子无父无君，像禽兽一样，这就无法对话，都禽兽了，禽兽和人怎么对话呢？从这个意义上讲，孟子过度扩张了自己，没有认识到自己的有限性，明显越界了。孟子对自我的认识显然没有庄子深刻，连孟子都不能意识自我的有限性，可见，认识自我的有限性有多难。所以，一定要用制度去保证对话，用制度去解决这个问题。古代社会没有建立这样的制度，所以也就没有真正的对话。所以，庄子的齐物论既能导致制度的产生，也需要制度来保证。说到底，齐物论其实就是强调价值的多元化。那么，多元里什么都有吗？反对多元文化的人是不能有的。

四

以指喻指之非指，不若以非指喻指之非指也；以马喻马之非马，不若以非马喻马之非马也。

天地一指也，万物一马也。

以指喻指之非指，不若以非指喻指之非指也。这句话的意思比较晦涩，不太好懂。从字面上看，翻译起来也不是特别的困难，但要准确了解这句话的含义，不是很容易。从字面上看，这句话是说：用指来说明指不是指，不如用非指来说明指不是指。这句话的语言逻辑是非常清晰的，句式也是非常标准的，就是“与其这样……不如那样……”。这里让人费解的就是“指之非指”，如果我们知道“指之非指”的意思，那么这句话的意思就好懂了。

“指之非指”，简称就是指非指。先简单介绍一下“指非指”这个概念的背景。指非指是战国时期思想界广泛讨论的一个命题，这个命题有不同的解释，意见的分歧也比较大。这从庄子说话的语气可以推测出来，与其这样解释指非指，不如那样去解释指非指。庄子生活的时代，也就是战国中晚期，中国思想界百家争鸣，其中有一家叫名家学派。名家有些人和庄子是同时代的，像惠子，还有些人晚于庄子，像公孙龙子。公孙龙子专门写了一篇《指物论》，开头就讲，“物莫非指，而指非指。天下无指，物无可以谓物”。公孙龙子对指非指作了集中的阐述。现在人们都认为《庄子》的《齐物论》，读起来相当有难度，但名家的著作读起来更像是天书。在名家以前，人们也谈到名的问题，也就是语言问题。老子、孔子、墨子都谈到语言的问题，但他们都是把语言当作表达思想的工具。名家之所以被称为名家，是因为他们把语言本身当作思考的对象，可以把他们称为战国时期思想界的语言转向。这是思想的一次升华、一次深化。二十世纪西方哲学也有一次语言转向。此前西方哲学着重讨论语言所表达的思想，但维特根斯坦、海德格尔，尤其是维特根斯坦，开始思考表达思想的语言。思想是由语言表达出来的，那么表达思想的语言有没有对思想产生影响呢？答案是肯定的。好多人受到这样的启发，研究汉语表达思想和英语表达思想的差异。中西思想的差异是有目共睹的，这种差异的根源是什么呢？好多人认为这根源于汉语和英语的语言差异。可见，思想的逻辑最终被语言的逻辑所决定。比如，只要说到“因为”，大家就开始等着你说“所以”，如果后面不出现所以这个词，大家就觉得你这个人思想逻辑很混乱。我们在听到别人表扬的时候，最害怕听到的就是“但是”这个词，一听到这个词就知道表扬只是个幌子，重点在批评。还有，过去写文章，经常讲冲破了黑暗，接下来自然就会说要走向光明。所以，看起来是我们在说语言，好像我们是在主动地说，实际上是语言让我们必须这样说，不得不这么说，不这么说思想就有问题。

从这个意义上讲，战国时期的名家思想是相当前卫的，但也是因为过于前卫，名家学派反而不被人理解，最后销声匿迹。

这是中国思想界的重大损失。名家学派的消亡，不能完全归咎于人们的理解水平，主要应归咎于他们的思想表达过于晦涩，命题过于离奇古怪。《庄子·天下》记载了惠子的许多哲学命题，那些命题都违反了常人的逻辑。比如前面讲到的，“今日适越而昔至也”，那也是惠子的观点。公孙龙子著名的观点是白马非马。他们把本来应该是非常有发展前途的语言哲学问题变成了语言游戏。所以名家学派又被人称为诡辩论学派。当人们把他们的学说、思想看作诡辩的时候，这个思想离消亡也就为时不远了。庄子非常熟悉名家学派的思想，但他是一位哲学家，尽管他对语言有很多非常独到的见解，但他对语言本身没有特别的兴趣。他反对名家学派专注于语言，把严肃的语言问题变成了语言游戏。他也借指非指这样的命题来表达自己的语言思想。所以，庄子这里指非指的观点和战国时期人们对指非指的讨论，也包括晚于庄子的公孙龙子的观点，是绝对不同的。他把语言游戏改造成了语言哲学，尽可能地对指非指作出明白晓畅的阐释，把名家学派晦涩的理论通俗化、简单化。指非指里的“指”，在公孙龙子那里是概念的意思，与名的意思相近。庄子力图摆脱概念的晦涩，使思想变得具有直观性，在这里，庄子使“指”回到了它的本义。指，就是手指。那么指非指说的就是手指不是手指，这个表达还是相当奇怪的，不符合我们的生活常识。我们从小就被教导手指是手指，这已经成了一种根深蒂固的观念。说手指不是手指，这是我们难以接受的。怎么理解呢？这个指非指，它更准确的表达其实应该是，手指可以不叫作手指，简称手指不是手指。即便我们说手指可以不叫作手指，还是让人很费解，因为手指历来就被称为手指。也就是说，当我们一开始就把手指称为手指的时候，在这个前提之下，再说手指不是手指，这是让人费解的。所以，这句话实际上是说，在承认手指被称为手指的前提下，说手指不是手指，就让人非常费解。通俗的说法就是，已经把手指称为手指了，又说手指不是手指，这在逻辑上是说不通的。那要理解指非指，怎么办好呢？

“不若以非指喻指之非指也”，“非指”就是以手指外的任何一个概念去称呼手指，以这样的方法说明指非指，就容易明白为什么叫指非指了。用不是手指的任何其他概念去命名手指，这样手指就肯定不是手指了。比如说，当初用杯子去命名手指的话，手指这个东西就应该称为杯子。手指既然称为杯子了，怎么能说手指是手指呢？庄子要表达的思想其实就是：语言是约定俗成的。最初的时候，用手指命名手指这个东西，久而久之，我们就把这个命名和命名的对象合二为一了。一说到手指，就知道指的是什么。那么指非指要说明什么？手指真的只能说是手指吗？手指就不能说成是杯子吗？命名的经验告诉我们，命名事物的概念和事物的关系是不确定的，这种不确定体现为一种约定。既然是约定，就可以改变约定，重新去约定。既然可以重新约定，那手指就可以不叫作手指，就可以给它换个名字。那么这两句话合到一块，意思就是：指的名字一旦确定，说指不是指是很难理解的，但如果以非指、以其他的概念去命名手指的话，就完全可以说指非指。所以，指非指这个结论，取决于如何理解它的前提。如果前提已经确定了，它就是指，指非指就不能理解了；如果不承认这个前提，一开始不称手指是手指，完全可以称之为任何别的东西，那指非指就是必然的。

以马喻马之非马，不若以非马喻马之非马也。这句话的意思和上面那句话的意思是一样的。也就是，在马称为马的前提下，说马不是马，这是很费解的，但若以非马的、马之外的任何别的概念去命名马，比如用牛去命名马，那自然就会得出马非马的结论。

天地一指也，万物一马也。天地就是一根手指，万物就是一匹马。这看起来也是很荒诞的命题，但在语言约定俗成的观念下，这个命题就成立了。我可以把天地命名为指，把万物命名为马，这样天地不就是手指，万物不就是马吗？这就表明，语言命名万物之初是任意的，是偶然的。庄子抓住了语言约定初始状态的偶然性、随意性，以此来批评那些执着于语言的人。既然语言初始状态是约定俗成的，那么彼此是非的问题就得到了解决，换句话说，彼此是非也就不存在了。因为此当初可以命名为彼，彼当初也可以命名为此，如果是这样的话，所有的此其实可以称为彼，那执着于此不就变成执着于彼了吗？随着语言称呼的变化，执着的对象也发生了变化。如果你一定还要执着的话，就不要执着于此，而是要执着于彼了。是非也一样，是一个道理。在这里，庄子又一次实现了齐物，从语言约定这个角度颠覆了彼此是非。这种齐物的方式更为彻底，可以称之为釜底抽薪。正当大家争论彼此是非的时候，庄子说，你用来争论彼此是非的语言就是约定的、不牢靠的，是随时可以调换的。所以，你那个是可能就是非，非也可以是是，彼也可以是此，此也可以是彼。这就可以解释《庄子·天下》里惠子的古怪命题了。比如说，“犬可以为羊”，如果你承认羊就是羊，犬就是犬，这个命题就是荒诞的，但从语言的约定看，犬最初也可以约定为羊，那这个问题不就解决了吗？“火不热”，如果火当初就命名为火的话，“火不热”就是一个荒诞的命题，但如果火的概念可以重新约定，把它约定为冰，冰不热，就没有任何的问题。这样大家就可以理解好多奇怪的观念。这里的问题是，提出这些古怪的命题有意义吗？火本来就是热的，一定要说火不热，有什么意义呢？可以说，这些命题打破了思维的惯性，开拓了思维的空间。本来我们以为对象的称呼是不变的，以为这个词和对象是连到一起的，没想到词和对象是可以分离的，分离后的这些词又可以去自由组合，组合出很多新的意象。大家读诗的时候要明白，诗的语言就是将不相干的词语进行新的组合。舒婷有首诗叫《会唱歌的鸢尾花》，唱歌我们见过，鸢尾花我们也见过，但会唱歌的鸢尾花我们没见过，也因为没见过，所以构成了诗，见过了它就不是诗。所以诗的语言可以称为古怪的语言，诗也可以称为语言游戏。人可以利用语言的分离来创造诗歌，当然用否定的观点来说，也可以用语言的分离去制造谎言，人世间的一切都是从语言中产生出来。

这里还有一个问题。语言约定之初是偶然的，是随意的，彼此是非是不确定的。但一旦语言约定了，就出现了彼此是非，就有了彼此是非。所以庄子的齐物论，要真正实现齐物的话，至少面临两个层次的齐物问题：一是回到语言约定之先，这是最彻底的、一劳永逸的齐物。这种齐物体现在文学、艺术上，所以庄子对艺术家影响特别大。语言约定以前的齐物，是境界式的齐物，也可以说是情感式的齐物。鸢尾花和人是不一样的，只有人才能唱歌，但在情感的作用下，鸢尾花也会唱歌。但是呢，人必定要生活在现实中，要生活在语言约定之后。二是回到语言约定之后，就不可避免地有了彼此是非。如何在现实当中、在语言约定之后去齐物呢？语言约定过后，差异随之而生。这个时候齐物靠什么？靠理性。在承认自己是的情况下，也要承认他人的是。这不也是齐物吗？在这里，通过语言约定，庄子实现了齐是非。

道行之而成，物谓之而然。有自也而可，有自也而不可。有自也而然，有自也而不然。恶乎然？然于然。恶乎不然？不然于不然。恶乎可？可于可。恶乎不可？不可于不可。物固有所然，物固有所可。无物不然，无物不可。故为是举莛与楹，厉与西施，恢恑憰怪，道通为一。其分也，成也；其成也，毁也。凡物无成与毁，复通为一。

唯达者知通为一，为是不用，而寓诸庸；因是已。已而不知其然，谓之道。

劳神明为一，而不知其同也，谓之朝三。何谓朝三？狙公赋芧曰："朝三而暮四。"众狙皆怒。曰："然则朝四而暮三。"众狙皆悦。名实未亏而喜怒为用，亦因是也。是以圣人和之以是非而休乎天钧，是之谓两行。

道行之而成，物谓之而然。"道"，道路。路是怎么产生的呢？是行走产生的。鲁迅有一个经典的表达："世界上本没有路，走的人多了，便成了路。"现在人都记得鲁迅这句话，实际上，两千多年前的庄子早就讲过这样的话。鲁迅特别喜爱庄子，所以呢，他的观点也有可能出自庄子。当然，这句话我们也能说得出来，但是呢，我们说了不算数，庄子、鲁迅说了才算数。这是我们理解文化的一个窗口、一个角度。某一些话我们都能说，但是，我们说了没人在意，名人说了就变成了文化，变成了经典。这是一个很有意思的问题。大家可以去思考，要思考一点真问题。"物谓之而然"，物是因为说而变成这样。我们通常以为物是自在的，跟说无关，说与不说，它都在那儿。但物是怎么进入人的视野的呢？是通过说的方式，否则这个物就可能被人遗忘，所以物是通过说的方式呈现出来的。由此可见，说有多么重要。说要靠词语，所以，也可以说词语是重要的，语言是重要的。也正是在这一意义上，我们才能理解海德格尔的观点："语言是存在的家。"

这两句话，看起来既是对上面文字的总结，又是对下面文字的开启，起到了承上启下的作用。表面上看，它是承上，但本质呢？是要启下。表面上看是说，路是人走出来的，但根据下文，这句话真实的意思是，先有可行之地，然后才能够在地上行走。强调的不是人走出路，而是人为什么能够走出路？因为有可供行走的大地，决定了人可以走出路，强调了路产生的深层次根源。行走固然是路产生的根源，但在行走之前，能够让人行走的大地，则是路产生的更深层次的根源。“物谓之而然”也是这个道理。表面上看，人可以给物命名，让物以命名的方式呈现出来，但是呢，命名活动之所以可能，源自这个物的存在。物的存在相对于对物的命名，具有一种逻辑优先性。这就把人和物的关联性排除在外，以此来显示物本来的样子。

有自也而可，有自也而不可。“自”，自己。“可”，认可、肯定。也就是说，物原本是无关于人的，它是自我认可的、自我肯定的，也是自我否定的。物自我肯定它本有的东西，自我否定它所没有的东西，所以，物是以肯定和否定两种方式表明它的存在。显然，庄子认为，在人之外，有独立于人的存在物，也就是说，物是存在的。表面看来，庄子像个唯物主义思想家，但人们通常都说他是个唯心主义思想家。严格来说，唯物、唯心都无关于庄子的思想。庄子认为有独立于人的物存在，但庄子没有说明这个独立的物可不可以认识。康德也认为有一个物自身，但他认为人不能认识这个物自身。我们通常把面对的物当作物自身，平常人都这么认为。但康德认为，人所看到的物是以人的方式呈现给人的，它已经是人认识的产物。在庄子看来，所见之物就是物本身，只要我们对物不作评价，物就是物自身了。康德则认为，即便人不评价物，对物一言不发，保持沉默，人看到的物也已经不是原始的物了。可以说，在对于物本身的思考上，庄子没有达到康德的深度。当然，我们也可以说，这是两种不同的思维方式。

有自也而然，有自也而不然。这个自身存在的物，是以什么样的样式而存在呢？刚才讲物独立于人而存在，这里进一步讲，独立于人的物是以什么样式存在呢？“然”是这样的意思，“不然”就是不这样的意思。这句话是讲万物各以自己的样式而存在，不以非自己的样式而存在。万物存在的样式都不一样。存在是抽象的，而存在的样式就很具体了，存在的样式各不相同，千姿百态。

恶乎然？然于然。这个物为什么以这样的样式存在呢？这样存在有这样存在的道理，这个道理是什么呢？不知道。

恶乎不然？不然于不然。“然”可以翻译成那样。物为什么不以那样的样式存在呢？不那样存在有不那样存在的道理。这个道理是什么呢？也不知道。万物以某种样式存在是没有理由的，是自然的，也可以说是神秘的。天下万物，各种各样，摇曳多姿。为什么会这样？道家认为这样就是这样，没道理可讲。儒家对这个问题压根没想过。墨家倾向于是上帝的安排，类似于西方的思想。

恶乎可？可于可。为什么万物会存在呢？存在有存在的理由。

恶乎不可？不可于不可。为什么万物不是不存在呢？万物不是不存在有不是不存在的理由，它不以不存在的方式存在，就是以存在的方式存在是有理由的，但这个理由是什么？不知道。这与海德格尔追问世界为什么是有而不是无是一样的。以上这段文字，陈鼓应做了一些调整，但他的调整还不够彻底。其实“恶乎可？可于可。恶乎不可？不可于不可”应该放在“恶乎然？然于然。恶乎不然？不然于不然”之前，这样可能更好。因为世界的可在前，然在后，先有存在，然后才有为何这样存在的问题。前面讲这么多，主要是讲万物为什么会存在，以及万物为什么以这样的方式存在。对此，庄子没有提供任何的答案，也可以说庄子不知道答案。万物就是存在的，万物就是以这样的方式存在的。它们是有道理的，只是人不知道其中的道理。庄子这样的观点是要说明什么呢？看下文。

物固有所然，物固有所可。这两句话顺序调一下更好，“物固有所可，物固有所然”。物本来就是存在的，每个物又有自己独特的存在方式。物有这样的特点，那么人对物应该采取什么样的态度呢？看下文。

无物不然，无物不可。顺序也颠倒一下：“无物不可，无物不然。”没有一个已经存在的事物是不该存在的，没有一个以这样方式存在的事物不该以这样的方式存在。也就是说，每个事物的存在都是合理的，每一个事物的存在方式也都是合理的。言下之意，每一个事物都要去认可它。这不是在讲万物平等吗？这不是在讲齐物吗？关于齐物论，一直有两种读法，两种读法表明齐的对象、齐的内容是不同的。“物论”两个字连读，就是要齐一物论，让物论变齐，变得一样有价值、有意义。这种读法承认所有的物论都具有合法性、合理性。齐物论的另一种读法是“齐物”连读，就是说，物本身也应该是齐一的、平等的，也就是说，物论是齐一的，物本身也是齐一的。如果物不齐，物论就很难齐，物论的齐一，根源于物的齐一。前面讲到的大多是物论怎么齐，这里进一步讲物要齐一。物齐一的关键性在于“无物不然，无物不可”，大千世界，万事万物，都有它存在的合理性。庄子的观点类似于黑格尔讲的“存在即合理”。这是肯定万物的存在，尊重万物的存在，惊叹万物的存在，欣赏万物的存在，这是讲物的齐一。下面举例说明不齐之物为何是齐一的。

故为是举莛与楹，厉与西施，恢恑憰怪，道通为一。这里举例子说明，不齐之物在道的观点之下都是齐一的。“莛与楹”，“莛”是小草，“楹”是木柱子。木柱子从哪里来呢？从大树来的。所以楹也可以说是大树。这样，莛与楹就可以理解成小草和大树。在小草和大树之中，怎么选择呢？人都选择做一棵大树，都不愿意做小草。歌词说“我是一棵无人知道的小草”，说起来谦卑，实际上是无奈。大家来学习，估计没有人说想当小草，都想做大树。人们潜意识里都把大树作为追求的目标，还是有点轻视小草的。但庄子认为，大树和小草“道通为一”，在道的视野下，它们其实是一样的。为什么是一样的呢？因为道生万物。道生万物不是说道生出来万物，而是说道让万物自生。“道通为一”，就是道让万物存在，并让万物生长。万物都合乎道，这样，万物不就平等了吗？“厉与西施，恢恑憰怪”，在道的视野里，也应该是平等的，没有什么差别。这是宏观地讲“道通为一”。

从微观的角度来讲，说小草和大树是一样的，是因为它们都是生命，都是道给予的生命。生命只有一次，是不能替换的，生命和生命之间，没有价值的高低，所以“莛与楹”是一样的，“厉与西施”也是一样的。通常认为厉与西施是有差别的，差别在什么地方呢？一个长得丑，一个长得漂亮。这显然只触及了人的外在形式。无论是厉还是西施，她们首先都是人，都是道赋予她们生命。那么道给了她们生命什么样的性质呢？道无为，让人自为。什么叫自为呢？自为就是自由啊！道给予人自由，人在不自由的状态下去争取自由，就是符合道的。以道衡量人之为人，主要看人有没有实现自己的自由。人向往并实现自由的时候，人才是作为一个人而存在。至于人是什么样的人，是尊贵的人，还是低贱的人，是丑陋的人，还是美丽的人，对于道来讲，都是一样的。西施在追求自由，厉也在追求自由，在人的本质上，她们是相通的。在庄子内心深处，他似乎更尊重厉。《德充符》里写了大量的残疾人，展示他们的价值。

“恢恑憰怪”，就是奇形怪状。《德充符》里那些奇形怪状的人就是恢恑憰怪。不过从自然界来看，能更好地理解“恢恑憰怪”。自然界中的“恢恑憰怪”，不就是大家放假想去的那些地方吗？不就是名山大川吗？不就是风景名胜吗？千山万壑，奇形怪状。什么叫名山？名山就是奇形怪状的山。“恢恑憰怪”

有什么价值？有审美价值啊！所谓奇形怪状，就意味着这些对象都是唯一的。如果这种对象到处都有，那还叫奇形怪状吗？说它们奇形怪状，就是说它们具有独特性。庄子在讲什么？讲独特性的价值。独特性最重要的价值是它的审美性。我们到任何一个景区，欣赏的都是它们的独特性，因为它们的独特性，它们才具有了审美性。康德特别讲到了自然美的独特性，给了它一个名称，叫“自然的合目的性”。“恢恑憰怪”没有任何规律可言，但看起来特别吸引人，特别震撼人。怎么解释这个现象呢？为此，康德提出自然的合目的性这一观念。自然的这种存在合乎人的内在目的，它提供人审美的愉悦。康德还认为，自然的合目的性源于人反思的判断力。一般的判断力叫作规定的判断力，规定的判断力把一个事物纳入规定的概念之下。如果事物是独特的、唯一的，无法纳入任何规定的概念之下，就需要给对象一个独特的概念，单独给它一个规律，这就需要反思的判断力。反思的判断力认为，对象的形式合乎目的性，让人心理很愉快。这样一来，除刚才所讲的，在道的层面上万物是平等的之外，我们还从万物的现实关系中再一次证实了万物平等的观念，可见在两个层面上，万物都是平等的。

其分也，成也；其成也，毁也。前面是讲不同的事物，它们的价值是相同的，也就是不同的个体，它们之间的关系是平等的。比如说，“莛和楹”“厉与西施”“恢恑憰怪”，这各种各样的对象，从道的角度来看都是平等的。现在出现了一个新问题，前面讲的是个体性的物，接下来就讲，这个个体性的物，如果把它分开的话，还是不是平等的？这里讲了一个平等的特例，从一个特殊的角度再一次阐述齐物的思想。“其分也，成也”，这个“分”实际上也就是后面的“毁”字。把一个完整的事物分开，不就是毁掉一个事物吗？所以这句话其实就是“其毁也，成也；其成也，毁也”，这样讲意思就更明确了。那么毁为什么就是成呢？成为什么也就是毁呢？因为从绝对意义上讲，或者从道的角度来讲，任何一个事物，把它分开的话，对这个事物而言固然是一种毁，但毁的同时它又形成了一个新的事物，对于这个新事物来讲，它是成。一棵大树，把它砍了，制成了桌子，对于这棵树来讲，它就是毁；对于这张桌子来讲，它又是成。所以，任何的毁，在另一个意义上讲都是成。反过来讲，任何的成，对他物来讲都是毁。所以，庄子得出如下的结论。

凡物无成与毁，复通为一。因为旧物的毁就是新物的成，新物的成也就意味着旧物的毁，成里面包含了毁，毁里面也包含了成，所以这个世界上没有所谓的成，也没有所谓的毁。这个世界无论发生什么变化，这个世界还是这个世界，本身没有变化，只不过过去的“沧海”变成了现在的“桑田”。因此，人看到毁的时候就不必过于悲伤，因为这个毁成就了新物；人见到成的时候也不要过于喜悦，因为这个成来自毁。这样，人面对这个世界的纷纷扰扰、变化无常，就有了一种淡定，就有了一种从容。为什么能够淡定、从容呢？就是因为“复通为一”。在变化当中，你发现其实什么都没有变。

这里面有一点要特别注意，就是庄子讲成和毁的关系，既是一种泛指，也是一种特指。对于自然物来讲，自然物本就处在不断地成毁当中，人们固然可以对自然物的成毁表示某种感慨，但这种感慨更多是出于无奈，因为人没有办法去改变、阻止它们的成毁。所以，对自然物的成毁，对自然物的变化，人能够保持一种豁达。但庄子这里，成毁的关系是一种特指。特指什么呢？特指一种社会存在物。尽管他从自然存在物讲起，但他的目的是要引导人对社会存在物有一种齐物的态度。也就是说，对社会的各种变化，人应该泰然处之。大家会发现，自然存在和社会存在是不同的，自然物是无限可分的，所以自然的成毁是无限的，但社会物的成毁却是有条件的，社会物必须是可分的。社会可分，但构成社会的个人是不可分的，你不能把个人的身体再分开。如果根据庄子的思想，成就是毁，毁也是成，把身体也分开，这种讲法就是荒唐透顶，因为把身体分开，就意味着人的死亡。但从自然的观点来看，旧物的死亡也就是新物的诞生，物质不灭，物质永恒，人死了，也会变成别的物。庄子显然不是这个意思。所以庄子的无成无毁，它一定是有前提的、有条件的，它适合于自然物，适合于社会组织，但不适合于具体的个人。否则，杀人就会堂而皇之，还具有哲学根据。杀了人，还狡辩说，人并没有消失，而是变成了别的物。所以，庄子的“无成无毁”是有严格限定范围的。那么，庄子的“无成无毁”更多地指什么呢？他从自然物出发，但他的目标是要解决社会问题，解决社会组织的问题。我们每个人，既是一个个体，同时又处在某个社会组织当中。庄子的问题就是，在这个社会组织中，人与社会组织的关系是怎样的，人是否可以自由地进入组织，是否可以自由地离开组织？在庄子看来，人不要执着于某一种组织形式，人可以自由地离开某个组织，正如人可以自由地进入某个组织。人有出入任何组织的自由，否则就会限制人的自由。人不要人为地阻止分，也不要人为地强制成，分必须是出于自由，成也必须出于自由。举一个例子，可以更好地说明这个道理。在《红楼梦》里，贾宝玉和林黛玉的分，如果按照“其分也，成也”的观点来讲，就是贾宝玉和薛宝钗的成，这不就是无成无毁吗？但为什么不能这样讲呢？因为贾宝玉和林黛玉的分是强迫的分，贾宝玉和薛宝钗的成也是强迫的成，所以不能说他们无成无毁。如果一定要这样讲，这人就没心没肺、冷酷无情。读者、批评家之所以会同情贾宝玉和林黛玉的分，就是因为他们不是出于自由的分。如果贾宝玉和林黛玉是出于自由的分，是因为不再相爱而分，而贾宝玉和薛宝钗是因为相爱而成，这个时候就用得上庄子的话，这就叫无成无毁。所以，要限制无成无毁的使用范围，也就是说，庄子是在特定范围之内说“无成无毁，复通为一”的。

唯达者知通为一。事物“无成无毁，复通为一”，这种思想不是每个人都明白的，只有“达者”才明白这个道理。世俗的人是不明白这个道理的，他们认为毁就是毁，成就是成，毁怎么可能是成呢？成又怎么可能是毁呢？所以执着于成或者执着于毁。那么这些“达者”是些什么人呢？我觉得那些大作家、大艺术家类似于这种达者，他们笔下的那些人物其实都在完成一次成和毁的蜕变。艺术作品中的人物最初具有一种很稳定的人物关系，但后来这个稳定的人物关系被打破了。被谁打破了呢？被作品中的第三者打破了，然后开始了人物关系的重新组合与变化。那么这是以什么方式发生的呢？是以一种自由的方式发生的，是以一种爱的方式发生的。通常，人以一种道德的方式去谴责这种变化，而艺术家是以一种理解的方式认同这种变化。这些艺术家们都是一些“达者”，他们以道的眼光去看世界，认为这种变化与其说改变这个世界，不如说优化了这个世界，所以艺术家从来不去谴责他笔下的人物。

为是不用，而寓诸庸。“不用”就是不去区别由于自由而产生的成和毁，因为一旦作出区别，就会人为地干预成和毁，实际上也就是干预了人的自由。“为是不用”就是不要去区别，也就是不要去限制，不要去干涉自由人的自由。“而寓诸庸”，这个“庸”是平常，也就是众人的意思。所谓“寓诸庸”，也就是说，把自由交还众人，让众人自由选择做什么。儒家不放心众人，认为把自由交给大众就会导致社会混乱。但道家对大众充分信任，相信人具有基本的理性，相信人在自由中产生的问题，自由人能够理性地加以解决。所以，道家对于还自由给众人没有任何的担心。

因是已。“因”，顺着。“是”，肯定。也就是说，肯定这些自由人所做的任何事情。

已而不知其然，谓之道。这个“已”之前省略了“因是”

这两个字，就是相信这些自由人所做的事情，也就是对自由人的信任。“不知其然”，不知道为什么会这样，也就是不知道为什么会信任这种自由，这就叫作道。实际上就是道给予人自由，至于道为什么会给人自由就不知道了。这是从每个人都是自由人的角度来看人都是平等的。

劳神明为一，而不知其同也，谓之朝三。“神明”就是精神，“劳神明”就是费尽精神，“为一”就是把世界变成一。“劳神明为一”，就是费尽心思、绞尽脑汁，想要把世界变成一。这个“一”是一样的意思，也就是讲把这个多样化的世界统一起来。为什么要花那么多的工夫把世界统一起来呢？因为面对多样化的世界，很难把握住它的整体，这会导致人的焦虑。所以，人千方百计在多样化的世界里寻找统一性，找到了统一性，人才会心安理得。德国的美学家席勒认为，人有一种理性的冲动，一定要在多样化的世界里寻找一，哲学就是这种冲动的产物，所以哲学喜欢谈论本质。本质是什么呢？就是一。庄子讲“劳神明为一”是指当时诸子百家的争论，他主要是针对儒家。儒家要把所有的人都变成君子，也就是把不同的人都变成同一种人。这是把人整齐划一，不仅行为上要统一，思想上也要统一。庄子认为，儒家的这种做法就是“劳神明为一”，就是强行把不一的东西变成一。这是难以做到的，所以儒家的人特别辛苦、特别操心，总以为不一就会天下大乱。庄子认为这是儒家的偏见，儒家“不知其同也”，不知道这个世界上，人和人本来就是相同的，没有必要花那么多的工夫把他们变成一。这里要注意，这个“同”和前面那个“一”有区别，这个“同”其实也可以写成“一”，也就是，“劳神明为一，而不知其一也”。你花了那么大的工夫要把他们变成一样的，但你不知道其实他们本来就是一样的，你白花了那么多的工夫，白操了那么多的心。庄子用“同”取代了“一”，是要明确这个“同”和这个“一”是有区别的，“一”是单调的，“同”是丰富的。这个“同”就是老子说的“玄同”。“玄同”同而不同，是保持差异性的同。玄同既同又异，玄同的“同”是虚的，玄同的“异”是实的。玄同具有道的性质，也可以当作道的别名。道无为，让万物自为。道让万物自为是同，这个同是虚的；万物各自怎么为是异，这个异是实的。儒家不理解玄同，努力要把每个人变成相同，所以儒家要确立一个标准，要求大家向标准看齐。道家讲玄同，玄同承认差异，每个人有自己的标准，所以玄同准许个性的存在。儒家的同是实的，所以儒家只有一个标准；道家的同是虚的，所以道家有多样的标准。庄子认为，儒家只有一个标准，就叫作“朝三”。什么叫“朝三”呢？就是执着于朝三，认为只有朝三是对的，朝四就是错的。所以，儒家只认同“朝三暮四”，道家认为“朝四暮三”也未尝不可。

何谓朝三？“朝三暮四”和“朝四暮三”是什么关系呢？下面举例子说明。

狙公赋芧曰：“朝三而暮四。”众狙皆怒。“狙公”是养猴子的人，“芧”是猴子吃的栗子。养猴子的人分配栗子给猴子，说“朝三而暮四”，早上给三个，晚上给四个。猴子听了这个分配方案，都非常愤怒。那么，该听谁的呢？是听养猴子的人呢，还是听猴子的呢？这就要看这个养猴子的人是儒家思想的人还是道家思想的人。如果他具有儒家思想，就会坚持自己的标准，也就是坚持“朝三暮四”，这会导致“猴怨沸腾”，会导致养猴子的人和猴子之间发生激烈的矛盾冲突，会产生社会危机。幸好养猴子的人具有道家思想，他认为，既然大家都反对“朝三暮四”，那就“朝四暮三”吧。

曰：“然则朝四而暮三。”众狙皆悦。养猴的人顺从猴子的愿望，说那就“朝四而暮三”吧。结果怎样呢？所有的猴子都非常高兴。这里有一个问题，养猴子的人把猴子养好的标准是什么？养猴子的人是服务猴子的人，服务猴子自然应该以猴子的喜怒为标准。猴子高兴了就是养好了，猴子不高兴就是没有养好。养猴子的人不能以自己的标准来代替猴子的标准。如果养猴子的人独断专行，坚持自己的标准，这里面就会有问题，就有私心的嫌疑。这个私心既可以表现为物质上的，也可以表现为精神上的。想要坚持自己的标准，确立自己的权威，这是专制的温床。狙公顺从猴子的意愿，表明他具有真正的公心。他让猴子自己选择分配方式，也就是让猴子自己选择自己的生活方式。

名实未亏而喜怒为用，亦因是也。这个“名实未亏”指的是谁？指的是养猴子的人。他给猴子早上三个栗子，晚上四个栗子，加起来七个栗子；他给猴子早上四个栗子，晚上三个栗子，加起来还是七个栗子。所以，对养猴子的人来讲，他“名实未亏”，既没有多给，也没有少给。很多人以为“名实未亏”

指的是猴子。说猴子早上得到三个栗子，晚上得到四个栗子，加起来是七个栗子；早上得到四个栗子，晚上得到三个栗子，加起来还是七个栗子，猴子的所得既没有增加，也没有减少。那“名实未亏”指哪一个更好呢？看起来是一样的，指养猴子的人可以，指猴子也可以。表面看来好像都可以，但事实上是不可以的，是有差别的。如果没有差别的话，猴子怎么会“喜怒为用”呢？好多人读到这几句话，都以为庄子在嘲笑猴子，说猴子这种喜怒是没有根据的。猴子为什么会一喜一怒呢？猴子是非常精明的，猴精猴精的。对猴子而言，“朝三暮四”和“朝四暮三”是不一样的。就像发工资，月初发还是月底发，你以为是一样的吗？月初发工资，可以把这个工资存一个月；月底发工资，就意味着这一个月的工资利息被别人拿走了，而且放到月底去发，还可以拖欠工资，谁知道你是不是真的会发。所以，在不同的时间里，你所获取的东西，总量看起来是一样的，但事实上是不一样的。猴子坚持“朝四暮三”，实际上在争取自己的利益，所以，这里不是说猴子傻，而是说猴子很精明。那么遇到这种情况，养猴子的人该怎么办？“亦因是也”，应该顺从猴意，认同猴子这个合情合理的要求。

是以圣人和之以是非而休乎天钧，是之谓两行。圣人该怎么做？当然这里的“圣人”指的是道家的圣人，而不是儒家的圣人。儒道共用圣人这个名称，但表达的思想却是完全相反的。道家圣人怎样做呢？“和之以是非。”什么叫“和之以是非”？表面的意思是不讲是非，实际上是说，圣人不要有自己的是非，要以百姓的是非为是非。换句话讲，也就是百姓的意见都是正确的，要求都是合理的。“休乎天钧”，这个“钧”是平均的均，是公平的意思，“天均”就是天给予的公平；“休乎天钧”，就是停留在天提供的公平之下，也就是以天作为公平的标准。天是最公平的，天平等地看待所有人，不会偏向于任何人，这不就齐物了吗？这就叫作“两行”，两行就是并行，就是把对立的两方面都看作是合理的。“两行”说穿了就是不要以自己为是，以他人为非，而是认为，他人也是是，他人的要求也是合理的。这样看来，这个“狙公”正是道家心目中的圣人。

古之人，其知有所至矣。恶乎至？有以为未始有物者，至矣，尽矣，不可以加矣。其次，以为有物矣，而未始有封也。其次，以为有封焉，而未始有是非也。是非之彰也，道之所以亏也。道之所以亏，爱之所以成。果且有成与亏乎哉？果且无成与亏乎哉？有成与亏，故昭氏之鼓琴也；无成与亏，故昭氏之不鼓琴也。昭文之鼓琴也，师旷之枝策也，惠子之据梧也，三子之知，几乎皆其盛者也，故载之末年。唯其好之也，以异于彼；其好之也，欲以明之。彼非所明而明之，故以坚白之昧终。而其子又以文之纶终，终身无成。若是而可谓成乎？虽我无成，亦可谓成矣。若是而不可谓成乎？物与我无成也。是故滑疑之耀，圣人之所图也。为是不用而寓诸庸，此之谓以明。

古之人，其知有所至矣。“知”，智慧。古代的人，他们的智慧达到了一定的高度。借古之人说话，这大概是人的一种心理倾向，不是说古代人就一定比现代人聪明，而是由于人有好古的心理倾向，人总是把理想寄托在古人的身上。西方人言必称希腊，开口就说古希腊怎么样，中国人也有一个习惯，言必称先秦。那么处在先秦时代的人，他又是怎么看的呢？像庄子，他处于先秦时代，他是怎么看这个问题的呢？他的理想又在更遥远的古代，他称更古的人为“古之人”。当然，先秦人对古之人的界定也不一样。儒家的“古之人”从尧舜开始，墨家从禹开始，庄子的“古之人”更古，从伏羲、神农、黄帝开始。人为什么有这种崇古的心理倾向呢？为什么一定要把理想寄托在古人的身上，而不是寄托在未来人身上呢？这大概因为“古之人”已经成为历史的事实，尽管有虚构的性质，但历史上毕竟有它的踪迹，所以能够增加它的可信度；未来却是遥遥无期的，不确定的，不可知的，因而也是不可信的。古人再古，也有一个确定性，可以作为我们精神上的依靠、归属，而且作为确定的事实，也具有一定的说服力。

恶乎至？古人的智慧究竟达到了什么高度呢？

有以为未始有物者，至矣，尽矣，不可以加矣。这是第一个观点，也是最具智慧的观点。这种观点认为世界“未始有物”，什么都没有。“未始有物”可以从两方面来理解，有宇宙论意义上的“未始有物”，也有本体论意义上的“未始有物”。从宇宙发生论看，“未始有物”是说这个世界最早的时候，什么都不存在。庄子认为这是对世界的最智慧的看法，他连用几个形容词来说明这种高级的智慧，“至矣，尽矣，不可以加矣”，都是最高的形容词。如果“未始有物”指这个世界最初一无所有，那么就有一个问题，这个世界是怎么来的呢？这个世界必定就是无中生有，而无中生有是不可理喻、不可思议的，它让人无法理解。于是有人就认为，这个世界一直就有，但这样的观点也会遇到难题，因为任何具体的有必定有它存在的原因，因而在时间上，必定要有一个开端。如果有一直就有，就意味着没有开端。说一个物没有开端，这也是不可思议的。所以，无论认为这个世界是无中生有的，还是一直就有的，都面临着自身的悖论。因为它们都是属于经验之外的事物，所以康德把它们称为“辩证的幻相”，认为这是理性的越界。从本体论看，“未始有物”并不是指物不存在，而是说物是没有自性的。佛教正是这样的思维方式，佛教承认现象世界的存在，但认为现象世界是假有，是幻有，是性空。佛教讲“本来无一物”，不是说这个世界什么都没有，而是说世界万物缘起性空，因缘而起，本性是空。就思辨的水平来看，本体论的“未始有物”是高于宇宙的“未始有物”的。那么，古之人的“未始有物”是宇宙论还是本体论的呢？从“未始有物”的“始”及庄子下文讨论“始”来看，古人的“未始有物”应该是宇宙论的。既然“未始有物”是无法证明的，庄子为什么还要说“未始有物”这个观念是最智慧的呢？因为世界“未始有物”，一无所有的时候，这个世界就是不值得执着的，人就没有任何理由去执着于这个世界。如果认为这个世界一开始就是有的话，就会让人产生一种执着，就不能齐物。世界一无所有，连物都不存在的时候，齐物的问题也就相应地不存在了。

其次，以为有物矣，而未始有封也。这是第二个观点，也可以翻译成次一种的观点，这也是智慧的观点。这种观点认为世界上是有物的，这个物有什么特点呢？“未始有封”是说这个物的内部没有产生分界，这个物是一个整体，这是一个整体的物。也就是说，当初世界上只有一个物，这个物还没有分化成许许多多、各种各样的物。为什么说这个思想低于“未始有物”呢？因为有物就会让人产生执着的倾向。由于这个物还处在一个整体的状态，它不构成与其他物的对比，所以也就不存在齐物的问题。接下来是第三种观点。

其次，以为有封焉，而未始有是非也。这也是一种智慧的观点。这种观点面对现实，承认现实中的事物千差万别，但认为这千差万别的事物是平等的，没有高低贵贱之分，因而没有产生是非。自从世界有了人，人面对千差万别的事物，就会有所取舍，有取舍就有了是非，所取为是，所舍为非。这些是非体现在人们的日常语言里，体现在那些反义词里。比如，我们讲有无、上下、高低、前后时，就会肯定有、上、高、前，就会否定无、下、低、后。是不是啊？这些词原本都是对事物差异性的一种表述，但结果却演变成对事物价值的一种表述，这不就产生是非了吗？黑暗与光明都是客观存在，黑暗过去了，就是光明；光明过去了，就是黑暗，黑暗与光明循环交替。但作为价值追求，人们只关注到这个循环的某一面，只关注到从黑暗到光明，然后赋予从黑暗到光明很多不该有的含义，完全忽略了人也需要从光明走向黑暗。这不就形成了是非吗？所以第三种观点要求我们要先回归事实，不能够用价值判断来改变事实存在，而应该相反，用事实存在去纠正价值判断。人们在现实中经常以价值判断代替事实存在，所以，人首先要回归事实，回归事实以后，会改变我们对很多事物的看法。前面讲了三种智慧的观点。下面讲的是第四种观点，也就是世俗的观点，就是日常生活中人们普遍持有的观点。这种观点认为，事物是有差别的，有差别的事物，价值是不同的。于是，人们就在千差万别的事物里进行选择，选择有价值的东西。这种世俗的观点和前面的三种观点相比，前面三种观点讲的都是纯粹的物的世界，这种世俗的观点讲的是人的世界。物的世界里没有是非，人的世界里才有是非，有人就有是非。以下内容都是讲人的世界里的是非问题。

是非之彰也，道之所以亏也。是非出现了，道就被遮蔽了。为什么这么说呢？因为道是完整的，道里面只有肯定，没有否定。有了是非，就会有所肯定，有所否定。在是非里，人们只看到道的某一面，或者认为物的某一面是道，另一面不是道，比如人们认为光明是道，黑暗不是道。这样，道就有所亏损。老子讲“失道而后德”，人通常都处在失道状态，最多只处于某种德的状态。

道之所以亏，爱之所以成。进一步思考，道为什么会亏呢？“爱之所以成”，是爱造成了道的亏损。刚才我们讲，有人就有了是非。庄子又进行了深入地考察，人的内部究竟是什么造成了人的是非，让人看不到完整的道呢？这就是人的爱。爱是一种情感，它左右着人和物的关系，导致人对物采取不同的态度。在庄子看来，爱就是偏爱，爱这个人，不爱那个人，这是偏爱；爱这个物，不爱那个物，这也是偏爱。是爱把万物分为不同的等级，是爱导致了人的亲疏远近。最后，我们也可以说，是爱导致了道的亏损。这里有一个问题，既然爱具有这种负面的意义，那么能不能去掉人的爱呢？显然这是不可能的。爱是人作为人的特征，是人的本质规定性。没有了爱，人就不是人了。问题在于，只要爱存在，是非就存在，是非存在，道就会被遮蔽。可见，人天然地处在失道状态中，生下来就在背离道，这有点类似于基督教讲的原罪。人一生所做的事就是回到道，就是赎这个原罪。这就是人和道的复杂关系。齐物就是齐是非，齐是非就要回到道。由于人和道的关系这么复杂，庄子就有了如下之问。

果且有成与亏乎哉？真的有成有亏吗？就人与道的关系而言，有成有亏，人的任何成都是道的亏。

果且无成与亏乎哉？真的没有成和亏吗？就道自身而言，没有什么成和亏。道就是道，没有什么成亏，道本来如此，永远如此。接下来庄子举例来说明，人的成就为什么是道的亏损。

有成与亏，故昭氏之鼓琴也。这句话颠倒过来，意思更明确，就是“故昭氏之鼓琴也，有成与亏”。昭氏鼓琴，弹了一个曲子，这是成，这很好理解。但昭氏鼓琴为什么会使道亏损呢？因为鼓琴，人们就把注意力集中到他弹的这个曲子上。由于人们爱这个曲子，痴迷这个曲子，就把这个曲子看作道了。但人们不知道，昭氏弹出来这个曲子，就会遗失掉无数其他的曲子。

无成与亏，故昭氏之不鼓琴也。这句话也需要颠倒一下，“故昭氏之不鼓琴也，无成与亏”。昭氏不鼓琴的话，就没有了成与亏。不鼓琴让曲子具有了无限可能性，没有昭氏的成就没有大道的亏损。那么昭氏为什么要鼓琴呢？这与他对琴的爱有关，他太爱琴，就要鼓琴，一旦鼓琴了，就丢掉了无数曲子，对于大道来讲，这就亏了。

昭文之鼓琴也，师旷之枝策也，惠子之据梧也，三子之知，几乎皆其盛者也，故载之末年。昭文鼓琴和师旷枝策意思是一样的，都是讲音乐。惠子是哲学家，擅长辩论，经常靠在梧桐树上和人辩论。无论是鼓琴、枝策还是据梧，都是出自爱，这种爱让他们的技艺在各自的行业里都达到了登峰造极的地步，达到了行业里的最高水平。也是因为这种爱，使这三人把自己的爱好保持到了晚年。这种保持，也需要爱。开始做事，需要爱；坚持做事，也需要爱；把事做好，还需要爱。可见，爱是成就事物的前提、基础。但也是由于爱，使得人不断在背离道。人爱得越深，成就就越大，背离道的可能性也就会越大。

唯其好之也，以异于彼。“异于彼”就是成就远远高于他人。因为他们的爱好，使他们的成就远远超过了他人。这里再一次强调，人的爱好和人的成就之间的关系，人的爱好越深，人的成就就越大。这也是世俗所倡导、所认同的观念。现实生活中，我们鼓励每个人根据自己的爱好选择自己的学业，选择自己的职业。但是，庄子在肯定这个世俗的观念的同时，更多的是在反思这个观念，这是他高于我们的地方。他是怎么反思的呢？

其好之也，欲以明之。这就是反思了。因为他对此特别爱好，他就想让所有人都去爱好。这是人本能的一种倾向，认为一个东西好，就会本着好心去推广这个好。他发自内心地认为他是在行善，基于这样一种认识，他就迫切希望把自己的爱好推广给所有人。推广达到什么程度呢？

彼非所明而明之，故以坚白之昧终。别人不需要明白的，他一定要让人家明白。这就是强人所难了，这是用强迫的手段推广他所谓的好，你接受也得接受，不接受也得接受。因为他推广的是好，你怎么能拒绝他对你的好呢？所以这种出自好心、对好的推广，却往往是专制的温床。因为他以自己为是，以他人为非。既然他人为非，他就有理由去干预他人的非，这就为干预他人找到了正当的借口。他漠视人性分的差别，破坏他人的性。他认为好的就要求大家都认为好，这不就离道越来越远了吗？“故以坚白之昧终”，“离坚白”是公孙龙子的观点，这里泛指战国时期的名辩思潮。这些人喋喋不休，都认为自己是对的，别人是错的。沉迷于“离坚白”“合同异”，以这种辩论终其一生。

而其子又以文之纶终，终身无成。这个“其子”，有几种说法，我们认同“其子”是指昭文之子。昭氏的儿子子承父业，也去学习鼓琴，但终生无成，没有获得他父亲那样的成就。我们完全可以猜想，昭文自己爱好鼓琴，所以也就希望别人能够鼓琴，最希望儿子也能和他一样鼓琴，于是强迫儿子去鼓琴。由于儿子天分不够，爱好不深，最后成就不大。可见，人由于爱而产生的专制无所不在，非常可怕。

若是而可谓成乎？虽我无成，亦可谓成矣。如果昭文的儿子也算有成就的话，那么，像我这样没有成就的人，也可以说有成就了。这里的“我”不是指庄子自己，而是指每个人。人一生中多多少少要做点事，你所做的那点事，也就算是你的成就了，这样说来，人人都有成就。就这个意义上讲，不就是齐物吗？这个成就，大家一定要注意，不能理解为做出辉煌的事业，日常生活中，每个人都有成就，成家立业，是成就，找到工作，也是成就。

若是而不可谓成乎？物与我无成也。如果这些还不能算是成就的话，那么所有人都没有成就。按照道的眼光来看，所有人的那些成就都不叫作成就。这样不又达到了齐物的效果吗？

是故滑疑之耀，圣人之所图也。“滑疑”，迷乱人心。那些迷乱人心、让人触目的成就，是常人追求的目标，但却是圣人极力避免的、想要消除的东西。圣人为什么要极力消除耀眼的成就呢？因为人的成就越大，人背离道的可能性就越大。有大成就的人，凭借着自己的成就，炫耀自己的成就，把自己的成就看作道，在推广自己成就的时候，还以为自己是在推广道。而常人犯这种错误的可能性反而小，因为常人的成就小，没有资本炫耀成就，也就不会去推广自己的成就。常人时时认为自己有不足，这反而合乎道。所以庄子讲，成就越大的人，是非越多，背离道的可能性越大，事实上，正是他们做出了许多愚蠢的事。

为是不用而寓诸庸，此之谓以明。这句话前面出现过，这个地方又出现了。前面是“照之于天”，这里简称“以明”。这表明“以明”是《齐物论》的核心思想，需要反复加以强调。“不用”就是不把自己的爱好强制推广给他人，或者说不用自己的是非观念去要求他人。“庸”，就是众人。“寓诸庸”，就是承认众人都有自己的是非观。也就是说，自己的是可以为是，他人的是也可以为是，众人都是是，都是对的。所谓“以明”，就是看到自己的局限性，看到别人的正确性，只有先看到自己的局限性，才能看到他人的正确性。所以，庄子这里批评三子，他的着眼点不是说三子没有成就，而是批评三子高看了自己的成就。当你把自己的成就当作了不起的成就的时候，你就是在背离道；当你把自己的成就当作是有限的成就的时候，你就是在回归道。所以，庄子在这里不是要否认人做事，不是让昭氏不要鼓琴了，师旷不要枝策了，惠子也不要据梧了，什么都不要做了。不是这样，庄子不是让我们什么都不做，而是提醒我们，人可以本着自己的爱好去做，并且要做出成就，但一定要意识到，再大的成就在道面前，也是极为有限的成就。认识到这一点，就消除了是非，承认了自己成就的局限性，就不会放大自己的成就，就会承认他人的成就，就会建立全新的人际关系。尽管大家都是是，是和是之间还是有冲突的，该如何相处？这个时候解决冲突的方式发生了变化，人们将会用一种协商、妥协的方式去化解矛盾，而不是通过消灭对方的方式去化解矛盾。对话和妥协是理性社会最显著的标志。过去，我们老是觉得妥协是一个弱点，其实，一个美好社会的建立是离不开相互妥协的。妥协应该成为人的共识，不能总用武力去解决分歧。

五

今且有言于此，不知其与是类乎？其与是不类乎？类与不类，相与为类，则与彼无以异矣。

虽然，请尝言之。有始也者，有未始有始也者，有未始有夫未始有始也者。有有也者，有无也者，有未始有无也者，有未始有夫未始有无也者。俄而有无矣，而未知有无之果孰有孰无也。今我则已有谓矣，而未知吾所谓之其果有谓乎，其果无谓乎？

天下莫大于秋毫之末，而大山为小；莫寿于殇子，而彭祖为夭。天地与我并生，而万物与我为一。既已为一矣，且得有言乎？既已谓之一矣，且得无言乎？一与言为二，二与一为三。自此以往，巧历不能得，而况其凡乎！故自无适有以至于三，而况自有适有乎！无适焉，因是已。

今且有言于此。“今”，这里。这里有这样一些言论。这些言论指的是庄子自己所说的言论，也就是下面的一段话。

不知其与是类乎？其与是不类乎？不知道我所说的这些话和上面所讲的观点是同一类呢？还是不同类呢？这句话的难点在“是”字上，这个“是”到底指什么，有不同的说法，有人把它理解为他人的观点，也有人把它理解为关于是非的观点。这些理解都不是特别的准确。这个“是”应该指上面讲到的古代最有智慧的人对世界的看法，他们认为世界“未始有物”。庄子下面所要讲的观点和古代那些最有智慧的人所提出来的观点是非常类似的。庄子其实是在说，古代最有智慧的人提出了“未始有物”的观点，我在这里也提出一些观点，大家比较一下，我的这个观点和古代最有智慧的观点是什么关系？它们说的是不是同一个意思？显然，庄子认为他的观点对“未始有物”这个观点有所突破，有所深化。

类与不类，相与为类，则与彼无以异矣。不管我所说的和古之人所说的是不是同一类的，只要我们说的都是关于世界的开端问题，至少从话题的角度看，我们说的是同一类的问题，所以，我所说的和古之人所说的，也就没有什么不同了。这几句是过渡语。庄子非常认同古之人“未始有物”的观念，但他又觉得意犹未尽，他要以自己的方式来阐述一下关于世界开端的思想。这样，下面的文字和前面的文字意思就连贯起来了。接下来我们看下文。

虽然，请尝言之。现在我就尝试说一说我对这个问题的看法。所谓“尝试”是一种谦虚的说法，因为古之人对这个问题已经有了非常好的阐述，庄子接着阐述，就必须要有一种很谦逊的态度。下面就是他的阐述。

有始也者。“始”，开始。是指谁开始呢？应该是指万物的开始，也就是指世界的开始，而不是指具体某个物的开始。我们生存的这个世界应该有一个开始。人为什么要追问世界的开始呢？这是人性的一种本能，只有理解了开始，才会具有一种完整性的观念，才能对世界有完整的认识。

有未始有始也者。一般人问到万物的开始，就已经很满足了，就已经有对世界的完整性体验了。但庄子并未就此罢休，而是继续追问“未始有始”，也就是追问万物开始以前是什么样子。

有未始有夫未始有始也者。他还要继续追问开始以前的那个以前。按照这样的追问方式，追问是无止境的，人可以不停地再往前追问，这样的追问最终肯定是没有答案的。

有有也者。这里换一种方式、换一个角度继续追问万物的开始。这个追问从有开始，立足于有，因为人们直接看到的、直接面对的是有。

有无也者。有必定就会产生根源问题，有产生于无，有之前是无。

有未始有无也者。那么无以前是什么？

有未始有夫未始有无也者。无之前的之前是什么？

俄而有无矣。突然之间、恍惚之间有了无，也就是说，最初连无都没有。我们的想象最多只能触及无的世界，无的世界一无所有。但很难再去想象，连无都没有的世界是什么样子的。“俄而有无”，就意味着当初连无都没有，无是后来产生出来的。这比老子“有生于无”的思想更让人迷离恍惚。有是怎么产生的已经足够让人费解了，还要问无怎么产生的，这更加让人困惑了。

而未知有无之果孰有孰无也。这句话各人的翻译都不太一样。我们把它翻译成：不知道这个突然产生的无，它是属于有呢，还是属于无呢？这个“有无”要理解成突然产生出来的那个无。这里所问的，是那个无到底是有呢，还是无呢？把这个无理解为无比较好理解，无就是无，一无所有。但为什么要问这个无是不是有呢？无不可说，但我们说无的时候就把无变成了有。所以，庄子才会问那个无到底是有呢，还是无呢？也就是说，这个无既可以把它理解为无，也可以把它理解为有。理解为无，是说它一无所有；理解为有，是说它毕竟是一个观念，本身就是一个有。所以，这个无是可有可无。那就意味着，在无的世界里是齐物的。

今我则已有谓矣，而未知吾所谓之其果有谓乎，其果无谓乎？刚才我所说的这些话，真的说出了什么吗？还是什么都没有说呢？毕竟说出了这些话，它应该说了什么，但是我所说的这个对象本身是可有可无的，是不确定的，所以也可以说，我什么都没说。庄子不断追问世界的开端，我们也知道，这个追问是没有结果的，是没有答案的。那么，庄子为什么还要去追问呢？追问的意义是什么呢？可以从两个方面去理解。首先，追问展示了思想的过程。前面讲到，古代最有智慧的人认为世界"未始有物"，这仅仅是一个结论，庄子通过追问展示了"未始有物"这个思想是怎么来的。思想不应该只是一个静态的结论，而应该是一个动态的过程。庄子通过追问丰富了古人"未始有物"的思想。其次，追问拓展了人生的境界，扩大了人的视野。不追问的话，人就仅限于一个感性的世界，一个现实的世界，通过追问，则可以揭示出来一个超感性的世界，一个可能性的世界。追问与否，对人来讲是完全不同的两个境界。

因为追问出来的这个可能性的世界对现实世界是有影响的。追问使人的心灵有虚有实，虚实结合。《红楼梦》里，有一个现实的世界，还有一个虚幻的世界。大荒山青埂峰那块石头是虚幻的世界，贾宝玉梦游太虚幻境也是一个虚幻的世界。这个虚的部分在作品中若隐若现，但若没有这个虚的部分，作品就会失去灵气，作品思想的深度就会被削弱，贾宝玉就会找不到生命的归宿。所以人的这种追问，看起来什么结果都没有，但实际上，它成了人的一种生存方式，也规定了人的生存向度。可见追问不是可有可无的。

天下莫大于秋毫之末，而大山为小。“大”应该是太，“大山”应该是泰山。前面讲万物开端的时候，讲到了开端之前那个无，它既是有，也是无，所以这个有无在价值上是相等的，齐物是不成问题的，但现实世界必定是有。有是千差万别的，面对千差万别的有，如何能做到齐物呢？人极容易被千差万别的事物所迷惑，只看到它们的差异性，却看不到它们的统一性。在这些差异性中，最突出的是量的差异。比如说，这里讲的秋毫与泰山。把秋毫和泰山放在一起，谁都知道泰山大于秋毫。人们进一步把两者量的差别发展为价值的差别，于是就讲，有的轻于毫毛，有的重于泰山。孔子“登泰山而小天下”，历代皇帝都想去泰山举行封禅大典，泰山就被赋予越来越多的文化含义和价值含义。而毫毛呢，就变成微不足道的代名词。庄子要把这个颠倒的价值再颠倒过来，提出了一个截然相反的观念，认为，“天下莫大于秋毫之末，而大山为小”，他也从大和小、从量的差异来改变泰山和毫毛的价值。庄子采用了另一种比较方式，他引入无穷大和无穷小的观念。以毫毛为基础，把毫毛和无穷小相比较，毫毛无疑就是最大的。以泰山为基础，让泰山和无穷大比较，泰山就是最小的。庄子又举了第二个例子。

莫寿于殇子，而彭祖为夭。这也颠覆了我们通常的观念。人人都认为，殇子短命，彭祖长寿。那从什么意义上说，殇子是长寿而彭祖是短命的呢？这就需要界定什么叫作长寿？什么叫作短命？按照庄子的意思，人活到天年，就是长寿；人活不到天年，就是短命。我们完全可以说，殇子的寿命本来就这么短，他活到了天年，从天年这个角度讲，他已经是长寿了；我们也完全可以说，彭祖原本能活一千岁，可是他只活了八百岁，未能尽其天年，所以说他是短命的。庄子的这几句话特别有名，影响很大，但也容易产生误解，以为庄子改变了泰山和毫毛的价值关系，也改变了寿与夭的价值关系。其实庄子的本意，不是真想得出毫毛大于泰山、殇子寿于彭祖的结论，他只是想通过一种诡辩的方式，来破除人们日常生活中那种陈旧的观念。如果庄子真的认为毫毛大于泰山、殇子寿于彭祖的话，那就与他的齐物思想相矛盾、相冲突了。泰山大于毫毛，彭祖寿于殇子，体现了物之不齐；反过来说，毫毛大于泰山，殇子寿于彭祖，不同样导致物之不齐吗？所以，我们不能够被庄子的这种表述方式所迷惑，要明白他的思想本意是要齐物，要把握住这一点。那么，庄子在什么意义上来齐物呢？事物在量上是无法齐一的，从量上看必定有大有小，所以齐物应该着眼于事物的质，也就是事物的性。事物都有自己的性，事物在自己的性分之内，是平等的，也是齐一的。毫毛有自己的性，泰山也有自己的性，殇子有自己的性，彭祖也有自己的性，从物各适其性这方面来看，它们是平等齐一的。庄子没有直接表述他的这个思想，但庄子思想的实质是要引申出齐物的观点。

天地与我并生。前面庄子是解决物和物之间齐物的问题，这里他要进一步解决人与物之间如何齐物的问题。“天地与我并生”，这是从时间方面来解决人和物相齐的问题。从时间上看，天地是永恒的，而人生是短暂的，短暂的人生在永恒的天地面前显得极为渺小。庄子必须要解决人和天地之间的关系，否则的话，人就无法从渺小当中摆脱出来。庄子认为，“天地与我并生”，这句话也很有名，常常被人引用。那么天地如何与人并生呢？天地那么长久，人生那么短暂，如何能并生呢？所以，这个“并生”应该理解为：随着我的出生，随着我来到这个世界，这个世界才以我的方式展示给我；当我离开这个世界的时候，这个世界也随着我的离开而消失。所以，这个世界是与每个人的生命相始终的，生命在，这个世界就在，生命不在，这个世界就不在。从唯物主义观点来看，这是典型的唯心主义。但仔细思考，这和唯心主义好像还不太一样。不是说我来到这个世界，我主观地让这个世界存在，而是随着我来到这个世界，这个世界客观地对我存在，这个世界的存在和我的主观愿望没关系；当我离开这个世界时，这个世界对我不存在，也不是我主观上让它不存在，而是它客观上不存在了。当我们存在时，去理解世界的不存在似乎是很难的。我们就会本能地认为，世界不以我的意志为转移，它一直就存在着，跟我的生死是无关的。我们留恋这个世界，就意味着，我们认定我们离开了这个世界，这个世界还会继续存在。要理解“天地与我并生”，必须换一种思维，要思维我还不存在、还没有来到这个世界的时候，这个世界在哪里。比如说，唐朝的时候，有李白，有杜甫，有那么多的诗人，还有所谓的贞观之治，假如你从来没有来到这个世界的话，你会认为它们是存在的吗？换句话讲，对那些没有出生的人来说，你如何让他们去理解这个世界是存在的呢？我知道这个世界，是因为我来到了这个世界，随着我的离去，这个世界对我而言就真的不存在了，所以，我和世界共始终。

而万物与我为一。这是从空间上来解决人和万物的关系问题。我是一,万物是多，一在多面前，人在万物面前，显得很孤独、很渺小，甚至很陌生、很恐惧。怎么解决这个问题呢？庄子说，“万物与我为一”。“一”是一体的意思，万物和我是浑然一体的。万物也好，我也好，都是一体的组成部分。这个一体啊，不是机械的组合，而是一个生命体，这就意味着，构成一体的万物和我是血脉相通的。后来，张载把这个思想改造成“民，吾同胞；物，吾与也”。万物一家，天下大同。这就解决了人在空间中的孤独感、渺小感。那么，万物和我是不是真的一体了呢？其实，是否真的一体并不重要，重要的是，我们把它思想成一体，想象成一体，这样就真的成为一体了。庄子关于齐物的思想到此应该说就结束了，但庄子这时可能来了灵感，突发奇想，对这个“一”又大加发挥。

既已为一矣，且得有言乎？这句话里的“既已为一矣”，就是来自前面的“万物与我为一”，但这种引申让人感觉衔接得不是很自然。因为前面那个“为一”的“一”是齐物的意思。这里突然由齐物到“且得有言乎”，引申到语言与多的关系上。他说，“既已为一”，既然万物都一体了，还有什么需要说的呢？为什么一体了，就没什么需要说的了呢？这就涉及人为什么要说的问题。只有当事物具有差别的时候，才需要去说，才有话要说，如果事物是一体的，是一样的，就没有必要说了。从南方到青海来的同学，最想说的是什么？是青海与内地的差异性。南方有空调，这里有暖气，这就有个说头。如果你去了一个同样使用空调的地方，就会觉得无话可说。所以世界成为一体的时候，人也就无话可说，最好的方式就是保持沉默。但人有一种说的本性，尽管想保持沉默，但实际上非常困难。即便在你说万物一体的时候，你已经说了万物一体这句话。

既已谓之一矣，且得无言乎？当你说“万物为一”的时候，怎么能说你没有说呢？

一与言为二，二与一为三。这个“一”啊，指的是万物本来一体。“言”呢，指的是人说万物一体。这句话是说，万物本来一体加上人说万物一体，这就变成二了，就有了“二”这个数。“二与一为三”，二再加上一，这就变成“三”了。可见，这个世界上，只要有了一，一就必然会把世界一分为二，就必然会产生二，然后不断地再加一，使得数趋向于无穷大。大到什么地步呢？

自此以往，巧历不能得，而况其凡乎！这个数究竟有多少，就是那些最擅长计算的人都算不出来。用我们今天的话来讲，再高级的计算机，也算不出来无穷多的数，何况我们平凡人呢？计算的能力非常有限，算出来的数字也就很有限。

故自无适有以至于三，而况自有适有乎！“自无适有”，“无”是无言的意思，“有”是有言的意思。从无言到有言，从不说话到说话，就产生了“三”这个数字，“而况自有适有”，何况从有到有。这几句话类似于老子讲的“一生二，二生三，三生万物”，但庄子的用意和老子不太一样。老子是讲这个世界如何产生的，讲这个世界形成的模式，那么庄子呢？他是要借助这种模式来阐述齐物的思想。既然数趋向无穷大，人就永远不可能穷尽这些数。

无适焉，因是已。不要再往前数了，怎么数也是数不完的。那么，对这些无穷的数应该持一种怎样的态度呢？“因是已”，顺着它的是去承认它。在数的序列中，数的大小是有差别的。每一个数比它前面的数都要大，比它后面的数都要小，每个数既大又小，数和数之间价值是平等的。另外，在无限的数的序列中，每一个数都是不可少的，缺了某一个数，数的链条就会断裂。每一个数都可以代表一个物，无限的数代表了无限的物，每一个数不可少也就意味着每一个物是不可少的，每一个物都是有价值的。在这里，庄子通过数的关系，又回到了他的齐物思想。

夫道未始有封，言未始有常，为是而有畛也，请言其畛：有左，有右，有伦，有义，有分，有辩，有竞，有争，此之谓八德。六合之外，圣人存而不论；六合之内，圣人论而不议。春秋经世先王之志，圣人议而不辩。故分也者，有不分也；辩也者，有不辩也。曰：何也？圣人怀之，众人辩之以相示也。故曰辩也者，有不见也。

夫大道不称，大辩不言，大仁不仁，大廉不嗛，大勇不忮。道昭而不道，言辩而不及，仁常而不周，廉清而不信，勇忮而不成。五者无弃而几向方矣。

故知止其所不知，至矣。孰知不言之辩，不道之道？若有能知，此之谓天府。注焉而不满，酌焉而不竭，而不知其所由来，此之谓葆光。

夫道未始有封。“封”，界限。“道未始有封”，道是没有界限的。道无处不在、无时不在，所以道是无限的。如果道有时在，有时不在，有的地方在，有的地方不在，那么道就是有限的。因为道是道家最核心的概念，核心概念必须是无所不包的。老子说过：“道冲，而用之或不盈”，“道冲”，道虚。道是虚的，道是无。无可以理解为空间，有了空间的存在，万物才有自己的舞台。万物在空间里占据着某个空间，并且在空间里自由地移动。如果空间是有限的，它就会和万物发生碰撞。所以，万物的活动都是以道虚、以空间为前提，而空间的无限性，保证了万物的存在和万物的活动。空间是不可分割的，是连成一片的，万物对空间的分割是偶然的、临时的，最终万物会让出这个空间。空间的不可分割，使得万物能够自由地活动，所以道不能是有界限的。

言未始有常。“常”，固定。言对事物的表述是可变的，但人们通常以为语言的表述是固定不变的，这种误解从语言命名对象的时候就开始了，或者说，最早就体现在对对象的命名上。人命名对象，为的是区别对象，给生活提供便捷。有了语言，人不再需要直接和物打交道，只需要和物的名称打交道，与物的名称打交道比与物打交道要方便得多。人可以通过词语把一个遥远的物变成一个身边的物。人不需要到三江源头，通过“三江源头”这个词就已经到了三江源头，或者说使得三江源头来到了人的身边。所以，通过语言命名对万物进行区分，这是非常有意义的。人特别重视对物的命名。人出生的第一件事就是命名，要取名字，看到一个陌生的人，首先要问他的名字。名字最大的功能是区分，是区别，当然最终变成了差别。命名活动开始的时候，是约定的，是偶然的，是随意的。就像每个人的名字一样，不是说必然就叫这个名字。正因为名字是约定的，所以可以改变约定，可以改名。但是，在一般情况下，人们非常尊重当初那个约定。因为改变约定的成本太高了，甚至很难实现。就像大家约定了桌子的名称，现在突然说把桌子叫成椅子，大家一律改为这个称呼，这不是不可能，但这是非常艰难的，代价是非常大的，时间也可能是漫长的。因为大家尊重约定的名称，不去轻易地改变约定，就出现了另外一种情况。人们开始习惯把名称和名称代表的物合二为一，就像把你的名字等同于你这个人，你的名字就代表你这个人。所以，你捍卫自己的名字就像捍卫你这个人一样坚定，绝对不允许有人亵渎你的名字，名字成为人权的一部分，受到了法律的保护。这个时候，人就是把语言和对象的关系看作是固定的。所以庄子就提醒人们，语言表述对象并非固定的，不要太执着于名字。名字说到底只是一个临时约定，是佛教的“方便说”，而不是究竟义，但通常人们还是执着于语言的分别。

为是而有畛也。语言原本是“未始有常”的，但大家误认为是有常的，所以就认同语言的常，执着于语言区别，在区别当中，进行肯定和否定。为了一个是，为了一个肯定，也可以说为了一个否定而争论不休，结果把同一的世界变成一个有区别的世界。

请言其畛。这些区别主要体现在八个方面。事实上，有语言的地方就有区别，而区别远远不止八个方面，但庄子不能一一罗列这些区别，只能把众多的区别加以归类，大概有这八个方面。这有点类似于康德所讲的范畴，康德认为只有十二对范畴，并用这十二对范畴去解释世界。庄子这里用“八德”表述八个方面的区别。他们的思维方式是一样的。

有左，有右。这是左和右的区别。左右本来只是表达某物与两边对象的位置关系，两边的位置是可以互换的，所以，两边的地位应该是平等的。但是，人通过命名，把一边称为左，一边称为右，不只是表达了这两者的位置，还赋予了两者不同的价值。人认为左是卑下的，而右是尊贵的。这样，位置的改变意味着地位的改变，左和右的位置就不能互换了。至今，人们还在遵循这个惯例。主席台上的座位，还是按照左卑右尊进行排列。显然，这是中原文化的产物，楚国文化就不是这样，而是与它正好相反。老子属于楚国，他就讲“君子居则贵左，用兵则贵右”，又说“吉事尚左，凶事尚右”，显然以左为尊。但不论是以右为尊，还是以左为尊，左右的区别是不可更改的，都特别重视两者的区别。在庄子看来，这个区别纯粹是文化的产物，在前文化时期，左右是没有区别的。

有伦，有义。“伦”指人际关系中的等级差别。古人讲五伦，讲五种人际关系——君臣、夫妇、父子、兄弟、朋友。这五种关系有什么特点呢？他们在生活中都是有交集的，是熟人之间的关系。所以，伦是指熟人之间如何处理各种关系。“义”是指陌生人之间应该如何相处。“义”就是宜，是应该的意思。比如对陌生的老人，该怎么相处？对于陌生的小孩，该怎么相处？孟子提出了儒家的相处之道：“老吾老以及人之老，幼吾幼以及人之幼。”就是要比照自己的父母和孩子，努力以这种方式去对待他人的父母和孩子。所以，伦和义是在区别两类不同的人际关系。什么是熟悉的，什么是陌生的，完全取决于偶然性，而且，熟悉和陌生是因人而异的。你所熟悉的，对别人来说是陌生的；你所陌生的，对别人来说是熟悉的。就人群的整体而言，无所谓熟悉和陌生。所以，伦和义的区别是存在的，但却是不必执着的。从道的观点来讲，无所谓哪个是熟悉的，哪个是陌生的。就自身来讲，都是熟悉的；就他人来讲，都是陌生的。所以，不能执着于伦和义的区别。

有分，有辩。“分”就是区分、分开。刚才讲到的熟人和陌生人就是一种区分。区分是事实的陈述，这些人是熟悉的，那些人是陌生的，这是一个事实。但人不满足于这个区分，还要进一步去辨别。比如说，在熟人之间，关系又是不一样的，父子关系要亲于兄弟关系，兄弟关系又要亲于朋友关系。不同的关系，价值是不一样的。“辨”最终导致辩、辩论。辩是在价值区别的基础上，为价值区别进行辩护。为什么对熟人会很友好，对陌生的人就可以冷漠？熟人中，父子为什么要亲于兄弟？兄弟为什么要亲于朋友？辩是强化区分，说明区分的合理性。如果社会处在分和辩的文化氛围中，那么很容易失去公平公正。

有竞，有争。通过语言把世界加以区分，形成了价值上的高低贵贱，那么人本能地就想改变已有的价值定位，获取更高的价值认同，这就必然产生竞和争。“竞”是心理上的较量，是暗暗地下决心，一定要超过别人。“争”是身体的较量，是面对面的争夺。所谓战争，就是以战的方式去争，所以争是很原始、很野蛮的；而竞相对来说是比较文明的，所以体育比赛叫作竞赛。无论是争也好，还是竞也好，尽管它们有区别，但有一点其实是一样的，都是把他人作为对手，都遗忘了自我。在庄子看来，竞和争都是没有必要的，发展自己、实现自己才是最重要的。

此之谓八德。这个“德”和道德的德无关，就是八个方面。这里有个问题需要关注，那就是这八德有没有事实的根据？是事实的区分导致了语言的区分，还是由于语言的区分导致了事实的区分。通常，人们会认为现实当中就有这八德，就有左右、伦义、分辩、竞争这样的区别，语言只是客观地表现了这样的区别，因此责任不在于语言。当然，这样说也是有道理的。如果世界上本来就没有任何区别的话，要人为地进行区别也是难以做到的，所以我们要承认事物之间的区别。那么语言的作用在什么地方呢？它通过强化或弱化某种区别，来形成价值观念。比如说，中国人就特别重视家族关系的区别，具体体现在对不同关系的称呼上。自己的后代是直系，称为亲，他（她）们是亲兄弟、亲姐妹。兄弟的后代称为堂亲，姐妹的后代称为表亲。表亲里又分为姑舅表亲、两姨表亲。这些关系的区别是客观存在的，但强化这种区别，是要表达亲疏远近的情感。西方人也有这些关系，但西方人在语言上淡化这种区别，亲、堂亲、表亲在英语里是同一个词，叔叔、伯伯、舅舅、姨夫、姑父也是同一个词，没有区别。所以语言客观上强化了等级差别。中国社会的等级凝聚在语言里面，语言又强化了这种等级，庄子从语言角度追究区别的根源。既然是语言的问题，那要改革社会，首先要改革语言。五四时期，有很多激进的言论，比如说要废除姓氏，甚至都不要名字，用你我他来替代。这些行为现在看起来很极端，但从改革语言的角度看，也不能说一点道理没有。以上讲的是通常人执着于语言的区别，下面要讲的是圣人如何对待语言的。

六合之外，圣人存而不论。“六合”是上下四方，所以六合指的就是空间，“六合之外”就是空间之外。空间之外的东西一定也在时间之外，所以六合之外就是泛指时空之外的存在。时空之外在感觉经验之外，在现实生活之外，也就是在人的认识能力之外。康德认为，像上帝、自由、灵魂都在时空之外，是不可认识的。生活中一些形而上学的命题，比如我是谁，我从哪来，我要到哪里去，什么是人生的意义，这些也是六合之外的问题。六合之外的问题没有答案，也是不能证明的。对于六合之外的问题，应该采取什么态度？通常的态度是，既然在时空之外，人们无法认识，干脆就不承认这个问题的存在。比如说，鬼神、上帝包括道，很多人就不承认它们存在，认为这些纯属虚构，还以此为自豪，认为自己是个无神论者。但有神论者认为，在时空之外，是有存在物的。无神论者说没有神，有神论者说有神，双方争论不休。无论是承认有神，还是否认有神，他们都要借助语言。圣人对这个问题是什么态度呢？这里圣人的态度实际上就是庄子的态度。圣人对此“存而不论”。所谓“存而不论”，首先是承认有一个未知的世界。为什么要承认呢？承认很重要啊！承认意味着人的认识能力是有限的；如果不承认的话，那就假定人的认识能力是无限的，也就把人变成神了。所以，圣人先承认有这么一个世界存在，但是“不论”，不去议论它。就像孔子说的“敬鬼神而远之”，承认鬼神存在，但不用语言去议论它。圣人认为，语言是没有办法描述未知世界的，对未知的世界要保持沉默，就像哲学家维特根斯坦说的，对于不能言说的对象，要保持沉默。连语言都不能言说，也就不能通过言说来制造差别，一个不能言说的世界是一个无差别的世界。

六合之内，圣人论而不议。六合之外对生活来说比较遥远，六合之内和生活比较贴近。换一句话讲，人就生活在六合之内，生活在时空之内，生活在感觉和经验之内，所以六合之内是离不开语言的。六合之内，如何正确使用语言呢？“论而不议”。这里的“六合之内”，主要指自然事物的规律性问题，也可以讲是自然科学的一些问题。人能够认识这些自然科学的原理，也可以用语言去表述这些原理，即通过“论”的方式去表述这些原理。“论”具有客观性质，不是主观偏见。所以大家写文章，都叫写论文，毕业时写的叫硕士论文、博士论文。“议”，带有主观性，表明自己对这个问题的看法。那些自然科学的原理，跟人的主观看法无关，跟发现原理的人也无关。牛顿不发现万有引力原理，迟早会有人发现。所以在自然科学的发现里面，科学家和他发现的原理是没有必然关系的。所以我们讲，科学家对他发现的原理只能作客观的陈述，不能进行主观议论，也不能进行价值评判。你不能说万有引力原理是好还是不好，也不能说勾股定理是好还是不好，这就叫作“论而不议”。

春秋经世先王之志，圣人议而不辩。这句话语序要做一点变动，“春秋经世先王之志”，应当是“春秋先王经世之志”。这里的“春秋”不是孔子写的那个《春秋》，那是狭义的《春秋》。广义的《春秋》指的就是史书。这些史书，有些后来成了经书。章学诚有句名言，“六经皆史也”。这些史书就相当于今天人文学科类的书，说的都是六合之内的事。那么对于具有人文学科性质的史书，应该采取什么态度呢？“圣人议而不辩。”在庄子的表述里，“论而不议”和“议而不辩”的区别，相当于现在的自然科学和人文学科的区别。对于人文学科而言，正确的态度应该是“议而不辩”。人文学科强调“议”，议带有主观性，议与特定的人分不开。例如，没有司马迁，就没有《史记》；没有李白，就没有李白的那些诗；没有曹雪芹，就没有《红楼梦》。人文成果都是独特的、个性化的，都是议的成果，如果不议，不张扬个性，就不会有什么成果。这里，明显看出文科（议）和理科（论）的差别，也可以说是学文（议）和学理（论）的差别。学理（论）要尽量排除主观性，学文（议）要尽量强化主观性。客观性很强的人很难学文，主观性很强的人很难学理。主观性强为什么不能学理？他会问，一加一为什么一定只等于二呢？为什么不可以等于别的呢？主观性太强了，做题很容易出错。人文学科为什么还要不辩呢？议和辩有什么区别呢？议是陈述自己的观点，辩是认为只有自己的观点是正确的，别人的观点都是错误的。“议而不辩”意味着可以发表自己的观点，但不能认为只有自己的观点才是正确的。“议而不辩”就是承认别人的观点也是正确的，就是承认大家的观点都是正确的，就是承认对同一个问题有多个不同的答案。不同答案之间的关系不是排斥的，而是互补的。所以，“议而不辩”就意味着人文学科的答案是开放的，只要言之有理，任何人都可以有自己的答案，这也是人文学科的魅力所在。“说不尽的莎士比亚”，模仿这句话，我们也可以说，“说不尽的《红楼梦》”。关于《红楼梦》的主题，就有很多说法，说爱情的有，说四大家族衰亡史也有，说色空也有，都是对的。关于什么是性，也有多种说法，有说性善的，有说性恶的，有说性不善不恶的，有说性可善可恶的，有说性有善有恶的，哪一个是对的呢？其实都是对的。这样看来，人文学科很容易，每个人说自己的话，不管你说什么，只要言之有理就行。但说出自己的观点也是很难的，没有深入的思考是说不出来的。这就是“议而不辩”。

故分也者，有不分也。能够分的对象，原本是不能分的，或者说想要分的对象，原本是不能分的。比如时间本来是绵延不绝的，是不能分离的，但人强行把时间之流分成过去、现在、未来。其实哪有什么过去、现在、未来呢？所有的过去都曾经是现在和未来，所有的现在都曾经是未来，也都将会变成过去，所有的未来也将变成现在和过去。所以，时间原本没有过去、现在和未来的区别，只是为了生活的方便，人不得已才去区分时间。比如说，人们通过不同的纪年方式来区分时间。中国古代以皇帝的年号来纪年，皇帝在位的时间是有限的，有的皇帝还喜欢改年号，弄到最后，让人觉得生活永远是在这很短的时间内来回循环。中国古代还用天干地支来纪年，六十年一甲子，六十年一循环。纪年的方式对人的思维影响很大，人不由自主就产生一种循环的观念。现在大家都采用公元纪年，这才有了发展和进步的观念。今天是 2021 年 11 月 17 日。问题来了，今年真的是 2021 年吗？这个月真是 11 月吗？今天真是 17 日吗？这不是人为规定的吗？要用农历呢，今天就变成了辛丑年十月十三日。今天到底是哪一年、哪个月、哪一天呢？是公历 2021 年 11 月 17 日呢？还是农历辛丑年十月十三日呢？不同的纪年方式把时间以不同的方式进行切割、区分，其实时间里根本就不存在 2021 年，也不存在 11 月 17 日。但是，每个人都很坚定很执着地认为，今天就是 2021 年 11 月 17 日。所以，这个分是人为的区分，不分才是时间的真相。正因为时间原本不分，人才要强行区分，以方便人的生活。时间不分是真相，时间区分是假象。空间也是如此，空间本来是不分的。我们青海，1928 年以前就没有，那时青海归甘肃省管辖，那么青海是有呢，还是没有呢？ 1928 年以前地图上就没有青海省，海南省、重庆直辖市以前也没有，是后来人为划分出来的。我们习惯于已有的行政区划，把它当作是理所当然的，其实这都是人为划定的，这点看历史地理就更明显了。

辩也者，有不辩也。“辩”通辨，先有辨，然后发展为辩。能够分辨的原本都是不能分辨的。因为不能分辨，所以才强行地进行分辨。后来，人们就执着于这种分辨，忘掉了它们本来是不能分辨的。《红楼梦》大观园里的女孩子们，遇到比自己年龄大的都叫姐姐，遇到比自己年龄小的都叫妹妹。原本只有两个称呼，一个姐姐，一个妹妹，大家都以姐妹相称。但这种称呼抹平了关系的差别，都这么喊，就没有区别了。于是，就要在无差别中制造差别，然后才有了亲姐妹、堂姐妹、表姐妹、姑表姐妹、姨表姐妹，这是分辨。由于分辨，就把原本平等的关系变得不平等了。可见，大观园里的女性原本是要保持平等的，姐妹称呼就是在追求平等，但社会另有一套价值结构，一定要在平等里制造出不平等。可见，平等是原初的，不平等是后起的。大家原本都是人，然后才是男人和女人，再后才有男人与男人、男人与女人、女人与女人之间的各种关系，这些关系都是依附于人的，但久而久之，人们只记得种种关系，而忘记了大家都是人。不仅如此，人们还为后起的这些关系进行辩护，但无论怎样辩护，都不能否认他们首先是人这个事实。关系是偶然的、方便的，人是必然的、究竟的。

曰：何也？圣人怀之，众人辩之以相示也。这是讲圣人和一般人的区别。“怀之”，就是一起揽入怀中，不加分辨，一视同仁。万物没有差别，为差别而争辩也就无从谈起。众人一定要寻找差别，而且还为找到差别而炫耀。兄弟姐妹本来是完全平等的，但兄弟姐妹之中，兄弟的后代是最亲的，叫堂亲；兄弟和姐妹后代的关系次之，叫姑舅表亲；姐妹后代的关系更次之，叫姨表亲。有了这样的差别，就要极力地维护差别。遵守了差别，大家就说你懂礼貌、懂规矩，如果不按照差别去做，大家就说你不懂礼貌、不懂规矩。为了懂礼貌、懂规矩，人们就要遵守这种差别。

故曰辩也者，有不见也。如果人认为只有自己的观点才是正确的，就意味着他没有见到事物的另外一面。当然也有可能是，因为他没有见到事物的另外一面，所以才为自己的观念进行辩护。所以庄子讲，任何时候都不要去辩。辩就意味着把自己变成绝对真理，夸大了自己的能力。这一段讲的是圣人对语言的态度，也是庄子对语言的态度。庄子的态度非常理性，非常务实，他并不要求回到语言之前，回到前语言的状态，而是正视语言的存在，划分不同的领域，采取不同的语言态度。在未知领域里，“存而不论”；在自然科学领域里，“论而不议”；在人文学科领域里，“议而不辩”。这就是庄子的语言态度。这里讲的都是语言问题。

夫大道不称。“称”，称名、言说。大道是不能言说的。本来，道家最高的概念就是道，不需要另外在道前面加上一个“大”字。为什么要加上一个“大”字呢？这是因为在日常使用当中，道这个概念改变了它的含义，实际上被歪曲、被误解了。所以，庄子迫不得已，要在道前面加上“大”，变成“大道”，以恢复道的本来含义。这个“大道”呢，应该译成真正的道。言下之意，我们平常所说的那个道不是真正的道。老子说“道可道，非常道”，老子的“常道”相当于这里的“大道”。对于最高的观念，往往都会发生这样的现象。后面的“大辩”“大仁”“大廉”“大勇”都是类似的情况。本来，辩、仁、廉、勇意思已经很明确，由于我们对这些词使用不当，改变了它们本来的意思，所以都需要在这些词前面加上一个“大”字。如果我们能够正确理解这些词的含义，其实前面这些“大”字都是不需要的。概念使用的过程中，经常会出现这样奇特的现象。日常生活中也一样。好的意思本来是很明确的，但生活中，你对别人好的时候，别人却没有感觉到你的好，甚至还感觉到不好，这时别人就会说，如果你真的对我好，就应该如何如何。本来好就是好，不存在还有一个真的好，只是因为你误解了好，人家才需要提醒你好的本意是什么。通常，人们把道理解为可说的道，比如说各门学科的原理。自然学科的原理，是可说的；人文学科的原理，也是可说的，时间久了，我们就会认为，道是可说的。学习的过程，也可以表述为学道的过程。在这个过程中，无论老师在教，还是学生在学，都离不开语言，所以语言和道密不可分。但庄子讲，真正的道是不能言说的。理由是什么呢？下面要讲到。

大辩不言。通常情况下，辩是需要使用语言的，没有语言，也就无所谓辩论了。动物没有语言，所以动物只打架，不吵架。吵架是辩论的极端形式，是语言之间的针锋相对。人不仅通过语言去辩论，而且还为这种辩论提供理由，认为真理越辩越明，于是，语言就变成了通向真理的途径。战国时期的百家争鸣就是百家争辩。百家靠什么去争辩呢？就是靠语言。孟子好辩是出了名的。孟子替自己辩解，说他不是好辩，而是不得已去辩论，再不辩论的话，全天下都是墨翟、杨朱之言，孔子思想差不多要被人遗忘了。因为语言和真理之间的这种关系，所以人们都崇尚言辩。但庄子讲，真正的辩论是不需要语言的。

大仁不仁。孔子讲“仁者爱人”，“仁”就是爱。生活中要表现自己的仁，就必须要表现自己的爱。儒家讲“亲亲，仁民，爱物”，亲、仁、爱，表述的方式不一样，表达的情感内涵也有亲疏的区别，但共同的地方都是表达对于对象的关心、爱护。所以没有爱，就谈不上仁。但庄子讲，真正的爱是不爱。

大廉不嗛。“嗛”，谦让。谦让是对外物的一种态度，它体现为对外物的拒绝。对外物拒绝得越彻底，就越是体现出人的谦让，体现出人的廉洁。廉洁的极致就是大公无私，这是通常人对于廉洁的理解。但庄子说，真正的廉洁是不需要谦让的。

大勇不忮。“忮”，伤害。通常，勇都有所伤害，否则就算不上勇。换句话讲，我们经常把那些有所伤害的行为看作是勇，认为能够构成伤害才是勇。伤害有两种方式：一是伤害他人，二是伤害自己。比如说，战场上英勇杀敌，这就是伤害他人。人们通常用“杀敌”这个词掩盖杀人的本质，因为敌人也是人，杀敌也就是杀人，所以杀敌是很残忍的行为。因为杀敌充满了正义感，而杀人就是犯罪，所以日常生活中，人们不讲杀敌，都说杀人，因为他杀人，所以需要对他进行惩罚。另外，勇还伤害自己，比如说救落水儿童。如果你不会游泳，却跳到水里救人，结果儿童没救上来，自己还需要被救，这个行为就称为勇，但这个勇伤害了自己。所以真正的救人，不是靠勇，而要靠智；不是自己盲目地跳下去，而是要去找会水的人来。那么，如果一个人本来就会游泳，他跳到水里救落水儿童，算不算是勇呢？这就不算勇了。因为这件事情丝毫伤害不了他，这对他而言是轻而易举的事。所以，我们通常讲的勇都有所伤害，不是伤害了他人，就是伤害了自己。在孟子看来，这样的勇只能算是小勇，是匹夫之勇。所以庄子讲，真正的勇不会伤害人。接下来的五句话，是对上面五句话的回应，也可以说，上面五句话是立论，接下来的五句话是论证。

道昭而不道。这是回应“大道不称”。因为“道昭而不道”，所以“大道不称”。“昭”，说出来的意思。道说出来就不是道了。为什么说出来就不是道了呢？首先，说道就是把道当作一个对象，当作一个物，这个物无论多大，终究也只是个物。所以人说道的时候，就等于把道的无限性降为有限性，这就降低了道的品格，道也就不再是普遍真理了。其次，说道就把人凌驾于道之上。凡是能说的对象，都在人的掌控之中，只有对象不能说的时候，才能引起人的崇拜。颜回说孔子的思想“瞻之在前，忽焉在后”，“仰之弥高，钻之弥坚”。颜回用语言说不出孔子的思想，说明孔子的思想高高在上，让他望尘莫及。这样才能理解颜回为何那么服膺孔子的思想。但孔子的思想再高，也没有达到道的高度。“朝闻道，夕可死矣”，说明孔子到老都没有闻道。也可以说，面对至高无上的道，孔子与颜回的困惑是一样的，他也感觉到用语言表述道是力不从心的。这也表明，人在道的面前是很渺小的。最后，道是虚的，任何人都不能占有它，这样，每个人都有说道的权利，尽管所说的道未必就是道，但说道的权利是平等的。如果道是实体的，就是能够被占有的，占有道的人就有道，其他人就无道，而我们大家呢，可能都是属于无道这个行列，这样就会制造不平等。所以，“道昭而不道”或者说“大道不称”，它的意义在于，它是齐物的根据。庄子说来说去，最终都是围绕齐物。道能说，就不能齐物；道不能说，才可以齐物。

言辩而不及。这是回应“大辩不言”。“不及”，就是不及事物的真相。言辩揭示不出事物的真相来。因为言辩的本质就是认为自己是对的，别人是错的。如果认为自己是对的，别人也是对的，那还辩论什么呢？一个吃米饭的人不会跟一个吃面条的人辩论，因为他认为，吃面条也是有道理的。只有他认为吃面条没有道理，都应该吃米饭，这时候才会有辩论，但这样的辩论会遮蔽事物的真相。事物的真相是，吃米饭是合理的，吃面条也是合理的。真相一旦被遮蔽，就会认为只有吃米饭是合理的，或者只有吃面条是合理的。大家在辩论会上辩论性善性恶，只要辩论，不管是性善还是性恶，都不是性的真相。所以，辩论的命题都是伪命题，只是为了锻炼口才。更重要的是，有些对象是不能分辨的，比如艺术品的美。美是说不清道不明的，是只能意会不能言传的。所以，有人要问这个艺术品美在什么地方，这就是一个错误的问题，是不需要回答的。如果一定要回答，最好的回答是说不知道。因为美是一个整体，把整体拆分开来，它的每个部分就不再是美了。美类似于一个生命体，是不能拆分的。一个人的美，在于他的整体是美的，如果把各部分分开，这个人还美吗？手只有成为生命体的部分时，才是纤纤玉手；如果手和生命体分开，不但不美了，还令人感到恐怖。所以语文老师分析作品是一件很残忍的事情。什么叫分析？分析就是分崩离析，让作品分崩离析，然后还说这个作品美。这个作品还能美吗？所以，当语文老师会有一种困惑，会陷入一种困境：不分析作品，那是失职；分析作品，那是破坏美。

仁常而不周。这是回应“大仁不仁”。刚才我们讲了，“仁”是爱，爱其实就是偏爱。爱这个人，不爱那个人，不就是偏爱吗？由于人的能力所限，爱只能是偏爱，只能固定在某些特定的对象身上。“仁常而不周”，爱只能常驻在特定的对象身上，不能遍及所有的对象。这正是贾宝玉的悲剧，他想爱一切人，但限于经历、精力，他只能爱少数人，这让他困惑、痛苦，并最终产生人生幻灭感。这样美好的爱的理想，为什么就实现不了呢？儒家讲“爱有差等”，那是有道理的，他是着眼于人现实的爱。墨子觉得这个爱不够理想，提出了“兼爱”，爱所有的人。兼爱有点像西方人说的博爱。兼爱、博爱作为爱的理想来说，是必须要有的，它体现人的博大胸怀，但现实中由于种种限制，人很难达到兼爱、博爱。因为“仁常而不周”，所以“大仁不仁”，“大仁不仁”是要解决爱的普遍性问题。庄子解决问题的思路和老子是完全一致的，那就是通过不爱来达到普遍性的爱。用老子的话来讲，就是“天地不仁”“圣人不仁”。这是一个很有智慧的思想。人可以通过不仁来达到仁，通过不爱来达到爱，这就是大爱。大爱表面看来是不爱，但深层次上是最爱。我们体会到天地之爱了吗？我们体会到了亲人的爱、异性的爱、朋友的爱，但可能没有体会到天地大爱。天地对人的爱体现在什么地方？它体现为四季交替，日夜交替。如果它也像人那样，表现出它的爱的话，那就会对四季有所偏爱，对日夜有所偏爱，就会不断地延长春天，不断地延长白天，最终导致人间的混乱。正因为天地不爱，才成就了人间的偏爱。“仁常而不周”的主旨也是讲齐物，只要有爱，就有差别，博爱、兼爱从理论上看没有差别，但从事实上看，还是有差别。只有不爱，才真正实现无差别的爱。天地对人的爱是真正无差别的，遍及所有的物、所有的人。这是爱的智慧。

廉清而不信。这是回应“大廉不嗛”。“清”，清澈、透明。廉洁达到了透明，会让人感到不真实。“水至清则无鱼”嘛！“清”换句话讲就是洁癖，对廉洁产生了洁癖，觉得世上万物都是不干净的，所以拒绝万物。但人毕竟有个身体，身体不是自足的，它依赖外物而存在，所以人索取外物是身体的需要。如果认为外物是不干净的，是肮脏的，就拒绝外物，必然会导致生存困难。儒家是追求廉洁的，但还有比儒家更廉洁的人，他认为儒家还是不够廉洁。《孟子》里记载，齐国有个叫陈仲子的人，特别廉洁，家里有房子不住，有饭也不吃，因为那是他哥哥的俸禄换来的，他认为获取俸禄就是不廉洁的。他住在深山老林里，饿得头晕眼花，就吃树上掉下来的果子。偶然回家一次，母亲给他杀了一只鹅，吃完以后听说鹅是别人送给他哥哥的，他竟然跑到外面，把吃的都吐掉了，因此，齐国人都说他廉洁。孟子说，这叫什么廉洁呢？这是把人变成动物啊！在孟子看来，所谓“廉洁”就是，没有理由不能接受别人的礼物，但有理由时是可以接受的。孟子接受了薛国的礼金，理由是当时的社会治安不够好，他需要钱去买一些武器装备；他也接受了宋国的礼金，理由是他要出远门，路上可能要花钱；但在齐国的时候，他坚决不收礼金，没有理由收人家的礼金就是受贿。可见，孟子也是认同“廉清而不信”的，也认为“大廉不嗛”的。不要故意去谦让，该接受的一定要接受，这是符合人之常情的。如果一味廉清的话，那就是故意突出自己，以所谓的特立独行去赢得廉清的名声。以廉清显示自己高人一等，不与众人为伍，就是以廉清制造不平等，这种做法破坏了齐物。

勇忮而不成。这是回应“大勇不忮”。勇伤害了人，不会成就大事。也就是说，以伤害人的方式做事，是很难获得成功的。因为伤害就是人为地制造分裂，制造差异。本来都是人，因为伤害，一部分人变成了敌人，变成了要否定、要消灭的人，这是党同伐异，消除异己。大勇为什么不去伤害人呢？因为那些被伤害的人也是人。敌人并不是一开始就是敌人，敌人是被造就成敌人的，因为他们不同于我们，我们就把他们当作了敌人。大勇包容天下，认为世界上没有人是敌人。孟子讲，“文王一怒而安天下之民”，“天下安宁”就是天下人互不伤害，和平共处，能这样做，才算是大勇。《孟子》里有两个关键词：一个叫王道，一个叫霸道。通过战争的方法统一天下，是霸道，这是小勇；通过仁义方式去统一天下，是王道，这是大勇。可见，小勇崇尚武力，大勇抛弃武力。大勇的主旨还是追求齐物。既然齐物了，还需要什么武力呢？只有物之不齐，才需要武力。所以，“齐物论”是一种关于和平的理论。

五者无弃而几向方矣。这句话原作“五者圆而几向方”，陈鼓应先生根据奚侗之说，依《淮南子》把“圆”改成了“无弃”。显然，他认为“圆而几向方”不可理解，所以对原文做了改动。但我们认为，“五者圆而几向方”意思是很明确的，是可以理解的，不需要改字。所以，我们还是按照“五者圆而几向方”来解读。这个“五者”就是指前面的五句话，实际上是十句话，综合到一块，就是五句话，分成两个不同的层次去说。“五者圆而几向方”，这五句话原本是很圆满的，但在现实中，却不知不觉变成了方。“方”有两种理解。儒家把它理解为方正、正直。儒家是推崇方的，方有棱有角，体现出人的耿直。但是，方也可以朝贬义的方向去理解，方僵化、僵硬，不会变通，容易伤人。在庄子这里，方是贬义的。“圆”也有两种理解，既可以把它理解成圆满，也可以理解成圆滑。圆滑又有本义和引申义，本义是因为圆而能滑动，引申义为左右逢源的处事态度。庄子这里取圆滑的本义。车轮是圆的，车轮在大地之上，因圆而滑动。圆的车轮只以一条线和大地接触，车轮和大地之间摩擦很少，车轮才可以滚动，大车才可以前进。如果车轮是方的呢？是六角形、八角形的呢？它就会以面的方式和大地接触，面和面之间相互僵持，车轮就无法转动。按庄子来讲，人和人之间也应该是圆，而不是方。圆让人与人之间减少接触，减少摩擦，确保了人的自由。方则是人与人接触太多，增加了摩擦，增多了伤害。“五者圆而几向方”是说，这五者本来是灵动而自由的，它们是齐物的保证，现在却被理解成一些僵化的、具体的做法；它们本来是弹性的、柔软的概念，现在却变成了僵硬的、僵化的概念。

故知止其所不知，至矣。第一个“知”应该是智，智慧的意思。第二个“知”是知道的意思。人的最高智慧就是“止其所不知”，就是知道自己不知道，也就是认识到知的有限性，进一步说，也就是知道人的有限性。这句话和老子“知不知上也”的意思是一样的。人的有限性和两个方面有关。一方面，与人的性有关。人作为人天生就有局限，人不能在天上飞，也不能在水里游，这就是局限。在人里面，是男性还是女性，又受到限制。再进一步，男性也好，女性也好，个体又有特殊的性。由于种种限制，人只能在有限的范围内去认知世界。另一方面，人还受到经验的限制。人可以不断地去经验世界，人带着自己的经验去看世界，但经验毕竟是有限的。正因为如此，人才需要读万卷书、行万里路，去了解他人的经验世界，进入他人的经验世界。人知道自己的有限性，这个非常重要，因为它是齐物的前提。只有认识到自己的有限性，人才能够预留空间去接纳他人的经验世界，接受他人不同的观念，不同的生活方式。但是，认识自己的局限是不容易的，孔子也是到了五十岁才意识到自己的局限。孔子说“五十而知天命”，什么叫“天命”呢？天命就是天的命令。人在天地之间，谁的话都可以不听，但不能不听天的话。天以一种无言的方式来教导人、命令人。人在天命之中，天命无处不在，无时不在。天冷加衣服就是在执行天命，天热减衣服也是在执行天命，天用冷热来提示人应该做什么。天命日用而不知。

孰知不言之辩，不道之道？谁能知道不用语言的辩论，不能说出来的道呢？这里的“不言之辩”就是前面讲的“大辩”，“不道之道”就是前面讲的“大道”。“不言之辩”是高级的辩，“不道之道”是真正的道。正因为它们是高级的、真正的，所以了解的人就不多。这里要注意的是，知道“不言”“不辩”是最好的，但并不否认现实中还是要言辩。知道了“不言之辩”“不道之道”，就会对言辩保持一种开放性，就不会认为自己的言辩是绝对的真理。如果不知道“不言之辩”“不道之道”的话，就会把自己的言辩看作绝对真理。所以，知道还是不知道，结果是不一样的。

若有能知，此之谓天府。前面是问，谁能够知道呢？有没有人知道呢？这里说，假如真有人知道，会带来什么好处呢？如果知道的话，人的心灵就变成了天府。什么叫“天府”呢？有人说是天然的府库，感觉不是特别好。天府固然有天然的意思，但天然这个词只说出了天府的性质，没有说出它的大小。天府最好理解为以天作为府库。天无所不包，古人讲“普天之下，莫非王土”。中国人用天下表达最大的空间，天下就是天之下。可见天是无所不包、涵盖一切的。

具体地看，天府有这样一些特点。首先，它应该是丰富的、多样的、复杂的。这里有阳光、空气、水，有草木鸟兽虫鱼，还有各种各样的人、各种各样的事，天府里应有尽有，一个都不少。好东西固然不能少，即便那些不好的东西，那些带有负面性质的东西，也不能少。负面东西的存在，正好表明天府的包容性，换句话讲，天府就是五彩缤纷的生活本身，所以使心灵成为天府，也就是使心灵回到生活。其次，天府作为生活本身，它是自我呈现的。生活的自我呈现是由“不言之辩”“不道之道”所规定的，人不去言辩，就意味着让生活本身自我呈现。生活是最原始的，它规定着一切，而不被任何东西所规定。也就是说，生活是原初的存在，其他都是后起的，都是从生活中滋生出来的，比如各种思想文化观念，它们都是来自生活。所谓“百家争鸣”，每一家都是针对现实生活的问题，提出自己的解决方案。百家不是自己想出来的，而是生活催生出来的，它们都来自生活，所以都具有合理性，但是，它们又都是来自某种具体的生活，都具有片面性。后人看诸子百家的著作常常很困惑，觉得好像都有道理，又都没有道理。其他的各种思想也是这样，儒释道三家都来自生活，儒家要规范生活，道家追求自然的生活，佛家着力解构生活，它们的理论都有合理性。大家要写毕业论文，为什么要写论文？因为要解决生活中的困惑，才需要去写论文，这时候写论文就不是负担了。歌德有一句名言：“理论是灰色的，而生活之树常青。”艺术来自生活，又高于生活，艺术以原生态的方式去呈现生活，艺术让生活自我呈现。所以，不是歌德写了《浮士德》，而是《浮士德》借歌德写它自己，这也再次说明，艺术最接近生活。在各门学科中，哲学看起来最远离生活，从事哲学思辨的人被看作不食人间烟火，因为哲学的那些概念、命题都是远离生活的。但是，哲学时时都有回到生活的冲动。胡塞尔的现象学，研究纯粹意识，但晚年却提出要回到生活世界。庄子让心灵成为天府，也是要回到生活世界。最后，天府作为生活本身，具有原始统一性。《论语》里有段话可以说明这个问题。

> 子路从而后，遇丈人，以杖荷蓧。子路问曰："子见夫子乎？"丈人曰："四体不勤，五谷不分。孰为夫子？"植其杖而芸。子路拱而立。止子路宿，杀鸡为黍而食之，见其二子焉。明日，子路行以告。子曰："隐者也。"使子路反见之。至，则行矣。子路曰："不仕无义。长幼之节，不可废也；君臣之义，如之何其废之？欲洁其身，而乱大伦。君子之仕也，行其义也。道之不行，已知之矣。"（《论语·微子篇》）

孔子一行总在路上奔波，凄凄遑遑，让人感动，又令人悲伤。奔波途中，子路竟找不到"夫子"了。他向荷蓧丈人打问。荷蓧丈人是个道家隐士，眼很毒，一眼就看出子路是个"四体不勤，五谷不分"之人。学生如此，老师可想而知，顺便也算是骂了孔子。骂归骂，并不真的不管子路。于是，动人的一幕出现了，他请子路住下来，好菜好饭招待，还让子路见他的两个儿子，一起叙谈，这真是一幅儒道共处、其乐融融的画面。

可是，第二天，受孔子之托再来看望荷蓧丈人时，子路说的那番话，实在是不该。亏得丈人不在家，否则局面一定很难堪。昨晚饭桌上大家相处甚洽，今天子路却来挑起儒道争端。子路的高论既无理，也无情。自己去救世，就要求别人也去救世，这是无理。昨晚还受人之惠，今天却指责别人的处世行为，翻脸不认人，这是无情。这里倒有一个有趣的现象值得注意，儒道两家思想上矛盾，生活中却很和谐。入座饭桌，双方就和解，离开饭桌，双方就争吵。生活大于思想，思想发生冲突时，不妨回到思想的源头，生活当中去。[①]

回到天府，就是回到了生活本身，回到了生活本身，就是回到了原始的统一性。换句话说，回到了生活，就是回到了原始的齐物状态。

注焉而不满，酌焉而不竭，这是拿水做比喻，说明天府广大无边。大海里的水，无论流进多少，看起来也没有增加，无论流出多少，看起来也没有减少。这说明大海无限广阔。如果水量很有限，增加一点点，就感觉到增加了许多，流出去一点点，就感觉流出了很多。无论流进还是流出多少，海水都看不出丝毫变化，说明水量的无限，说明天府无限广大，也说明生活无限广大。

而不知其所由来，此之谓葆光。天府或者讲生活，为什么

---

① 左克厚，刘思言．论语旧注今读［M］．北京：九州出版社，2013：330–331。

会有以上特点呢？这就不知道了。凡是基础性的东西，正因为它的基础性，就不能对它再进行追问了。任何知识都需要有奠基。数学说两点之间直线最短，这是一种直观，不能问它为什么最短。道家讲道，你不能再问，道背后还有什么呢？基督教说，世界是上帝创造的，你也不能再问上帝是谁创造的。因为不断追问的结果，会使世界失去根基，使一切都变得不确定。至于它们怎么来的，就不能再追问了。“此之谓葆光”，这就叫作葆光。“葆光”就是把光藏住，保守光的秘密，不能让世界真相大白。所以，葆光也就是保持世界的神秘性，生活的神秘性，天府的神秘性。因为光一旦泄露出来，照亮了整个世界，世界就变成了透明的存在，世界也将从此失去意义。换句话讲，葆光就是光的自我收敛，从而给黑暗留下空间，也就是给相反的、负面的存在留下生存的空间。大自然一直处在自我限制中，严格实行四季轮换，说明四季都在限制自己，令自己绝对不越过界限。凡是那些伟大的人物，也都是以自然的方式限制自己。我们说孔子很博大，博大体现在什么地方呢？就是限制自己，允许他人存在。孔子自己不愿意当隐士，但却很欣赏、很尊敬道家那些隐士们。孔子不同意老子的很多观点，却多次千里迢迢去请教老子。与孔子相比，孟子就不够葆光，他骂杨朱和墨子为禽兽，很激烈，很有个性。当然葆光不只是个人的事情，同时也是社会的事情。也可以说，这不仅是个人的修养问题，而且是一项社会事业，社会需要制度来建构，来严格地保持界限。这就是我们讲的葆光。

六

故昔者尧问于舜曰："我欲伐宗、脍、胥敖，南面而不释然。其故何也？"舜曰："夫三子者，犹存乎蓬艾之间。若不释然，何哉？昔者十日并出，万物皆照，而况德之进乎日者乎！"

故昔者尧问于舜曰："我欲伐宗、脍、胥敖，南面而不释然。其故何也？"从前尧问舜，我想讨伐宗、脍、胥敖这三个小国，每次临朝的时候，都牵挂着这件事。讨伐这三个小国成了尧的心结。尧为什么要讨伐呢？总得有个理由。理由体现在"伐"字上，"伐"字就意味着行动的正义性。在尧的心目中，他统治天下是正义的事业，而宗、脍、胥敖这三个小国落后、愚昧，是所谓的"化外之地"，必须要受到他的恩泽，否则，他的德业就没有泽及天下。这里还要注意"不释然"这个词，"不释然"意味着伐从一种理论进入一种心理状态，这决定了他要把正义落实到实际当中。理论没有心理的驱动，就很难落实，一旦变成心理需求，那就必须要落实。"不释然"推动了伐的落实，伐变成了善心、爱心的表现，这比找借口去伐更可怕。这时候，讨伐就变得理直气壮，就可以不计后果，更不可能去反思、反悔。如果是找借口去讨伐，他的本心还是认为讨伐是不正义的，是为了某种利益去讨伐，这样就还有反思、反悔的余地。可见，本着好心去做好事，有时是很可怕的。那么舜是怎么回答呢？

舜曰：“夫三子者，犹存乎蓬艾之间。若不释然，何哉？”蓬艾是蓬蒿、艾草，都是微不足道的小草。这三子呢，指的是三个国家的国君，这里代表了这三个小国。这句话意思就是，这三个小国就像小草一样，生存于荒郊野外，你为什么要念念不忘地讨伐他们呢？换句话讲，你为什么要把这些小草拔掉呢？更准确地说，你为什么一定要把这些小草变成像你这样的参天大树呢？这不是强人所难吗？舜的回答表明，他反对尧去讨伐这三个小国，反对的理由是什么呢？这三个小国就像小草一样生存着。这些小草有没有自己的生存权利呢？首先，这些小草尽管很卑微，但毕竟都是生命，生命的存在是合乎道的，所以小草的存在是合理的。其次，小草有它自己的本性，本性是不能改变的，不能因为同情它的弱小，就去帮助它，就把它培育成参天大树，这显然不是在爱小草，而是在害小草。最后，小草生在荒郊野外，没有干扰到其他任何植物的生长，它们以一种自然的方式自在地生长着，为什么一定要把它们除掉呢？舜以小草做比喻，说明这三个小国是自然而然地存在着，三个小国的人民也是自由自在地生活着。所以，我们要尊重他们的生活选择，不能替代他们去选择。至于这三个小国需不需要改变自己，应该由三个小国的老百姓说了算。我们可以提醒他们改变现有的生活状态，但是不能强制他们改变生活状态。当然，如果他们愿意改变的话，任何人也不应该去阻止。既然这三个小国生活在一种自然状态中，也就是生活在美好的自由状态中，我们有什么必要去讨伐他们呢？

“昔者十日并出，万物皆照，而况德之进乎日者乎！”舜劝尧不要去讨伐，实际上有两个理由。第一个理由呢，从这三个小国的生存状态来说明，不该去讨伐。第二个理由呢，是说尧的德行特别高。一个德行特别高的人，应该如何对待那些弱小的人？这里隐含了一种劝说的技巧。舜通过吹捧尧来打消尧讨伐的念头，他说，“昔者十日并出，万物皆照”，过去，天上有十个太阳，大地上万物普照。这里要注意，这个“十日”应该如何理解？“十日”来自神话传说，在这个神话传说中，“十日并出”是一个贬义的意象。“十日并出”导致民不聊生，所以需要后羿射日。这个神话观念深入人心，影响深远，直到今天，“十日”仍然带有贬义的性质。但在这里，“十日”应该是褒义的，否则这几句话就说不通。接下来讲，“而况德之进乎日者乎”，“十日并出”是天之大德，可是，你的德还要超过“十日并出”之德。也就是说，“十日并出”之德都允许蓬艾这些小草自然地活着，而你的德行超过了“十日并出”，自然更应该允许这些小草生存。你不仅要允许它生存，还要保护它生存，你要做得比“十日并出”更好，怎么能做得比它更差呢？显然，这是在吹捧尧。通过这两个理由，舜显然是说服了尧，尽管这里面没有下文，不知道尧是如何答复的，但舜的这两个理由应该能够说服尧的。这里，我们也能发现说服的重要性。

这里需要提出一个问题。什么问题呢？舜说服尧的第一个理由，是从小草的自然存在来证明小草的生存合理性。如果我们做另外的假定，假定小草它不是生长在荒郊野外，而是生长在花丛当中，这时候就会出现一个王阳明式的问题：如果小草妨碍了花的生长，我们该怎么办？王阳明明确主张，为了看花，不妨除掉小草。如果是这样的情况，庄子会是什么态度呢？小草该不该除掉呢？这是一个必须要回答的问题。如果我们把小草比作这三个小国，这三个小国不是以一种自然的方式存在，三个小国里的老百姓也没有过着自由的生活，或者说，三个小国里老百姓过着一种奴役的生活。而尧的统治是绝对合乎自然本性的，是合乎道家理想的，那么，尧可不可以去讨伐这三个小国呢？舜为这三个小国进行辩护，主要理由是这三个小国的老百姓过着自由美好的生活，所以尧不能去讨伐他们，也没有理由去讨伐他们。如果这三个小国里的老百姓过着奴役而痛苦的生活，那么舜就没有任何理由为这三个小国的存在进行辩护了。从逻辑上来讲，舜就应该赞同尧的主张，去讨伐这三个小国。在这里面，舜是代表庄子说话的，那就表明庄子也是赞同讨伐这三个小国的。这就必然得出一个结论，庄子的思想不是纯粹的思辨，他始终是关注现实生活的，按照庄子的思想逻辑，他是必然反对现实生活中的独裁专制的。庄子的“齐物论”，主要是齐是非。从字面上看，庄子要彻底否定是非，很多人也都是这样理解的，但深入地思考会发现，庄子其实是有是非的。凡是能够齐是非的就是是，不能齐是非的就是非，庄子实际上是把齐是非作为一个标准，来衡量我们这个世界的是与非。符合这个标准的都叫作是，不符合这个标准的都叫作非，所以，庄子骨子里是有是非的。好多人说他混淆是非，说他陷入相对主义，更有甚者，说他是滑头主义，这完全是对庄子思想的歪曲。当人突破了是，自以为是，这就已经为非了。怎么能说他是非不分呢？如果这三个小国的老百姓过着被奴役的痛苦生活，那这三个小国的内部明显地就背离了齐是非的标准，就没有达到齐物的生活状态。如果这三个小国以非的方式而存在，以不合理的方式而存在，以不自然的方式而存在，它就应该受到讨伐，也必然会受到讨伐。可见，庄子是有鲜明的是非观的。庄子的是非观和我们通常的是非观有着本质上的不同，通常人以己为是，以他人为非，这正是庄子所说的非；而以己为是，也以他人为是，这才是庄子所说的是。所以，庄子的是非观是高层次的是非观，这种是非观具有一种正义感，能带来世界的和平，生活的幸福和美好。庄子的齐物思想有两个层次。一个是浪漫主义的齐物，也可以称之为境界上的齐物。这是通过人的主观意识在大脑当中完成齐物，而对现实中的物之不齐毫不关心。也正是这点，庄子对后人产生了很大的影响。很多人把庄子看作浪漫主义的诗人哲学家，这个浪漫主义再作低俗的理解，就变成了刚才讲的相对主义、滑头主义、阿Q主义。把伟大的庄子和阿Q联系在一起，那是亵渎了庄子的思想。另一个是现实主义的齐物论，这种现实主义的齐物方式贯穿庄子思想的始终。这是庄子极其重要的齐物方式，它隐藏在庄子汪洋恣肆的语言之下，很容易被人忽略。读庄子的时候，人们经常有一种体验：庄子的情感表面冷内心热，行文表面是非不分，但行文背后是非分明。否则的话，庄子也就不能成为一个伟大的思想家了。伟大的人物历来有一种命运，一方面被人崇拜，另一方面又一直被人误解。今天，我们尤其要关注庄子思想里的现实主义齐物论。

啮缺问乎王倪曰："子知物之所同是乎？"

曰："吾恶乎知之！"

"子知子之所不知邪？"

曰："吾恶乎知之！"

"然则物无知邪？"

曰："吾恶乎知之！虽然，尝试言之。庸讵知吾所谓知之非不知邪？庸讵知吾所谓不知之非知邪？且吾尝试问乎汝：民湿寝则腰疾偏死，鰌然乎哉？木处则惴慄恂惧，猨猴然乎哉？三者孰知正处？民食刍豢，麋鹿食荐，蝍蛆甘带，鸱鸦耆鼠，四者孰知正味？猨猵狙以为雌，麋与鹿交，鰌与鱼游。毛嫱、西施，人之所美也；鱼见之深入，鸟见之高飞，麋鹿见之决骤。四者孰知天下之正色哉？自我观之，仁义之端，是非之途，樊然殽乱，吾恶能知其辩！"

啮缺曰："子不知利害，则至人固不知利害乎？"

王倪曰："至人神矣！大泽焚而不能热，河汉冱而不能寒，疾雷破山而不能伤，飘风振海而不能惊。若然者，乘云气，骑日月，而游乎四海之外。死生无变于己，而况利害之端乎！"

啮缺问乎王倪曰："子知物之所同是乎？"啮缺与王倪是虚构的人名。庄子书里的人名大多是虚构的，当然也有一部分是真实的，所以不必追问他们的历史真实性。啮缺问王倪，你知道万物有一个共同的标准吗？凡是一类物，都应该有一个标准，所以标准是无所不在的。因为任何物都从属于某一类物，很少有孤零零的物。孤零零的物无所谓标准，它以自己为标准。但只要物从属于某一类，这一类物就必须有标准。物的标准一部分是人规定的，一部分是自然生成的。只要物存在，它就必然以自身为标准，去评判所有的事物。有的用语言去评判，有的用行动评判。人有语言，人就用语言去评判万物。动物没有语言，那它有没有评判的标准呢？它也有。比如说，它很警惕地关注周边的环境，遇到危险，就赶紧逃避。可以说万物都有标准，标准在人这里显得尤为重要。大家会发现，我们的一举一动、一言一行都是围绕标准来进行的，没有标准就没有好坏，没有标准也就没有对错，甚至可以说，没有标准人就会无所适从。大家来读书，毕业时就需要标准，每一门课至少要达到六十分以上，外语还有要求，论文还有要求。如果没有这些标准，会出现什么结果呢？大家不知道自己究竟毕业了没有，找不到根据啊！可见，标准在生活中是多么的重要！所以，啮缺和王倪讨论的问题非常重要。

围绕标准，会产生这样一些问题。比如说，标准的高低问题。为什么把六十分算作是合格的标准？五十分呢？五十分刚到一半，标准必须比一半高，但又不能高得太多，高得太多，标准就太高，所以选择六十分作为及格的标准，这不是随便制定的，而是千思万虑得出的。再比如说，一个好社会，是不是也该有个标准呢？有人说，有吃有喝，有穿有住，这就是好社会了。但这个标准还是太低。人除吃饱喝足以外，还需要有尊严地活着，这就算是高标准了。但在如何是一个好社会的问题上，我们的标准一直都比较低，这个标准应该提高，要把人有尊严地活着当作一个好社会的标准。关于标准，还有单一和多样的问题。儒家喜欢制定标准，但它的标准往往过于单一，比如以贤作为标准，来确定谁是君子、谁是小人，于是大家都去“见贤思齐”，去学习标准。儒家要确定一个标准，这是不错的，但如果标准太单一，那就是错的，因为单一的标准会把许多人排除在贤人之外。老子看出了儒家标准单一性的问题，提出了“不尚贤”。“不尚贤”不是不要贤人，而是说只有一个固定的贤的标准，会使得许许多多的人不符合标准。老子发现了一个很重要的问题，那就是，一个人是不是贤人，并不是由他的贤来决定的，而是由标准来决定的。是先有了标准，然后才产生符合标准的贤人，标准变了，符合标准的贤人也就变了，不同的标准会产生不同的贤人。标准越少，贤人也就越少；标准越多，贤人就越多。老子强调标准的多样性，在多样的标准之下，总有一个标准符合我们，所以每个人都有可能成为贤人。标准的问题牵扯到每个人，是每个人实现价值的根据。所以，啮缺和王倪讨论的问题是涉及人生社会的大问题。我们讨论问题的时候，要特别注意问题本身的价值。这个问题必须是个真问题，它才是有价值的。当然，也可以反过来，通过他们讨论问题的价值，来判断他们的水平。可以说，我们很多时候都是在讨论一个假问题，一个伪问题，一个没有意义的问题。啮缺和王倪讨论标准问题，他们对这个问题的讨论是否有所深化呢？他们没有讨论要不要标准的问题，没有讨论要什么样的标准问题，也没有讨论标准的多样化问题，他们讨论的是万物有没有共同的标准。“物之所同是”，指的是万物共同的标准。这里的“物”并不是指某一类物，而是指万物、所有的物。问万物有没有共同的标准，这显然不是科学的问题，这是哲学形而上学的问题。看他们讨论的问题，就知道这两个人绝对不是科学家，一定是哲学家，是两个哲人在探讨哲学问题，这是关于标准的全新问题。

曰：“吾恶乎知之！”王倪回答，我哪里知道呢？这个问题太难了。

“子知子之所不知邪？”这句话表面的意思是，你知道你所不知道的东西吗？陈鼓应先生就是这么翻译的：“你知道你所不明白的东西吗？”他基本上是照字面来翻译的，但这样翻译让人感觉到很困惑。不知道的东西就是不知道，再问你知道你不知道的东西吗？这不是废话吗？所以，这句话应该换一种翻译方法，应该翻译成：你知道你不知道的原因吗？前面你说不知道，后面就你不知道这个问题做进一步的、深层次的提问。这就是，你有没有找到你不知道的原因呢？找到了不知道的原因，就能解决不知道的问题。就像一个人学习不好，接下来就要寻找没学好的原因。是对这个专业不感兴趣？还是努力不够？还是老师没讲好？找到了问题的原因，就知道怎么去解决问题。

曰：“吾恶乎知之！”王倪还是回答，我怎么知道呢？言下之意，我不知道什么原因。这里只能回答不知道，才能保持和上面问题逻辑上的一致性。因为，只要能找到原因，就能找到解决问题的方法。反过来讲，这个问题没办法解决，也就意味着这个问题是没有原因的。所以，他只能回答不知道。

“然则物无知邪？”如果一个问题找不到它的答案，也找不到没有答案的原因，那这个问题就是无解。这里的“物”也是万物的意思，那万物的标准就真的不知道了吗？这里要注意，物的标准是能够找到的，日常生活中，人们都在遵循着物的标准。科学就是分门别类的学问，就是关于标准的学问。跟科学相比，人文科学的标准具有不确定性，但它并不否认标准存在。一切具体的学科，迟早都能找到它的标准。但什么是万物的标准，科学对此是无能为力的。不论到哪一个年代，不论科学发展到如何高的水平，也无法制定出万物的标准。因为万物的标准就不是科学能解决的问题，它是哲学形而上学的问题。形而上学的问题基本上都没有答案，所以啮缺非常悲观。那么，真的就找不到万物的标准了吗？当然，还可以问，找不到万物的标准会影响到我们的生活吗？千百年来，没有找到万物的标准，我们不都好好地活下来了吗？可见，知不知道万物的标准，似乎不影响我们的生活。但对万物的标准的追问，会提升人的精神境界，开阔人的视野。形而上学的意义不在于寻求答案，而在于提问本身。形而上学的问题尽管没有答案，人世世代代注定还要继续提问下去。这是人超越的本性决定的，人必须要追问超越自身的问题。况且，形而上学的问题真的就没有答案吗？

曰："吾恶乎知之！"王倪还是回答，我不知道。王倪一问三不知，一方面让人感到这个问题神秘莫测，另一方面也让人感到很遗憾。王倪是啮缺的老师，老师对学生的问题应该有所回应，如果一味表示不知的话，也就失去了做老师的资格，所以，他接着说出自己的想法。

"虽然，尝试言之。"尽管我说不知道，但我还是想就我所不知道的问题再说点什么。也就是说，对你说的共同标准问题说点什么。在说以前，他提出了两个疑问。

"庸讵知吾所谓知之非不知邪？""庸""讵"是同一个意思，都是何的意思。"庸讵知"就是何知、怎么知道的意思。这句话是说，你怎么知道我所说的知不是不知呢？王倪没有直接回答万物的标准问题，他先回答知和不知的问题，在知与不知的基础上，再讨论万物的标准问题。在王倪看来，啮缺的问话里隐含了两个问题。王倪先回答第一个问题，他要重新审视知和不知的关系。我们通常都认为，知就是知，不知就是不知。孔子教育子路："知之为知之，不知为不知。"在孔子这里，知和不知泾渭分明。庄子在《齐物论》的前面也讲过，"自彼则不见，自是则知之"，从你的角度是不知，从我的角度则是知，似乎也把知和不知截然两分。庄子通过王倪，深化了知和不知的思想。王倪问，我们平常所谓的知是真的知吗？这是对知提出了怀疑，由肯定知到怀疑知。这个思想非常有意义。过去我们说，我是正确的，你也是正确的，我们可以都是正确的。现在王倪进一步审视，我是正确的，是否真的是正确的？我们通常是相信知的，对于自然科学方面的知更是深信不疑，但事实上，自然科学的那些知其实也是不确定的、不可靠的，只不过这种不确定性或者说它的负面作用，暂时没有被发现。食物里的添加剂可以让食物保鲜，但现在，人们意识到添加剂的负面作用，对添加剂很多的食品保持着警惕。药品里的抗生素有很好的消炎作用，但随着人们滥用抗生素，抗生素耐药性的后果开始出现了。天文学里，人们最早认为太阳绕着地球转，到了哥白尼才发现，地球是绕着太阳转的。科学里的大量事实都表明，我们应该对现有的知不断地提出疑问。人文科学里的知就更是如此了，它更需要我们不断地提出质疑。大家为什么要写论文？就是因为对过去的知产生了质疑，如果过去的知都是绝对真理的话，还需要你写论文干什么？所以，人文科学里所谓的新发现、新观点，其实就是“知之非不知邪”的成果。人文科学里到处都是“知之非不知邪”。我上大学的时候，学现代文学，不知道有钱锺书，也不知道有沈从文，更不知道还有张爱玲。在不知道这些人的情况下，我们很自信当时的知。因为我们的确有所知，知道鲁郭茅、巴老曹，但现在看来，这是不是有真知了呢？以此来推理，现在大家认为的知，就真的是知了吗？还有很多东西，你一无所知。所以王倪这句话，可以做出一篇非常大的文章。这个提问发人深省，实际上，就是要求我们不断地反思自己。

“庸讵知吾所谓不知之非知邪？” 你怎么知道我说的不知不是知呢？前面说知可能是不知，这里又说不知可能就是知。不知怎么可能成为知呢？这里的“不知”分两个层次。第一个层次的不知是和知相对的不知，这个层次的不知是真的不知。这种不知有很多，它源自经验的有限性。人的见闻是有限的，人的知和不知相比，知只是一小部分，是冰山一角，而不知呢，却是无限多的。从这个意义上讲，人知道自己不知，固然也是智慧，但还不算是最高的智慧。第二个层次的不知是真正的知。王倪这里所说的不知是特指某些对象，我们对它没有明确的知。当我们意识到对某些对象没有明确的知的时候，正是对它的知。比如说，美学要研究美，那什么是美呢？有各种各样的说法，有人说美是主观的，有人说美是客观的，还有人说，美是主客观的统一。李泽厚先生说，美是社会性与客观性的统一。西方人研究美，早就形成了一种传统。柏拉图借助于苏格拉底和希庇亚斯讨论什么是美的问题，讨论的结果是什么呢？认为美是难的。言下之意，人们无法确定什么是美。所以，西方现代美学就不再讨论什么是美的问题了，只讨论审美的问题，讨论人如何经验美的问题，这等于放弃了美的本质的讨论。美的讨论的这种转向，恰好说明了王倪所说的不知可能是真正的知。如果研究美学，最后终于得出关于美的结论，看起来这是对美的知，但实际上却是不知，是真的不知。通过不断研究，人们很明智地放弃了对什么是美的讨论，看起来这是对美的不知，但却是对美的真知，也就是说，美是不能被定义的。王倪和啮缺讨论万物的共同标准问题，也类似于讨论什么是美的问题。王倪显然是在说，我前面所说的三个不知道，你千万不要以为是真的不知道，那个不知道其实就是知道。这就推翻了前面说的不知，并深化了不知的思想。接下来，王倪就从知与不知这个角度去讨论万物的共同标准问题。那么，万物有没有一个共同的标准呢？如果有的话，它又是什么呢？

“且吾尝试问乎汝。”我尝试着向你提一个问题。

“民湿寝则腰疾偏死，鳝然乎哉？”古人的论证，大多都采取举例的方式。这个“民”应该指人，指的是所有人。人睡在潮湿的地方就会腰疼，严重的话，就会半身不遂。这是人类共同的生活经验，是人所共知的生活常识，人人都需要遵守。但是，“鳝然乎哉？”泥鳅也像人一样吗？泥鳅生活在水里，生活在泥里，那里是它的家。所以，泥鳅待在水里、泥里，会觉得非常地舒适。

“木处则惴慄恂惧，猨猴然乎哉？”人如果住在树木之上，就会觉得紧张、恐惧，害怕掉下来，这是人的本能。可是，“猨猴然乎哉？”猴子也是这样吗？显然不是。猴子在树上腾挪跳跃，得心应手。于是庄子就问：

“三者孰知正处？”所谓“正处”，就是标准。泥鳅、猴子和人这三者，谁成为住的标准呢？泥鳅住在水里，是住的标准吗？猴子住在树上，是住的标准吗？人住在陆地上，是住的标准吗？显然，这三者的住处都不能成为住的共同标准。这里，我们先关注一下王倪的例证。这三种动物（显然，在王倪眼里，人也是动物）各自的住处我们都很熟悉，但是，这三种动物的住处不放到一起比较，就不能构成一种思想。自然界中，人类社会中，到处都散落着各种例证，当它们处在一种散落状态的时候，是没有思想可言的。当我们把散落状态的例证放到一起的时候，就会产生思想。所以思想都来自生活，并不神秘。那些有思想的人其实就是善于组合生活材料、生活例证的人。王倪通过例证的比较，说明共同的标准是不存在的。比较一般有两种情况：一种是纵向比较。这种比较方式往往都是为现实辩护的，是为了让自己自满自足，甚至自豪的，比较的结果都是现在要比过去好。去年考了五十，今年考了六十，这就是进步。另一种是横向比较。这种比较方式主要是用来找差距的，因为引入外在的因素，所以很容易产生新思想。通过横向比较，把小范围之内的合理性放到一个更大的背景下，就变得不合理。北方冬天寒冷，人们都要烧暖气，时间久了，人们就认为这是理所当然的。从更大的范围看，住在海南岛的人，就无法理解暖气。大家是学汉语言文学专业的，觉得学汉语是再正常不过的。时间久了，就对汉语有种自我崇拜，听到一个好的段子，就感慨只有汉语才具有这种表现力。如果你真的深入到外国语言里面去，就会发现人家的语言其实也有表现力。孟子生活在中原地区，觉得中原地区的语音最标准，他讥笑南方人是“南蛮鴃舌”之人，说的都是鸟语。如果真的深入那个鸟语中去，就会发现鸟语其实也很悦耳。所以横向比较特别重要。王倪这里的横向比较更具特色。通常的比较都在同类事物之间进行，这类人和那类人的比较，学文的人和学理的人比较。学文里面，学文学的和学历史的比较，通常都是同类比较，但王倪是异类比较。当然，在王倪心目中，泥鳅、猴子和人就是同类，因为异类比较是不合逻辑的，是不合规矩的。王倪把这三者放到一起比较，说明他把这三者看作是同类。王倪进行这样的比较，说明他已经摆脱了人类中心主义的思想，把动物和人看作是平等的。我们通常把人和动物绝对分开，说人是高级动物，这是现代进化论的观念，在中国的传统文化里，是排斥这种说法的。我们总是说人如何如何，动物如何如何，极力把人和动物分开，拿人来比动物，或者拿动物来比人，都是犯忌的，都是在骂人。但王倪在论证中，却堂而皇之地把人、泥鳅、猴子并列在一起。在儒家看来，王倪的例证绝对是大逆不道的。到两千多年后的今天，人们才发现了这个思想的价值。当人类在地球上处于绝对主宰地位的时候，人们突然发现植物的重要性，动物的重要性，并发展出一套生态思想，如此相对应的，就有一种生态美学。所以，王倪的例证比较里蕴藏着很丰富的思想。

“民食刍豢。”“民”就是人，人吃的是“刍豢”。用草喂的叫“刍”，指牛羊。用谷子喂的叫“豢”，指家畜。通过庄子说的“民食刍豢”，我们发现人吃的食物——肉类，至少有两千多年历史，延续到今天，仍然如此。可见，人类的食物具有很强的稳定性。

“麋鹿食荐。”“荐”是草。麋鹿喜欢吃草。

“蝍蛆甘带。”“蝍蛆”是蜈蚣，南方比较多。“带”是小蛇，“甘”是美味的意思。蜈蚣把小蛇看作美味。

“鸱鸦嗜鼠。”“鸱”是猫头鹰，“鸦”是乌鸦。猫头鹰和乌鸦喜欢吃老鼠。

“四者孰知正味？”这四者所吃的，谁才是标准的美味呢？这四者所吃的对象迥然不同，从人的角度来看，其他三类食物都是不可思议的。蜈蚣吃蛇，蛇在人眼里是很恐怖的对象，老鼠就更不用说了，提起来都让人恶心。但问题就在于，人所恐惧、恶心的对象，却是其他动物的美味。如果世界上只有人的话，人就会觉得最美味的食物理所当然就是刍豢，就是牛、羊、猪、鸡。但经过和其他动物比较，人发现，人所谓的那些美味仅限于人。每一类动物都有自己特定的美味，这意味着美味没有一个普遍的标准。

“猨猵狙以为雌。”“猵狙”是类似于猿的动物。猵狙把猿当作雌性去喜欢，也就是当作异性去喜欢。异性相吸，所以，异性在这里也可以代指为美。也就是说，猵狙把猿当作最美的对象，当作最有吸引力的对象。

“麋与鹿交，鳅与鱼游。”这里的“交”和“游”其实是一个意思，都是交游的意思。它们彼此都把对方当作异性去交游，当成一种美的对象去交游。这里，麋和鹿彼此都把对方当作最美的对象，泥鳅和鱼也都把对方当作最美的对象。

“毛嫱、西施，人之所美也。”人都把毛嫱和西施当作美女，当作美的对象去欣赏、去喜欢。在人的眼里，毛嫱和西施是理所当然的美女，也理所当然地喜欢，喜欢是正常的，不喜欢反而不正常。那么人类美的标准，是否可以作为美的普遍标准呢？20世纪50年代，中国美学界掀起了美学大讨论，其中有一个问题就是美是相对的，还是绝对的？大家就引用这个例证。从这个例证来看，美应该是相对的。为什么是相对的呢？看下文。

“鱼见之深入。”鱼看见毛嫱、西施来了，赶紧游到水的深处。

“鸟见之高飞。”鸟看到毛嫱、西施来了，赶紧远走高飞。

“麋鹿见之决骤。”麋鹿看见毛嫱、西施来了，轰的一下就四散逃走。“决骤”是分开的意思。决骤一词是很形象的。没有人的时候，麋鹿欢聚在一起，看见毛嫱、西施来了，突然一下四散分开，各自逃命。鱼、鸟、麋鹿看见毛嫱、西施的表现，和人看见毛嫱、西施的表现截然不同。人看见她们，因为喜欢，赶紧靠近；可是鱼、鸟、麋鹿看见她们，觉得很恐惧，赶紧离开。可见，人那里最美的对象，在动物那里却是一个险恶的对象。在鱼、鸟、麋鹿眼里，人没有一个是好东西，包括美女。在它们的眼里，人是无所谓美的，它们有自己美的标准。但是，如果不是因为动物有不同的美的标准，人就会认为自己的美的标准是普遍的。但在动物眼里，人就是个异类，是威胁它们生存的异类，是令它们恐惧的异类。人类的节日就是动物的灾难，人类所有的美好都以动物的牺牲作为代价。李白写诗，“烹羊宰牛且为乐，会须一饮三百杯”，人读来抑扬顿挫，神采飞扬，动物读起来则惨无兽道。这里，庄子的思想和佛教讲的慈悲是不是很像？佛教进入中国，开始时受到抵触，佛教的传播者非常聪明，他们在庄子的思想里发现了与佛教相类似的思想，便借助于庄子传播佛教的思想。

“四者孰知天下之正色哉？” 这四者，谁才是美的标准呢？答案很明显，美是没有共同标准的。现在我们就发现，王倪通过人和动物的比较，发现人和动物在吃、住、美这些重要的方面都没有共同的标准。这样就会得出结论，这个世界上，万物没有共同的标准。这个结论推翻了人的标准的绝对性。我们通常认为，人住在陆地上，吃着牛、羊、猪、鸡，欣赏着毛嫱、西施的美，这是千真万确的真理，现在这个真理却受到了质疑。这也就呼应了前面讲的那句话，“知之非不知邪”，人认为是知的东西，现在看来是不知。

这里出现了一个新问题，在这个世界上，如果真的没有共同的标准的话，那社会还会井然有序吗？会不会混乱不堪呢？对人来讲，如果没有一个共同标准，人也就没有一个共同的奋斗目标，人会不会感到失落、失望呢？人真的能够过一种没有共同标准的生活吗？尼采说，上帝死了。上帝是人生活的共同标准，上帝死了，人就失去了共同的标准，没有了共同的标准，人做什么都是合理的，这必然就会陷入虚无主义，所以海德格尔说，必须寻找一个上帝来救渡我们。也就是说，没有标准，人也要给自己创立一个标准。那么，在王倪这里，也就是在庄子这里，他是真的否定标准存在吗？肯定不是。在王倪那里，其实是有标准的。在王倪列举的例子中，就隐藏着对标准的认同。王倪的这些例证，每个例子单独来看都隐含着一个标准。人待在陆地上，这是人住的标准；泥鳅待在泥水里，这是泥鳅住的标准；猴子待在树上，这是猴子住的标准。可见，就每一类动物而言，住有一个明确的标准。“民食刍豢”，这是人美味的标准；“麋鹿食荐”，这是麋鹿美味的标准；“蝍蛆甘带”，这里蜈蚣美味的标准；“鸱鸦嗜鼠”，这是猫头鹰、乌鸦美味的标准。对于每类动物而言，的的确确存在一个美味标准。猵狙把猿作为美的标准，麋鹿把对方作为美的标准，泥鳅和鱼也把对方作为美的标准，人把毛嫱、西施作为美的标准。就每一类动物而言，美的标准是的确存在的。

从这些例证可以看出，王倪是承认有标准的，但又认为标准都是相对的。对某一类动物而言，是有标准的，对于另一类的动物而言，它又不是标准。所以标准是相对的，标准是不能越界的，不能拿人的标准去要求动物，动物之间的标准也不能越界。动物按照本能生活，对于动物而言，越界的可能性几乎不存在，只有在人这里，才有越界的可能性。所以，王倪的思想里，表面上是说大家都不要越界，动物也不要越界，但实际上是有所指，是告诫人不要去越界，因为只有人才可能越界，只有人才试图用自己的标准去替代动物的标准。人让小猫小狗这样的宠物，像人一样穿上衣服，以表达人对它们的爱。但仔细去想，如果小猫小狗会说话，它会反抗的、会抗议的。对于王倪来讲，标准还有一个特点，那就是标准的自然性。各种动物，包括人，它们在吃住和审美诸多方面有不同的标准。这些标准是自然生成的，不是人为规定的。动物的标准自然生成比较好理解，人的标准其实也不是人自己决定的，不是大家在一起开会作出决议，说人类应该住在陆地上，应该吃这样一些食物，应该把毛嫱、西施作为审美对象，这些标准是自自然然、不知不觉中形成的。因为它不是外在的强制性标准，所以人都乐于接受这个标准，以遵守这个标准为乐，以破坏这个标准为苦。

现在，我们还需要继续追问，追问啮缺一开始问王倪的问题——万物有没有共同的标准呢？通常，人们认为万物有一个共同的标准，但王倪根据“知之非不知邪”得出结论，万物没有共同的标准。当然，万物当中，每一类事物是有共同的标准。现在，可不可以根据“不知之非知邪”，进一步提问万物共同的标准呢？万物各不相同，但万物都是物，万物的共同点就在于它们都是物，就万物作为物来讲，是不是应该有共同的标准呢？使万物成为万物的存在，应该就是万物的标准。什么东西使万物成为万物呢？万物是有，有来自无，无就是万物的标准，也可以说，无是有的标准。无和有的关系类似于鱼和水的关系，鱼离不开水，不是说水生出了鱼，而是说水使鱼能生，水使鱼能活。水是鱼生的条件，无是有生的条件。因为无的存在，万有才能存在。老子讲“道生一,一生二,二生三,三生万物”，也是这个意思。现在可以得出结论，万物有共同的标准，这就是无，这就是道。但无是什么呢？道又是什么呢？无是空无，一无所有。道好像是一个东西，但老子明确说，“道可道，非常道”，道是不能说的，且狭义的道其实就是无。无和道说不清道不明，所以万物共同的标准只能是虚的，正因为是虚的，才使得万物各有各的相对标准，如果万物共同的标准是实的，它就会和万物的相对标准发生冲突。因为万物的共同标准是虚的，万物各自的标准才能是实的。

值得注意的是，这里万物的“物”都是个体性的、个体化的，与物的类无关。这也就意味着，万物各有自己的标准，也就是万物以自己为标准。万物各自的标准在价值上是平等的。就人而言，按照通常的逻辑，各人以自己为标准，那就等于没有标准，这就会引起混乱。通常人都有这种顾虑，儒家这方面顾虑更多，总担心以自己为标准会造成天下大乱。而按照庄子的思想，万物以自己为标准，不会造成世界的混乱。为什么不会造成混乱呢？老子曾经讲物的结构要素，他说万物都是“道生之，德畜之，物形之，势成之”，每个物都是由道、德、物、势这四个要素构成的。言下之意，每个物里已经具有了道和德，所以，每个物都具有内在的自我约束性，不需要外在约束。马克思的思想和老子的这个思想很相似。马克思在说到个别性和普遍性关系的时候，认为普遍性在个别性里，也就是说，个别性里已经具有普遍性了，不需要再用外在的普遍性去规范个别性。这是对个别性的肯定和信任。但现实中很多具体的做法违背了马克思的这个思想，具体体现为对每个人的不信任，试图用各种各样的规范去限制人。那么，每个人以自己为标准，是不是就万事大吉了呢？也不是。由于人的自由本性，容易产生越界的行为，容易把自己的标准强加给别人，所以个体之间还是会有冲突、矛盾，但矛盾的性质变了，矛盾双方不能只肯定自己而否定他人，双方需要相互承认，所以，解决矛盾的方式只能是对话。

现在，我们梳理一下王倪关于标准问题的思路。表面上看，王倪否定了标准，但实际上肯定了标准，只不过，他肯定的是相对标准。人不仅需要相对的标准，还需要绝对的标准，有了绝对的标准，人才有绝对的凝聚力。但绝对标准不能是实的，否则会和每个人的相对标准相冲突。万物的标准是虚的，万物的相对标准才可能是实的。万物的相对标准就是把自己作为标准。把自己作为标准，会不会引起混乱？从老子和马克思的思想来看，个体以自己为标准，不会造成天下大乱。以自己为标准，也不是一劳永逸，个体之间还是会有冲突、矛盾，但矛盾的性质变了，矛盾双方不能只肯定自己而否定他人，双方需要相互承认，所以解决矛盾的方法只能是对话。所以万物的共同标准，说没有又有，说有又没有。这不就应了王倪那两句话吗？“知之非不知邪？”“不知之非知邪？”

“自我观之，仁义之端，是非之途，樊然殽乱，吾恶能知其辩！”“自我观之”，就是自王倪观之，也就是自庄子观之。“我”代表了正确的观点，可以直接翻译成道家的标准。以道家万物共同的标准考察儒家的标准，会发现儒家的标准有很多的问题。儒家由仁义来开端，也就是以仁义为标准，让人从此就走上是非之途，形成各种各样的是非观念。“樊然殽乱”是说，儒家的是非把人间社会搞得乱七八糟。“吾恶能知其辩！”乱到什么地步呢？剪不断理还乱，乱到无法把它梳理清楚。那么，道家认为儒家的标准究竟有哪些问题呢？首先，儒家的标准是人为的，不是自然的。仁义观念在儒家看来是基于血缘关系，似乎也有自然基础，但仁义作为人性观念，更多还是人为的设定。这一点在孟子那里体现得特别明显。孟子为仁义寻找内在根据，说仁义出于人性之善，因为人性善，所以仁义就具有了内在根据。孟子有一段话，说明他为什么要把仁义看作人性。

> 孟子曰：“口之于味也，目之于色也，耳之于声也，鼻之于臭也，四肢之于安佚也，性也。有命焉，君子不谓性也。仁之于父子也，义之于君臣也，礼之于宾主也，知之于贤者也，圣人之于天道也，命也。有性焉，君子不谓命也。”（《孟子·尽心下》）

孟子为什么要把仁义规定为性，而不规定为命呢？为什么不把感性享受当作性，而要当作命呢？什么是命呢？命就是偶然性，不由人所控制，人只能听天由命。什么是性呢？性就是必然性，人通过努力可以做到的。孟子承认感性享受也是性，但在价值上不认定它是性，理由是，感性享受里有命的因素，不是想追求就能追求到的。如果把感性追求当作性的话，就会鼓励人去追求感性享受，所以不能把感性享受看作性。孟子承认仁义里也有命，但仁义里也有性，因为有性，所以不把它称为命。孟子的意思很明确，感性享受里有性也有命，但他只强调命，故意忽略性；仁义里有性也有命，他只强调性，故意忽略命。

在这里，首先，孟子很坦率地说出了仁义为性的观念是怎么来的，实际上是人为选择的。换句话讲，孟子私下里承认感官享受也是性，但不能公开说，一定要说仁义是性，鼓励大家去追求仁义。可见，儒家仁义的标准是人为选择的结果，这个标准很片面，把人性的某个方面当作人性的标准，导致人性的分裂。人要标榜自己的仁义，就应该隐藏自己的感性追求，把仁义和感性追求对立起来，因此造成了很多人间悲剧。其次，仁义是实的标准，而不是虚的标准。仁义作为儒家最高的标准，原本应该是虚的，但儒家给仁义赋予了很多具体内容，导致这个标准和生活中的个性化标准发生冲突。比如说仁，只要仁里面包含任何具体的内容，这个内容都可能伤及个性化标准。“仁者爱人”，这是对仁最好的解释，但爱人的结果是什么呢？导致人和人之间的不平等。还有“杀身成仁”，那就更可怕了，仁和生命产生了冲突。仁这样一个非常美好的观念，好像总是和人过不去。所以，仁要么作为最高标准伤及各种具体标准，要么就把仁义降格为二级标准。在老子、庄子那里，仁义都是低于大道的二级标准。最后，仁义作为标准过于单一。符合这个标准就是君子，不符合这个标准就是小人。由于分类标准单一，导致很多人不符合标准，这就埋没了许多人才。按道家的思想，每个人都有自己的标准，每个人只要充分实现了自己，就算是人才。在道家这里，人人都是人才。

啮缺曰："子不知利害，则至人固不知利害乎？""利害"，其实就是标准的意思，只是换了一个说法。有标准就有利害，符合标准就是利，不符合标准就是害。这句话是说，你不知道标准，至人难道也不知道吗？也就是说，老师您的水平有限，您不知道标准，难道至人也不知道吗？这句话有两层意思：一层是承上启下，提出至人对标准的看法；另外一层说明啮缺作为学生，还没有理解老师的思想。根据上面的讲解，王倪代表了庄子，实际上已经把标准问题说得很清楚了，啮缺显然没有领悟王倪关于标准的言外之意，所以才会问出来你不知道标准的问题。啮缺的不理解歪打正着，无意中引出了一个新问题，那就是在至人那里，有什么特殊的标准呢？

王倪曰："至人神矣！""神"就是神妙莫测。至人具体神在何处呢？

"大泽焚而不能热，河汉冱而不能寒。"山林焚烧，产生巨大的热量，但至人没有感觉到任何的热；江河已经冰冻，可见是多么寒冷，但至人没有感觉到任何寒意。这说明，至人是一种理想的人，他只有人格，只有精神，却没有身体。在庄子这里，神人、至人都可以理解为没有身体的人。只要有身体的话，身体就是一个天然的标准，就会感觉到冷和热。至人没有身体的感觉，只能说明至人没有身体。至人是一种纯粹的理想，是一种纯粹的理念。

“疾雷破山而不能伤，飘风振海而不能惊。”巨大的雷声震裂了山体，但没有给至人造成任何伤害；狂风掀起大海的波涛，但也不能使至人有任何的惊恐。这里的伤害和惊恐是指心理上的受伤。可见，至人不仅没有身体，还没有任何心理上的感觉，这就把至人身上的感性因素全部都排除在外，也就是说，至人是不能有感性的。那么至人是什么呢？他是一种纯粹的精神，里面没有任何具体的内涵，也因为如此，他显得特别自由，不会受到通常人那种感性的伤害。

“若然者，乘云气，骑日月。”由于至人没有身体，他就可以“乘云气、骑日月”。正常有身体的人，是不可能乘云气，也不可能骑日月的。只有没有身体的人、纯精神的人，才可能做到“乘云气，骑日月”。从正常的人来看，“乘云气，骑日月”是非常荒诞的表述，但从至人特殊的存在方式来看，就很容易理解这两句话。它们既是荒诞的，又是可以理解的。纯精神的人，是没有重量的人，他跟云气一样轻飘，自然就能够乘坐云气。纯精神的人，不知冷不知热，他骑在月亮上不觉得寒冷，骑在日头上不觉得炎热。

“而游乎四海之外。”“游于四海之外”就是游于六合之外，也就是游于时空之外。纯精神的至人，是无所不在，也是无孔不入的，既可以游于四海之内，也可以游于四海之外。

“死生无变于己，而况利害之端乎！”纯精神的至人是不生不死的，他没有生死的观念，更谈不上生死的差别，生死跟他是无关的。连生死这样大的差别都不能改变他，人间的那些利害、标准，在他那里就不值一提了。至人是不需要标准的，他也不遵守什么标准，他自己就是标准。所以在至人那里，万物肯定是齐同的。这种齐物是浪漫的，浪漫的齐物不要身体，所以至人是没有身体的。《庄子》里还有一种人叫真人，真人和至人有没有区别呢？应该说是有区别的，否则就不需要用两个不同的词去称呼他。《庄子·大宗师》里面谈到了真人。他说："古之真人，其寝不梦，其觉无忧，其食不甘，其息深深。真人之吸以踵，众人之吸以喉。"又说，"古之真人，不知说生，不知恶死"。比较一下庄子对至人和真人的描述，会发现两者的区别是很大的。至人纯粹是精神虚构，在世俗的人看来，至人所有的特点都是荒诞不经的；但真人是不否认身体的，是承认身体存在的。比如说，真人也睡觉，也会醒来，也要吃饭，还会呼吸，从这些方面来看，这不就是现实当中的人嘛？但是，真人又高于现实中的人。他睡觉，但不做梦；他也醒来，但醒来没有忧愁；他也吃饭，但吃的不是那么有滋有味；他也呼吸，只不过用脚后跟呼吸。如果说真人和至人具有质的差别，那常人和真人更多是量的差别。质的差别是不能改变的，所以真人无论怎么修行，也达不到至人的高度，也成不了至人，但常人经过努力，经过刻苦的修行，是可以达到真人境界的。人们努力修行，可以让自己晚上不做梦，让白天没有忧愁，让饮食都很清淡，让呼吸都特别深长，甚至能用脚后跟呼吸，这一切并不是遥不可及的。正因为如此，道教不把至人而把真人作为努力的目标。当然，达到真人的目标也是很难的，因而是令人神往的。

文学里也有浪漫主义，这种浪漫主义和现实有什么差别呢？现实中，每个人都活在人际关系中。马克思说人是社会关系的总和，海德格尔讲人在世界之中，人沉沦于世。浪漫主义让人尽量地从现实关系中摆脱出来，使每个人成为单个的人，以保证每个人行为的自主性。通俗地说，也就是保证人想干什么就干什么，不受任何关系的约束。所以，我们可以根据作品中人物关系的单纯性、自主性来判断作品是不是浪漫主义的。用这个标准去衡量中国四大名著的话，《红楼梦》是典型的现实主义，关系错综复杂；《西游记》是典型的浪漫主义；《三国演义》《水浒传》介于二者之间。《西游记》中，四个单身汉结伴去西天取经，不受任何关系约束，按照自己的意志行事，终于取到真经。浪漫主义最忌讳家庭，主人公必须是单身汉。现在我们发现，浪漫主义是分层次的，最低层次是艺术中的浪漫主义，再往上是以真人为代表的浪漫主义，最高层次是以至人为代表的浪漫主义。我们也可以从身体的角度，来区别这三个层次的浪漫。低层次的浪漫强调孤立的身体，中等的浪漫强调特殊的身体，最高的浪漫则是没有身体。从这个意义上讲，庄子是浪漫主义的鼻祖。

瞿鹊子问乎长梧子曰：“吾闻诸夫子：‘圣人不从事于务，不就利，不违害，不喜求，不缘道；无谓有谓，有谓无谓，而游乎尘垢之外。’夫子以为孟浪之言，而我以为妙道之行也。吾子以为奚若？”

长梧子曰：“是黄帝之所听荧也，而丘也何足以知之！且汝亦大早计，见卵而求时夜，见弹而求鸮炙。

“予尝为女妄言之，女以妄听之奚？旁日月，挟宇宙，为其吻合，置其滑涽，以隶相尊。众人役役，圣人愚芚，参万岁而一成纯。万物尽然，而以是相蕴。

“予恶乎知说生之非惑邪！予恶乎知恶死之非弱丧而不知归者邪！丽之姬，艾封人之子也，晋国之始得之也，涕泣沾襟；及其至于王所，与王同筐床，食刍豢，而后悔其泣也。予恶乎知夫死者不悔其始之蕲生乎！

“梦饮酒者，旦而哭泣；梦哭泣者，旦而田猎。方其梦也，不知其梦也。梦之中又占其梦焉，觉而后知其梦也。且有大觉而后知此其大梦也。而愚者自以为觉，窃窃然知之。君乎，牧乎，固哉！丘也与女，皆梦也；予谓女梦，亦梦也。是其言也，其名为吊诡。万世之后而一遇大圣，知其解者，是旦暮遇之也。”

瞿鹊子问乎长梧子曰：“吾闻诸夫子。”瞿鹊子对长梧子说，我从夫子那里听到了这样的话。就是下面的那几句话。讲完那几句话之后，又说“夫子以为孟浪之言”，似乎又否定了上面的这几句话。这里两个“夫子”指的都是孔子，所以，这样的表述容易产生错觉，以为孔子先说了一些观点，然后自己又否定了这些观点。显然不是这样。瞿鹊子从孔子那里听到的话，是夫子引述别人的话，引用别人的观点，夫子本人是不同意这些观点的。如果把“吾闻诸夫子”改为“或曰”，这段话前后的逻辑关系就特别清晰了。改一下最好，否则很绕口，不知道这段话什么意思。夫子转述的这几句话，是说什么呢？是道家圣人的处事原则、做事方式。具体地看，有这么几条。

“圣人不从事于务。”这是第一条。“圣人”指道家理想的统治者。古人讲的圣人都是治理天下的人。孔子以前，圣人大都具有天子的身份，孔子以后，圣人的含义才发生了变化，可指那些没有身份、地位，但德行特别高的人。在庄子那里，圣人也是指理想的统治者，所以后面的这些处事原则、做事方式，都是指道家统治者的做事方式和原则。那么，这句话怎么翻译好呢？圣人不参与具体的事务管理。这个“务”指俗务，就是具体的事务，圣人不参与具体的事务管理。这和平常人理解的圣人不太一样，平常人心目中的圣人，都是事必躬亲的。在儒家文化系统里，只有大舜具有道家风范。孔子说大舜治理天下，“恭己正南面而已矣”，好像什么都没做，但什么都做了。从大禹开始，勤劳为民、鞠躬尽瘁、死而后已的儒家统治者形象就产生了，并且被固定下来了。大禹治水三过家门而不入。孟子说：“周公思兼三王，以施四事，其有不合者，仰而思之，夜以继日，幸而得之，坐以待旦。”（《孟子·离娄下》）周公憔悴自己，通宵不眠，思考国家大事。曹操诗说，“周公吐哺，天下归心”，说明儒家圣人特别勤政。不仅儒家圣人如此，普通人也如此。张天翼有篇小说叫《华威先生》，写得特别好，华威先生一天到晚忙于开会，用现在的话说，不是在开会，就是在去开会的路上。为什么要表现出忙呢？这表明他工作特别卖力、特别认真。与之相反，道家统治者不从事具体的管理，悠闲自在，以闲为最高价值。老子讲，“治大国若烹小鲜”，烹小鲜不能翻来翻去，没事可干，就闲下来了。烹小鲜的时候，翻来翻去显得很忙，结果却把小鲜都翻烂了。问题是，统治者闲下来，谁去干活呢？道家认为，具体的工作要交给职能部门去做，“君无为而臣有为”，最终达到无为而无不为的治理效果。那么，儒家统治者为什么不这样做呢？这就涉及儒道两家对人的不同看法。儒家对人是不信任的，认为不去管理人的话，人就会犯错误；道家认为人可以自我管理，如果每个人都不能自我管理的话，任何管理都是无效的。这是讲道家和儒家管理的差别。

“不就利，不违害。”人有趋利避害的本能，这个本能来自身体。人冬天就喜欢到暖和的地方，夏天就喜欢到凉快的地方，好吃的不由自主就会多吃，不好吃的就会本能地拒绝，这些跟教育无关，跟文化无关，只跟身体有关。所以老子感慨说：“吾所以有大患者，为吾有身；及吾无身，吾有何患。”（《老子·十三章》）身体是一种直接的利害关系，由身体可以引申出许多间接的利害关系。比如说，想上一个好学校，想找一个好工作，都属于间接利害关系。人如果按照本能趋利避害的话，就会被外部的利害关系所控制，而利害关系是不断发生变化的，这样，人就会失去自我。更重要的是，人一味趋利避害的话，人和人之间就不可能形成稳定的信任关系，人与人相处就没有任何的安全感。人原本是通过趋利避害来寻求安全感的，但这种纯粹的利害关系又最终使人失去了安全感，所以，人需要克服趋利避害的本能。在克服本能的问题上，儒家和道家的做法不一样。儒家以人格来对抗利害，也就是用伦理来解决利害问题。人格是人的思想里一种具有连续性、稳定性的品格。人格的连续性和稳定性，使人不屈服于外物的利害，避免了利害对人的冲击，获得了他人的信任。所以人在发誓的时候，都用人格来保证。孟子就是以大丈夫人格来抵御外物的强制或诱惑。道家是怎么克服趋利避害的本能呢？道家从根本上讲，不知道什么叫利、什么叫害。道家认为，统治者任何利和害的观念，都会制造世界的不公平。因为任何利都是局部的利，只要你有所为，就会产生利害，就会产生不公正，所以道家认为，要做到“不就利，不违害”，只能采取无为的治理方式。统治者无为，百姓才能自为。让统治者无为，本质上就是限制统治者的权力，让他为所当为。统治者也是人，人的自由意志借助于权力必然倾向于有为，所以，要真正实现无为，就必须要靠立法，通过立法限制统治者有为。

“不喜求。”这个“求”，好多人解释为妄。“不喜求”就是不喜欢妄求。妄求本身就不是正当的人生目标，不存在不喜欢的问题，而是根本就不能这样做。所以，这个“求”最好译成求名，前面是求利，后面应该是求名。“不喜求”，就是不喜欢追求功名。作为统治者，手中握有大权，都不愿意碌碌无为，都想在自己的任内建立丰功伟绩，让自己流芳百世。怎么做才会让自己出名呢？不做事不会出名，做小事只能出小名，只有做大事才能出大名，所以统治者总喜欢做大事。哪些是大事呢？那就是开疆拓土。要实现这个愿望，就需要发动战争。在和平年代，没有战争，就要大兴土木。有了名以后，还需要保护名，对得起名，这就需要做更大的事，最后都是劳民伤财。所以道家坚决反对求名，尤其反对统治者求名。“为善无近名”，人千万不要抱着出名的心态去做好事，人做好事也千万不能达到有名的地步。名会成为统治者的累赘，为了这个名，统治者必然就会做违背自然的事情，因为只有做违背自然的事情，人才能出名。如果统治者的行为都符合自然的话，就没有人认为统治者做了一件伟大的事情。伟大的事本质上是违背自然的，所以让统治者不去求名，也就是要求统治者顺其自然地做事。如果世界上真有所谓的名，就应该让那些顺其自然做事的人留名千古。但现实中的价值观是颠倒的，把那些好大喜功的人看作是历史名人，而把那些顺其自然的人都说成平庸之辈。所以必须要建立一种道家的价值观，无名才是有名，这样就可以重新评价历史人物、历史事件。道家不求名的思想是很重要的。

“不缘道。”“缘”，攀援、追求。“不缘道”就是不去追求道。这个观念让人很费解。道作为最高的价值，为什么不能去追求呢？因为追求道就等于把道变成了实体，这就背离了道的本性，也降低了道的品格。作为统治者来讲，追求道还有一种特殊的危险，他可以把他喜欢的生活方式当作是道，利用手中的权力强行推广这种生活方式，否定别的生活方式的合理性，这就很容易走向专制。人从美好的求道开始，最终却走上了背离道的道路，这是特别发人深省的。从道的本性来看，道是虚的，任何一种生活方式都不能自称是唯一合乎道的生活方式。不求道还因为求道的观念容易把道和生活割裂开来，将道凌驾于生活之上，这也就意味着生活本身没有道，生活只不过是求道的工具，只有求到了道，生活才变得有意义。求道的思维只重视结果，不重视过程，遗忘了生活本身。

“无谓有谓。”这句话是说，没有说等于说了。《庄子·寓言篇》里有两句话表述更为清晰：“终身不言，未尝不言。”一辈子都不说话，并不表明真的什么都没有说。这个观念打破了说和不说的对立。通常都认为，说就是说，不说就是不说，这是截然不同的，怎么能说没有说等于说了呢？“无谓有谓”，换句话讲，就是以不说的方式来说。谁会以不说的方式来说呢？这就是天地，天地以不说的方式来说。孔子讲：“天何言哉？四时行焉，百物生焉，天何言哉？”正因为天地不说，四时才能够运行，百物才能够生长。天地不言，就把言的权利交给了万物，交给了每个人。每个人、每个物就以自己的方式去领会天地之言，这是天地对每个人、每个物的极大尊重。天气冷了，需要加衣服，但天地把如何加衣服的权利交给了每个人，体质弱的人可以多加，体质好的人可以少加。如果天地规定天冷必须加什么衣服，结果会怎么样？由于体质的不同，同样的衣服，有人会觉得很冷，有人会觉得很热。天地以不言治理天下，它只表现它的冷，至于人怎么应对是每个人的事，它不去操心。正因为它不操心，反而给人带来了自由；如果它一定要操心，反而害了所有人。不独天地不言，身体也不言。身体饿了，会以不言的方式提醒人需要吃饭了，但它给每个人应对饥饿的方式提供了很大的自由空间，比如何时吃、吃什么、吃多少，都由每个人自己去确定。身体只负责提醒人吃饭，其他一切都留给了人。这样，人在饥饿面前始终保持了选择的自由。通过“无谓有谓”，人们可以真切地感到，以不说的方式去说对人来讲是多么重要。

“有谓无谓。”说了什么等于什么也没有说。《庄子·寓言篇》里也有另一种表述，“言无言，终身言，未尝言”，这句话的意思是，所言近于无言，尽管一直在说，也等于什么都没有说。“有谓无谓”是针对统治者而言的。天地可以不言，天地本来就不言，但统治者是人，他不能不言，他必须有所言。统治者的言不同于一般人的言，他的言会带来严重的后果，所以必须要对他的言有所限制，一定要使他的言像无言一样。他的言必须效法自然，顺其自然，才能不干扰万物，不干扰每个人。统治者的言出于自然，才可以称为不言，也就是说，统治者可以言，但所言不能带有任何倾向性，必须保持绝对公正。统治者的言往往体现在治理社会的那些制度上，制度要达到不言的效果，就必须是公正合理的。城市的十字路口都有红绿灯，绿灯行，红灯停。很少有人遇到红灯停的时候抱怨红灯，去指责它不公正，大家遇到红灯的时候，都心安理得地停下来，这表明红绿灯的规定是合理的，达到了有谓无谓的效果。大家发现，体育比赛的规则也是公正合理的。比较起来，社会中的很多规则，远没有达到有谓无谓的效果。《论语》记载卫国大夫公叔文子，说他为人不言、不笑、不取，这里就有不言。孔子也很好奇，一个人怎么能不言呢？于是有人向他解释，这个人“时然后言，人不厌其言”，他在恰当的时候才说，所以人不觉得他说了话，觉得他什么也没说。我们讨厌一个人说话，往往是觉得这个人说话不恰当，很刺耳，让人浑身不舒服，其实他并没有说多少话，但总觉得他说了很多。公叔文子顺其自然地说，尽管说了很多，但大家并不觉得他说得多。作为统治者来讲，有谓无谓还意味着要少说话。就像老子说的，“希言自然”。少说还意味着让制度去说，不要在制度以外横生枝节，这样效果特别好。比如选拔人才，历朝历代都重视人才，想尽各种办法去获取人才，耗费了大量的精力，但结果很不理想。如果用市场去调配、去发现人才呢？那就简单多了。人人根据自己的才去做自己的事情，所有的人才都“一网打尽”，一个人才都不会遗漏。

“而游乎尘垢之外。”有人说“尘垢之外”就是前面讲的“四海之外”，这个说法不太好。“四海之外”指的是时空之外，只有至人才能到时空之外去，到六合之外去。道家的圣人是现实生活中的人，怎么能到时空之外去呢？所以这里的“尘垢”指的是世俗，“尘垢之外”就是世俗之外。圣人可以在世俗之外，但必定还在时空之中。与尘垢相对应的应该是脱俗，圣人“游乎尘垢之外”，就是圣人在世俗中超越世俗。人生在世都不能免俗，但也不能只是俗，总得在俗之外，还追求一点雅，用现在流行的话来讲，人还需要诗和远方。作为道家的圣人，应该身居庙堂之上，而心处江湖之远，一定要以出世之心入世。所以，“游乎尘垢之外”不是身游，而是心游。庄子游的思想对后世产生了深远影响，对魏晋思想影响尤其大。人们说晋人最美，不是说晋人长得美，而是说晋人有一颗超拔世俗的心灵。《世说新语·任诞》记载：“桓子野每闻清歌，辄唤奈何！谢公闻之，曰：‘子野可谓一往有深情。’”子野和常人的情区别很大，常人总想做点什么来表达自己的情，桓子野只说怎么办呢，不知道该做什么，这正好体现了他一往情深，连做什么都忘了，说明他的情空灵得很。《晋书·阮籍传》讲到阮籍，“时率意独驾，不由路径，车迹所穷，辄痛哭而返”。前面讲高兴，这里讲悲伤。常人都为具体的事悲伤，但阮籍的悲伤没有对象，他对着宇宙、天空悲伤，这个悲伤里面有超越现实的东西，这就是“游乎尘垢之外”。

“夫子以为孟浪之言。”“夫子”，孔子。“孟浪之言”，不着边际的胡言乱语。当然，这是瞿鹊子转述的孔子的观点，就现在看到的孔子的思想而言，道家前面的主张，他并非都是反对的。比如说，“圣人不从事于务”，孔子就应该是赞同的，因为他也赞扬过舜的无为而治。“不就利，不违害”和孔子的思想也是一致的，因为他自己就是这样的人。所以，这里说到的孔子思想，并非孔子本人的思想，不能真的把它和孔子对号入座。这里，孔子更多地像一个演员，在庄子的剧本里扮演着一个角色。

“而我以为妙道之行也。”瞿鹊子是道家的思想家，至少也是一个倾向于道家的思想家。所以，他认为道家圣人的治理方式体现了妙道。一方面，他的说法把自己的思想和孔子的思想拉开了距离，也顺便贬低了孔子；另一方面，这也拉近了他和长梧子的关系。

“吾子以为奚若？”你以为怎么样呢？这其实包含着两层意思：一层意思是，你对孔子的观点怎么看呢？另一层意思是，你对我的观点怎么看呢？显然，他在期待长梧子的认同。一般说来，在对话的情境里，学生充当问的角色，老师充当答的角色，问者都特别期望得到答者的认可，也就是说，学生都希望获得老师的认可。而且，在这样问话的语气里，我们能体会到瞿鹊子坚信能够得到老师长梧子的认同。

长梧子曰：“是黄帝之所听荧也。”长梧子回答，道家圣人的这种治国方式，就连黄帝听到都会感到困惑。黄帝是道家的理想人物，相当于儒家的尧、舜。但在《庄子》的文本里，黄帝充当了不同的角色，他的地位忽高忽低，这可能与《庄子》文本出自不同的作者有关，也可能与庄子作为艺术家的随心所欲有关。就像孔子的形象在这里是被贬低的，但在《人间世》里面，孔子似乎又在代表庄子教育颜回，所以孔子的形象在《庄子》里也是忽高忽低的。

“而丘也何足以知之！”孔丘哪里能听明白呢？孔子，名丘，字仲尼，后人尊称孔子。在古人那里，自己可以自称名，所以《论语》里，孔子说到自己的时候，很多时候都自称丘。

另外，长辈可以称晚辈的名。还有一种情况，在蔑视对方的时候称其名。在这里，瞿鹊子也好，长梧子也好，应该都是晚于孔子的。所以，瞿鹊子称孔子为夫子，很尊重，而在长梧子看来，孔子不在他的话下，不入他的法眼，他就直呼孔子的名。长梧子认为道家圣人的治国思想连黄帝听了都很困惑，何况是孔子呢？无意当中，又把自己的地位提高到黄帝之上了。

“且汝亦大早计。”“大”，太。况且，你的结论下得也太早了。什么样的结论呢？就是，你认为道家的治国理念是妙道之行，这个结论下得也太早了。这显然是在批评瞿鹊子，认为瞿鹊子的思想境界还不够高，应该有一个更高的境界，这就是长梧子所处的境界。

“见卵而求时夜。”“卵”，鸡蛋。“时夜”，司夜，指鸡。古代没有钟表，农村里就靠鸡报时，鸡叫三遍，就意味着天快亮了。这句话批评瞿鹊子一看到鸡蛋，马上就想到鸡要报晓了。从鸡蛋孵化成小鸡再到鸡能报晓，至少需要半年时间，说明相距的时间很久。这里，“鸡蛋”相当于瞿鹊子的现实主义齐物论，“时夜”相当于长梧子的浪漫主义齐物论。也就是说，瞿鹊子所理解的齐物和长梧子理解的齐物，相差甚远。

“见弹而求鸮炙。”“弹”，弹弓。“鸮炙”，烤吃鸮鸟。这句话是说，刚刚看见弹弓，就想着要烤吃鸮鸟。从拿弹弓出门，到最终烤鸮鸟，这中间也有很长的时间。这句话和上句话的意思是完全一样的，都表明瞿鹊子把事物的开端当成了事物的结果，也就是说，瞿鹊子所说的齐物，不过是刚开了头而已，离齐物的最高境界还很遥远。可以想见，瞿鹊子听完长梧子的评价，一定会非常失望。既然瞿鹊子的齐物境界仅仅是个开头，那么高层次的齐物境界应该是什么样子的呢？

“予尝为女妄言之，女以妄听之奚？”什么是最高的齐物境界呢？我尝试着给你说一说，你就姑妄听之。因为说的是最高境界，而最高境界是最不好说的，最难说的，所以就连长梧子这样的人，在这个境界面前也显得特别谦卑。长梧子在用词上特别讲究，很谦虚地说“尝”“妄言”“妄听”。这个地方，陈鼓应先生断句不够准确。“听之”后面应该是句号，“奚”应该从后读。这个问号应该放到什么地方呢？也有不同的放法，有的放在“挟宇宙”后面，有的甚至放到了“以隶相尊”后面。不同的断句，不同的标点，表达的思想也不一样。这个问号放在什么地方更好呢？应该放到“挟宇宙”后面。所以，下面这句话就应该是“奚旁日月，挟宇宙？”

“旁日月，挟宇宙。”你为什么不去旁日月、挟宇宙呢？这是长梧子提出的正面观点。什么是“旁日月”呢？“旁”就是依从、顺从的意思。“日”是太阳，指的是白天。“月”是月亮，指的是夜晚。日月合到一起，构成了完整的一天。人一天的生活被日月所规定，而平常所说的日、月、年，不过是天的不断重复、不断叠加产生出来的。所以，也可以说，人每天的生活都被日月所规定，日出而作，日落而息。日月以客观的、自然的方式规定人的生活。“旁日月”就是人依日月，就是人按自然的方式而生活，也就是以无我的方式生活。“挟宇宙”，“挟”

就是怀抱的意思。什么是宇宙呢？古人讲，上下四方为宇，古往今来为宙，宇宙指的就是时间和空间。时间是无始无终的，空间是无边无际的，时空是无所不包的，这是我们通常讲的客观的时空。康德把时空主观化，认为时空是人感性直观的形式，也就是说，人有了时空观，才能感受时空里面的万物，没有时空这样的直观形式，也就没有万物的意识。无论是哪一种时空观，都表明时空优先于万物而存在。那么，人如何能够怀抱时空呢？怀抱时空就是把自己变成时空，换句话讲，就是把自己变成虚无。什么是自己？一种是指自我的观念，一种是指自己的身体。“挟宇宙”不能有自己的观念，也不能有自己的身体，因为宇宙本身、时空本身，既不具有观念性，也不具有身体性。长梧子的这种观念体现为道家的最高原则，相当于老子说的“道法自然”。而瞿鹊子讲的是在这个原则之下的具体做法，相当于老子说的“人法地，地法天，天法道”。原则肯定优于具体做法，原则是不变的，具体做法是可变的，它们之间的差别类似“授人以鱼”和“授人以渔”的差别。用学习来比喻的话，就是思维和知识的差别，学习主要是学习一种思维方式，而不应该是具体的知识，有了这种思维方式，具体的知识相应地就会产生出来。所以，长梧子说的“旁日月，挟宇宙”，站到了道家思想的制高点上。有了这样的制高点，有了这样的最高原则，必然就会产生与之相应的具体做法。

“为其吻合。”“其”，空间。也就是说，当人和空间相吻合的时候，当人变成了空间的时候。

“置其滑涽。”“置”，任。“滑涽”，多样纷乱。也就是说，任千差万别、多种多样的事物在空间里自然存在。如果人不完全是空间，人还有一个身体的话，人的身体就会和万物发生冲突，人就会无意当中撞到物身上去。

“以隶相尊。”“隶”，地位低。当人有身体、有意识的时候，就会把万物分成高低贵贱，当人没有身体、没有意识的时候，万物也就无所谓高低贵贱。“以隶相尊”不是说要把隶变成最尊贵的，要颠倒贵贱的价值，而是说隶也是值得尊重的，万物都是平等的。

“众人役役。”“役役”就是很繁忙、很劳累的样子。众人都很繁忙，都很劳累。为什么这样繁忙、劳累呢？就在于众人太聪明，越聪明的人越劳累。聪明人总想多做事，总想做大事，结果聪明反被聪明误。贾府里王熙凤是最聪明的，但也是最累的，二十几岁就一病不起。中国文化里有种强烈追求聪明的倾向，从小就要培养智力，而这些智力主要用在如何处理人际关系上，而不是放在探索真理上。

“圣人愚芚。”圣人都是很愚钝的，都是大智若愚的，和世俗的价值观明显不同。世俗社会里，愚钝是一个贬义词，骂人的时候才会使用；但在圣人那里，愚钝是个褒义词，是不分彼此的大智慧。

“参万岁而一成纯。”这是圣人愚钝的具体表现。“万岁”指时间久远。在时间中，万物前后相续，会发生变化，人在变化当中判断变化的好坏。一种观点认为，万物是越变越好，这就是厚今薄古，总以为后出现的就会优于已出现的，后人就比前人高明。还有一种观点认为，万物越变越坏，这种观点厚古薄今，认为社会处在不断地倒退当中。愚钝的圣人如何理解变化呢？“参万岁”就是糅合万岁，也就是圣人把自己化为时间，与时间为一。就时间本身来讲，时间是没有古今的，就像禅宗说的，“万古长空，一朝风月”。以这样的时间观来看待时间中的万物，万物就是“一成纯”，万物都是纯粹的一，都是一个独立的个体。万物既没有变得更坏，也没有变得更好，万物各以自己的方式存在，各有各的价值。

“万物尽然，而以是相蕴。”先看一下陈鼓应先生是怎么翻译的？他说：“万物都是一样，而互相蕴含于精纯浑朴之中。”意思含混，不够明确，具体的解释也不够准确。他把“万物尽然”翻译成万物都是一样。“万物尽然”，“然”是肯定的意思，“尽然”应该翻译成都是值得肯定的，这句话是说，万物都是值得肯定的。“以是相蕴”，“是”也是肯定的意思，“相蕴”就是相互包容，这句话是说，在承认是的前提下，万物相互包容。可见，这两句话也是阐述齐物思想的。读《齐物论》的时候，我们要经常回到齐物的思想上。

刚才讲到了两种齐物观念，一种是以瞿鹊子为代表的现实主义齐物论，一种是以长梧子为代表的浪漫主义齐物论。说瞿鹊子是现实主义的齐物论，原因在于，这是现实中可操作的齐物论；说长梧子是浪漫主义的齐物论，原因在于，这是现实中无法操作的齐物论，是纯粹意识中的齐物论，是想象中的齐物论。这两种齐物论境界高低一目了然。在这里，我们还发现，不同的齐物论有不同的表达方式。现实主义齐物论以否定的句式来表达具体做法，“不从事于务，不就利，不违害，不喜求，不缘道”，包括“游乎尘垢之外”，表述的方式都是否定的。浪漫主义齐物论则以肯定的句式表达，人要旁日月，要挟宇宙。在这里，庄子的思维方式和孔子的思维方式完全一致。《论语》里面，子贡对人生有八字体验，就是“贫而无谄，富而无骄”，他非常得意自己的体验成果，兴冲冲地去问孔子自己的体验如何？孔子只说了两个字，“可也”，还不错。显然，孔子没有完全肯定子贡，认为子贡的伦理境界不够高，只是伦理的一个起点，一个底线，而伦理的最高境界应该是“贫而乐，富而好礼”。在那里面，子贡表述自己思想的时候也是采用否定的句式，而孔子表述最高境界的时候也是采用肯定的句式。可见，他们表达思想境界的思维方式是完全一致的。

现在有一个问题，就是如何处理两种境界的关系。在孔子那里，体现为他的最高伦理和子贡的底线伦理是什么关系？在庄子这里，体现为长梧子的现实主义齐物论和瞿鹊子的浪漫主义齐物论之间是什么关系？它们的关系可以表述为：高境界不是否定低境界，而是超越低境界。在这两种境界中，人们更关注高境界，而忽略低境界，事实上，只有在低境界的基础上提升到高境界，高境界才有坚实的基础，否则的话，高境界就会浮在空中，变成一种心灵鸡汤，就会导致对浪漫齐物的误解，就会把庄子和阿 Q 混为一谈。庄子和阿 Q 的区别在于，庄子有现实主义齐物论作基础，而阿Q缺少这样的基础，这导致了他们思想的质的差别。就好比沉默，因为本来不会说话而沉默，这是哑巴式的沉默；说了许多话后再沉默，也就是先说后沉默，这时才可以说，沉默是金。这两种沉默形式上一样，内涵完全不一样。这样也就区分了阿Q和庄子。表面看来，他们都在追求无差别，但庄子的无差别，是从差别再到无差别，而阿Q呢，只是无差别。正确的思维方式是以现实为基础，然后去谈理想，否则理想就成了幻想、空想，所以庄子是理想，阿Q是幻想、空想。实际上，孔子的思想也受到了后人的歪曲。孔子把儒分为小人儒、君子儒，后代小人儒越来越多，具体表现为：否定子贡的伦理境界，只肯定孔子的伦理境界，把孔子的伦理境界和子贡的伦理境界看作是对立的，不理解他们之间的超越关系，结果就把孔子的伦理境界悬到空中，使得孔子的伦理境界得不到落实，还制造了许多伪君子。所以，我们要特别记住一点，所有的高境界都应该包含低境界，并超越低境界。中国文化中对低境界的认识与肯定是有缺失的。在这一点上，我们需要学习康德的思维方式。康德哲学的目的是要保护形而上学的纯洁性、纯粹性，但很奇怪的是，他的著作却是以批判形而上学开始的，他说，这样做是为了给形而上学奠基。正是由于这样的奠基，最终实现了形而上学的纯洁性。反观我们的文化，无论是孔子代表的儒家文化，还是庄子代表的道家文化，后人都倾向于抽掉它的奠基，以维护理想的崇高性、纯洁性。两种不同的做法，产生了两种不同的结果。康德为理想奠基，保住了理想，成就了理想；我们抽掉了奠基，把理想变成了幻想，使理想庸俗化、空洞化。所以今天讲庄子的时候，就应该特别强调他的现实主义齐物论的奠基作用，这使他的浪漫主义齐物论有了坚实的基础，也防止把他的思想庸俗化。当然，我们讲孔子的时候，也应该这样，要把子贡的思想看作是对孔子思想的奠基。实际上，无论是在庄子那里，还是在孔子那里，他们都承认思想的奠基作用。长梧子是承认瞿鹊子的，孔子也是承认子贡的，只是长梧子认为，瞿鹊子的思想还需要进一步提升，孔子认为子贡的思想也还有提升的空间。

“予恶乎知说生之非惑邪！”这句话字面意思是，我怎么知道人贪生不是一种迷惑呢！这句话和下面这句话谈的是生死问题。前面讲现实的齐物，然后讲浪漫的齐物，这里突然开始谈生死问题，乍一看显得有点突兀，但仔细思考的话，会发现上下文内在逻辑是一致的。庄子开始谈现实的齐物，这种齐物主要解决无我的问题，也就是解决人的偏见问题。要解决这个问题，有一套具体的操作方法，也就是说，现实中如何做才能够达到齐物。浪漫的齐物要解决无身的问题，人不可能真做到无身，所以，无身就是一个纯粹的精神活动。在浪漫的齐物里，解决无身的问题就是要解决生死的问题，解决生死问题比解决个人偏见问题要难得多，但只有解决了生死问题，才能最终达到浪漫的齐物。

齐生死是最难的。《庄子·大宗师》里写到女偊，说他只要修行三天，就可以外天下，把天下忘掉；外天下以后，再修行七天，就可以外物，把物也忘掉了；外物以后，再修行九天，才能够外生，把生命忘掉，也就是把身体忘掉。从女偊修行的过程可以看出，外生是最难的，也就是说齐生死是最难的。王阳明被流放到贵州龙场的时候，最重要的悟道活动就是超越生死。在艰难的环境里面，什么都可以忘，但生死最难忘，人只有忘了生死，才可以呈现良知。如果生死问题不能解决，良知就很难出现，生死就会干扰良知，人就可能为了生而背离良知。现在好多人在学习王阳明，学习他的良知思想，但大部分人都停留在对良知表面的理解上。因为良知是以看破生死为前提的，远不如说良知这么简单，说良知的时候，可能离良知非常遥远。

齐生死很难，但并非不可能，要达到齐生死的话，首先不能执着于生。在长梧子这里，首先体现为对“说生”的怀疑，也就是对人执着于生命表示怀疑。这里要注意，长梧子只是怀疑，并不是完全否定，这样表述容易被人接受，毕竟人具有生的本能。对生怀疑是可以的，但怀疑也是要有理由的，否则，怀疑就是没有意义的。长梧子的怀疑有没有理由呢？可能有如下三个方面的理由。

首先，从生的开始看，生是纯偶然的现象，每个人来到世界上都是纯偶然的现象。也就是说，生是有条件的，具备这个条件才能生，但条件本身又是纯偶然的。既然生命本身来路不明，来源是偶然的，而人却执着于这样的偶然，这不就是一种困惑吗？偶然是瞬间即逝的，是无法执着的，人执着不能执着的东西，这不就是惑吗？

其次，从生命的过程看，佛教把生命的过程看作是苦。佛教有苦集灭道四谛，四谛就是人生的四种真理，四谛里苦排在最前，它是佛教哲学的逻辑起点，因为苦才去超越苦。佛教的苦有很多种，佛教认为人生老病死都是苦，也就是说，人生命的自然过程都是苦。在这个过程里，有爱别离苦，相爱的人不能在一起，这是苦；有怨憎会苦，不喜欢的人天天在一起，这是苦；还有求不得苦，想要的东西得不到，也是苦。在佛教那里，可以讲无处不苦，人不经历这种苦，就会经历那种苦，人始终在苦中。人意识到苦还不算最苦，最苦的是认为人生是乐而不是苦，当真的感到苦的时候，就会苦不堪言。许多哲学家也认为人生充满着苦，叔本华认为人生就像钟摆，在痛苦和无聊之间来回摆动。人追求的时候，充满着痛苦，人不追求，其实也充满着痛苦，生命不能承受之重，也不能承受之轻。生命在轻重之间，非常难以把握，不是轻了就是重了。所以人在生命的过程中，对生始终持有一种怀疑的态度。人在热爱生的时候，从来就没间断过对生的怀疑，这种怀疑发展到极致，就是佛教讲的出家。出家是对“说生”的否定，现实中总有极少数人，由“说生”的困惑最终看破了红尘。否定生最极端的方式是自杀，林黛玉不是病死的，而是自杀的。她看不到希望，不吃不喝，不就死了吗？

最后，人最终不得不死，死会消解生的所有意义。当年波斯王泽克西斯率领百万大军远征希腊，在行军过程中，泽克西斯突然想到，这百万大军百年过后一个都不会存在，这使他顿时变得悲伤起来，甚至怀疑远征的意义。无独有偶，《列子》上也有一个记载，说齐景公游牛山时，看到齐国的大好河山，突然潸然泪下，感慨人不死有多好！人对死亡有不同的观念，在这些观念中，一个主导性的观念就是死亡会瓦解生的意义，所以长梧子讲，“说生”是否是一种困惑，是一种错误，不是毫无道理的。

“予恶乎知恶死之非弱丧而不知归者邪！”我怎么知道厌恶死不像从小流浪在外而不知回家呢？“弱丧”，就是从小离开家。因为从小离开家，从来没有回过家，也就不知道要回家，就把流浪看作是一种最真实的生活方式。这句话是在破除人对怕死的执着，前面是让我们不执着于爱生，这里又让我们不要执着于怕死。生和死是人生中两个最重大的事件，但非常遗憾的是，每个人都不能参与这两件大事。人生的时候只是一个道具，摆在那里让人祝福，表明你来了；人死的时候其实也是一个道具，摆在那里让人悲伤，表明你走了。生死同样重要，某种意义上讲，生比死还重要，先有了生，然后才有死，但从现实的情况看，人更关注死，更关注生命到哪里去。因为生之前，人没有意识，当人意识到生的时候，人已经生下来了，可以不关注生命从哪里来的问题。但人死之前是有意识的，人意识到自己的死，而且在人的经验中，只见到人的死，没见到死去的人再生，所以把死看作是永别，这就使人本能的对死产生恐惧。因为对死具有本能的恐惧，人都避免谈论死亡。孔子讲“未知生，焉知死？”就是回避谈论死。道家直面死亡，因为只要有对死亡的恐惧，齐生死就是不可能的，彻底的齐物论就必须消除人对死亡的恐惧，这就需要对死亡进行文化阐释。

庄子在《知北游》里提出了自己的生死观，“人之生，气之聚也，聚则为生，散则为死”，他把生死看作是气的聚散，看作是自然现象。气聚散为生死，就意味着生命可以不在，但构成生命的气却一直存在，也就是说，这些气还有可能重新聚集成生命，生命还可能以另一种形式出现，这就给生命复活提供了一种可能。当然，构成原有生命的气不可能再聚集在一起，但这些气分别加入别的生命构造中，以新生命的方式出现，这也是原有生命延续的一种方式。即便原有生命的气不再参与新生命的构造，回到了纯粹的气，这不就是回到了生命的本然状态吗？基于对生命这样的思考，庄子才能够做到“妻死鼓盆而歌”。庄子对自己的死也抱有同样豁达的态度。庄子临死的时候，弟子们要求厚葬，庄子开导说，把尸体扔到山沟里，乌鸦、老鹰会吃，把尸体埋到地下，蚂蚁会吃，都是被吃，给谁吃不是一样呢？

庄子这是用哲学解决人对死亡的恐惧问题，而常人更多是借助于宗教解决死亡的恐惧问题。佛教讲人死后去西天极乐世界，基督教讲人死后灵魂会上天堂，总而言之，都是在说死亡并不是一件很痛苦的事情，死亡是另一个意义上的生，甚至是更好的生。马克思说宗教是麻痹人民的鸦片，这是间接承认了宗教在解决死亡恐惧方面发挥了很大的作用。

除了哲学和宗教，人其实还可以提出一些常识性问题。比如说，人在生以前，其实就类似于死，那也就是说，人生之前，一直都是死的。在生之前，人并没有对于死亡的恐惧。在庄子那个时代，各位恐惧过吗？在以后的各个朝代，各位恐惧过吗？在生以前，人毫无恐惧，也就可以推测，人死后也是毫无恐惧的。所以，死亡的那种状态，尽管是未知的，其实又是已知的，死后的状态和生前的状态应该是一样的。进一步说，其实人每天都有死亡的体验，睡眠状态就是一种死亡状态，我们之所以不恐惧睡眠，只不过是我们相信早晨还会醒来。不如把生命的死亡也看作一次长久的睡眠，也会有醒来的那一天。所以宗教总是把轮回的时间无限拉长，只是由于生命很短暂，我们看不见死去又醒来的人，这样思考死亡，也可以减少我们对死亡的恐惧。

还可以这样思考，人如果不死的话，会出现什么问题？那样人会越来越多，地球上人满为患，而生在前面的人占据了所有的位置，让后来的人失去了生存的空间。当年，齐景公游牛山，因感慨生命短暂而掉眼泪的时候，跟随他的晏婴在旁边冷笑。在这样感伤的氛围里，冷笑的声音是很刺耳的。齐景公质问晏子，你为什么要冷笑？晏子说，如果大家都不想死的话，哪有后人的位置？在齐国的历史上，有赫赫有名的姜太公、齐桓公，没有他们的死，哪有你国君的位置呢？假如人不死的话，后生的人就会与先生的人争夺生存的空间，这个世界终将变成人间地狱。而且，如果人不死的话，还会出现什么结果呢？生命可能会失去意义，人只是活着，但没有意义。一切伟大的艺术品都源自死亡，当人不再死亡的时候，人也就不需要艺术了。艺术最重要的功能就是表现情感，人不需要艺术的话，也就意味着人不再需要情感。所以，人不死的最终结果就是人无意义的生，甚至是生不如死。因此，长梧子对人执着于死的恐怖也提出了质疑，接下来他举例说明质疑的理由。

“丽之姬，艾封人之子也。”丽姬是艾地边防长官的女儿，据说长得特别漂亮，被晋献公看上了，要把她娶回家。

“晋国之始得之也，涕泣沾襟。”当晋献公决定要娶丽姬的时候，她特别伤心。这种伤心既是离开父母的不舍，更是对未来生活的担心。

“及其至于王所，与王同筐床，食刍豢，而后悔其泣也。”等她到了王宫，和晋献公躺在那个安稳舒适的床上，吃着美味佳肴的时候，她开始后悔当初为什么哭得那样伤心，奇怪自己为什么不想来。许多事情，时过境迁，人会不理解自己当初的行为。这个例子说明什么？说明未来的不确定性，说得严重一点，就是生活无常。丽姬为什么要哭呢？她是从常理来推论她未来可能的生活，但生活本身不接受推论。所以人没有必要费尽心机去筹划未来，未来不是人筹划出来的，未来是各种偶然性交织在一起的产物。言下之意就是，人把乐生看作是自然的事情，把怕死也看作是自然的事情，但生是否真的可乐呢？死是否真的可怕呢？

“予恶乎知夫死者不悔其始之蕲生乎！”我怎么知道那些死去的人不懊悔他当初乐生呢？你问过那些死去的人吗？说不

定人家觉得死挺美好的，正后悔当初为什么要乐生呢！因为死亡的世界是未知的，你可以把它想得很恐怖，也可以把它想得很美好。如果你认为我说的美好是没有根据的，那我也可以说，你认为的恐怖也是没有根据的。对未知的世界，我们都拿不出证据。既然都拿不出证据，而人又必须要死，为什么不把未知世界想得更美好呢？所以，长梧子对未知世界保持一种乐观态度。庄子在《至乐》篇里，借助于做梦想象死之乐。

髑髅曰："死，无君于上，无臣于下；亦无四时之事，从然以天地为春秋，虽南面王乐，不能过也。"

庄子不信，曰："吾使司命复生子形，为子骨肉肌肤，反子父母妻子闾里知识，子欲之乎？"

髑髅深矉蹙额曰："吾安能弃南面王乐而复为人间之劳乎！"

这段话给我们提供了死亡可能有的美好状态，跟通常人想象的死亡恐怖截然不同。有人据此认为庄子有乐死的心态，这显然是一种误解。庄子是要通过这个梦境解除人对死亡的恐惧，不是要让人去弃生赴死。他的意图在于让人不要执着于生，也不要害怕死亡，最后达到齐同生死。

这段话通过两个疑问和一个例证来齐同生死。接下来，庄子又从梦的角度破除人对生的执着，认为生无异于一场梦。

"梦饮酒者，旦而哭泣。"做梦喝酒，早晨醒来却在哭泣。

也就是说，梦里很快乐，醒来却遇到了伤心事。

“梦哭泣者，旦而田猎。”梦里在哭泣，早晨醒来却兴致勃勃去打猎。也就是说，梦里是伤心的事，早晨却遇到快乐的事。这是梦中经常遇到的事。庄子这里讲梦和现实的区别，梦里是假的，醒来才是真的，现实和梦的区别就是真和假的区别。这里要注意，长梧子是以一种极端的形式来表述梦和现实的区别，也就是梦中痛苦，醒来却是快乐，或者是梦中很快乐，醒来却很痛苦，用这种方法来强化梦和现实的区别。其实在梦的体验中，梦和现实的差别并不完全体现在两种对立的情绪上面。梦中很快乐，醒来也可能遇到快乐的事；梦中很痛苦，醒来也可能遇到很痛苦的事；也可能梦中很痛苦，醒来很平常；梦中很快乐，醒来也很平淡。梦与现实的情绪差异是多样的，但无论如何多样，都不影响梦和现实的绝对差异，那就是真和假的差异。在这里，长梧子的核心思想是要通过梦和现实的区别，表达真和假的区别。梦是假的代名词，是虚假、虚幻的意思，当人做一件不可能做成的事情时，我们就说他在做黄粱美梦。

“方其梦也，不知其梦也。”人在做梦的时候，不知道他正在做梦。这句话说的是事实，同时也意味深长。也就是说，人只有借助于醒来，才知道自己在做梦；如果人不醒来的话，就会一直在梦中，失去外部参照系，很容易认同梦是现实，永远也不知道自己是在做梦。因为梦的材料是现实中具有的，梦里的情感也是现实中具有的，梦只不过以一种奇怪的方式组合这些材料，让人产生各种不同的情感。人做梦类似于艺术创作，弗洛伊德就把创作看作是艺术家的白日梦。我们为什么相信作品是真的，并为作品所感动呢？作品明明是虚构的，但我们却认为它是真实的，就连那些情节荒诞的作品，我们也认为它是真实的。就作品本身而言，它有自己的真实性标准，我们是以作品的内在逻辑衡量作品的真实性的，从来不会用生活的真实去衡量作品的真实。所以，人进入作品中发现不了作品的虚构性质，人只有在走出作品过后，才能判断这个作品是虚构的。柏拉图的《理想国》里有个著名的洞穴之喻，他说有一群人，一生下来就被绑在洞穴里，不能回头，只能面对洞壁。在洞穴的门口燃起一堆火，有一些人手里拿着各种标本，在火光前走来走去，绑在洞穴里的人只能看到洞壁上火光的影子，他认为这就是真实的世界。因为没有其他认知参照，所以他只能相信他看到的东西。这也就是方其梦不知其梦。

“梦之中又占其梦焉，觉而后知其梦也。”还有更离奇的情况，人梦中还在做梦，人醒来过后才知道自己是在做梦。人醒来过后为什么能发现刚才是在做梦呢？梦和现实的区别究竟在哪里呢？它们最重要的区别是：梦是无意识的，非理性的，不受人控制的；而现实是有意识的，有理性的，受人控制的。做梦的人都有这样的体验，梦来无影去无踪，明明是自己在做梦，但自己既不能控制做不做梦，做什么样的梦，也没办法控制梦的节奏。如果人能控制做梦的话，那做梦就是特别美好的事情，人就会天天做美梦。做梦的状态类似艺术创造的状态。艺术创造中，艺术家也不能控制他笔下的人物，阿 Q 死了，不是鲁迅让他死的，是他自己要死的。现实中，人是有理性、有意识地做某事，而且会达到预期的目标、计划。马上要放假了，大家可以提前确定哪天回家，可以预先把票买好，到了那天你果然就走了，一切都是按计划进行的。如果遇到特殊的事要改变计划，也是有足够理由的，一切都是在有理性、有意识的状态下完成的。现实中的行为遵循因果律，反过来，按照因果律做事说明人是在现实中。但梦中就说不定了，票买好了，也确定在某一天走，可突然跑到别的什么地方去了，把回家的事忘到了脑后。所以，人是通过理性和非理性、意识和无意识来判断梦和现实的，而且人在判断的时候很少发生错误，很少有人把梦当作现实，也很少有人把现实当作梦，如果真的出现这种情况，那一定是人的生理或心理出了问题。人有一种本能，只要醒来就能准确判断，人是在梦中还是在现实中。以上讲梦只是引子，长梧子真正想要说的是下面这句话。

“且有大觉而后知此其大梦也。”这句话是庄子谈梦想要得出来的最重要的结论。什么叫“大梦”？前面我们讲到了梦，讲到了梦和醒的区别。我们通常的梦是和醒相对的，而大梦是把醒当作梦。通常的梦和醒很容易区别，但要把醒说成是梦的话，就很让人费解。这里的醒，指的就是现实的感性生活，通俗地讲也就是人生。那么，大梦说的就是人生如梦。美国有一个叫马修斯的哲学家，他有一本书叫《哲学与幼童》。这本书的开头就讲一个六岁的幼童在舔锅子的时候，突然问他爸爸一个问题，说我们怎么知道现在不是在做梦呢？儿童很有灵性，甚至比一般的成人更具有一种灵性，所以经常能提出一些特别有灵性的问题。这就说明，人在天性里面，对人生如梦有一定的体悟。

人人都有人生如梦的感慨，人们为什么觉得人生如梦呢？那是因为，人生里面的确具有一些梦的特征。我们前面讲过，梦和现实的重大区别在于：梦是无意识的，非理性的；而现实是有意识的，有理性的。在对人生有了深层的体验后，会发现人生中有很多非理性的成分。比如说，人生中最重要的一种情感——爱情，它就有很强的非理性因素。林黛玉、贾宝玉两小无猜的时候，相处得很融洽，但相爱以后，随着感情的不断加深，猜忌、矛盾反而逐渐增多。按照理性来讲，感情越深，信任感应该越强，但事实上却相反，感情越深，猜忌反而越多。俗语用“不是冤家不聚首”来解释这个现象，但真相可能是，正因为他们聚首在一起，才变成了冤家。托尔斯泰在《战争与和平》里写娜塔莎和保尔康斯基相爱、订婚，甚至都确定了结婚的日期。但有一天，娜塔莎偶然遇见了一个叫阿纳托利的花花公子，她一下子就爱上了他，觉得这就是她一直在寻觅的人。她毅然决然要退掉以前的婚约，得不到家人的同意，她居然想着要与这个花花公子一起私奔。所有人都感到很吃惊，甚至震惊，都觉得好像不认识她了。人在生活中遇到重大挫折的时候，甚至在人衰老的时候，都有一种人生如梦的感慨。苏东坡在词里说：“多情应笑我，早生华发。人生如梦，一樽还酹江月。”

人们可能会说，生活当中必定存在着理性，事实上，人们都认为自己是按照理性去安排、去规划生活的，但是按照弗洛伊德的理论，在生活中，理性的背后是非理性，理性的行为受制于非理性的动机，意识被无意识支配，而且，他认为的无意识主要又是性的无意识。所以读弗洛伊德的书，给人的感觉像做梦，因为他彻底颠覆了理性价值。佛教《心经》也讲，人生如梦幻泡影。比较起来，儒家更强调理性，但你认真阅读儒家著作的时候，也会隐约感到理性背后的非理性。“子不语怪力乱神”，这说明孔子承认“怪力乱神”的存在，他只是不说，他也不说性、天道、死亡。显然，他是担心说这些非理性的东西会干扰生活中的理性。《孟子·万章篇》中记载，孟子的学生万章问孟子一个问题：尧舜时实行禅让制，王位传贤不传子，可是到了大禹，为什么传子不传贤？孟子对这个问题做出了理性的回答：一是他们辅佐的时间有长有短。舜相尧长达二十八年，禹相舜有十七年，益相禹只有短短的七年，辅佐的时间越长，从政的经验越多，赢得的民心越多，影响力就越大。二是尧舜的儿子不肖，没有出息，而禹的儿子很贤能，因为这两个原因，大禹把王位传给了儿子。这是一个非常理性的解释。孟子接下来又讲了这样几句话：“舜禹益相去久远，其子之贤不肖，皆天也，非人之所能为也。莫之为而为者，天也；莫之致而至者，命也。”这几句话进一步探究：他们辅佐的时间为什么会有长有短呢？他们的儿子为什么有贤有不肖呢？这个问题无法得到合理的解释，于是孟子只好把它归结于天和命。孟子的这几句话不说则已，说出来以后，不免让人对理性产生了怀疑。也就是说，一个人能否成为天子、成为圣人，完全取决于辅佐前代天子时间的长短，取决于人天生的贤与不肖，而这一切又完全是偶然的，是人无法控制的。这就意味着圣人是偶然成为圣人，那向圣人学习就变成了一件很不靠谱的事情，就变成了一件无法落实的事情。这个世界表面看来好像是理性的，但深层次上却是非理性的。人的生存背景是非理性，在这个背景之上，那些所谓的理性就变得毫无根基。对于庄子来讲，他是如何说明人生是大梦呢？

子祀、子舆、子犁、子来四人相与语曰："孰能以无为首，以生为脊，以死为尻，孰知死生存亡之一体者，吾与之友矣。"四人相视而笑，莫逆于心，遂相与为友。

俄而子舆有病，子祀往问之。曰："伟哉夫造物者，将以予为此拘拘也！曲偻发背，上有五管，颐隐于齐，肩高于顶，句赘指天。"阴阳之气有沴，其心闲而无事，跰𨇤而鉴于井，曰："嗟乎！夫造物者又将以予为此拘拘也！"

子祀曰："女恶之乎？"

曰："亡，予何恶！浸假而化予之左臂以为鸡，予因以求时夜；浸假而化予之右臂以为弹，予因以求鸮炙；浸假而化予之尻以为轮，以神为马，予因以乘之，岂更驾哉！且夫得者，时也，失者，顺也；安时而处顺，哀乐不能入也。此古之所谓县解也。而不能自解者，物有结之。且夫物不胜天久矣，吾又何恶焉！"

俄而子来有病，喘喘然将死，其妻子环而泣之。子犁往问之，曰：“叱！避！无怛化！”倚其户与之语曰：“伟哉造化！又将奚以汝为，将奚以汝适？以汝为鼠肝乎？以汝为虫臂乎？”

子来曰：“父母于子，东西南北，唯命之从。阴阳于人，不翅于父母；彼近吾死而我不听，我则悍矣，彼何罪焉！夫大块以载我以形，劳我以生，佚我以老，息我以死。故善吾生者，乃所以善吾死也。今之大冶铸金，金踊跃曰‘我且必为镆铘’，大冶必以为不祥之金。今一犯人之形，而曰‘人耳人耳’，夫造化者必以为不祥之人。特犯人之形而犹喜之。若人之形者，万化而未始有极也，其为乐可胜计邪？今一以天地为大炉，以造化为大冶，恶乎往而不可哉！”成然寐，蘧然觉。(《庄子·内篇·大宗师》)

庄子从一个非常独特的角度来质疑、否定人的理性，他特别写到身体的病和死。子舆得了一种怪病，身体变得奇形怪状，庄子要通过这种奇形怪状的身体来羞辱人的身体。我们通常喜欢讲身体的美，在庄子这里，身体纯粹是一种丑，而且我们就连这个丑的身体也保持不住，它还要进一步转化。在《逍遥游》里，我们领略了鱼向鸟的转化，鲲向鹏的转化，那是一种激动人心、震撼人心的转化。而子舆丑陋的身体要转化成什么呢？“化予之左臂以为鸡”，“化予之右臂以为弹”，“化予之尻以为轮”，也就是说，他身体的各个部分化成了不同的物。那么物化过后，我们看到的就是一个不伦不类的人。子来生病了，身体也要发生转化，“以汝为鼠肝乎？以汝为虫臂乎？”鼠、虫既渺小，又让人觉得可恶，而子来还只能转化为鼠肝、虫臂，只能转化为这两个渺小而可恶之物的一个器官而已。可见庄子把人的身体贬低到何等地步！那么人对自己这种转化是什么态度呢？是否可以发挥人的主观意志来对抗这种转化呢？在庄子看来，这几乎是不可能的。人只能顺从这种转化，任何违抗都是大逆不道，都是不祥之人。所以庄子心目中的人，无论从人的身体来看，还是从人的意志来看，都是极端渺小的，根本谈不上任何理性。人只是无理性、无尊严地活着，被造化任意捉弄。在造化面前，人什么都不是。既然人生是大梦，就不必执着于人生。人生都不值得执着的话，区别万物还有什么必要？还有什么意义？不去区分万物，不就齐万物了吗？现在，人唯一要做的就是游戏人生，把梦做好。这里的“游戏”不是贬义的，而是以一种审美的态度去对待人生。

现在的问题是，是不是所有人都意识到人生是大梦？不是的。只有那些大觉者才能意识到人生是大梦。那么谁是大觉者？长梧子，也就是庄子，应该算是大觉者，佛陀也应该算是大觉者。某种意义上讲，贾宝玉也算是一个大觉者。当然他们“觉”的方式是不一样的，有的是顿悟，有的是渐悟。西方哲学家里也有很多大觉者，像柏拉图就是一个大觉者。在柏拉图那里有三个世界：最高的是理念的世界，这个世界永恒不变，是万物的本源，是值得人依靠的。其次是现实的感性世界，这个世界变化莫测，是不可靠的，是人不能依赖的。最次的是艺术的世界，在柏拉图那里，艺术的地位很低，因为它模仿现实世界，而现实世界又模仿理念世界。所以艺术是“影子的影子”，和真理隔了三层。在大觉者这里，普通人认为是醒着的世界，他们却认为这是一个梦的世界。

“而愚者自以为觉，窃窃然知之。”“愚者”就是芸芸众生，就是普通人，就是你我他。这些愚者的确是醒着的，而且也真的看见了什么，他们只相信看到的东西，认为看到的东西就是真实存在的，除此以外都是不真实的、不存在的。所以在愚者那里，只有一个世界，这就是现实的世界。至于你讲天堂的存在，西方极乐世界的存在，理念世界的存在，他们都是不相信的。

“君乎，牧乎，固哉！”“君”，地位高。“牧”，也是管理者，古人讲州牧，现在讲牧民，也就是管理牛羊的人，所以“牧”指的是地位低的管理者。普通人把君和牧区别得清清楚楚，知道谁的地位高，谁的地位低，也知道在君和牧之间如何取舍。但庄子认为，这样的区分极其固陋、浅薄，这是把人生执着为“有”才会产生的结果。如果把人生看作是大梦的话，所谓君和牧的区别就变得毫无意义，因为梦中所有的区别都是虚假的区别。

“丘也与女，皆梦也。”孔丘和你，都是在梦中。孔子周游列国，尤其是在晚年的时候，收徒讲学，宣扬仁义。孔子觉得自己做的都是非常有意义的事，瞿鹊子尽管在思想的层次上高于孔子，但有一点他们是一样的，都以为自己是清醒着的，都以为自己在做着有价值、有意义的事情。但长梧子，也就是庄子认为，他们两个人都在梦中，他们所做的一切都毫无意义。

“予谓女梦，亦梦也。”我说你们在梦中的时候，其实我也在梦中。这句话非常重要。人们说别人在梦中时，很少有人说自己其实也在梦中。从逻辑上讲，说别人在梦中的时候，自己不能在梦中，如果自己也在梦中，就没有权利说别人在梦中。因为说自己也在梦中，无异于自我否定。庄子前面明确地讲“方其梦也，不知其梦也”，“觉而后知其梦也”。你一个自己在梦中的人，怎么能说别人也在梦中呢？所以这句话，一方面体现了思想的彻底性，另一方面又不具有逻辑性。法国哲学家笛卡儿是一个怀疑主义者，他怀疑一切，但是不怀疑“我思”，说“我思故我在”，也就是说，怀疑一切的时候，怀疑本身是不能怀疑的。日常生活中，人们在表达极端情绪时，很容易说一些极端的话。比如，一个人多次上当受骗后就会说这个世界上没有一个好人，就会说“我谁也不相信”。这些话在逻辑上显然是不通的。因为世界上没有一个好人就意味着他也不是个好人，谁都不能相信的时候意味着他本人也不能相信。事实上，没有人去追究他们语言的逻辑问题，因为大家都有一个共同的预设，说这句话的人不受逻辑的限制。如果一定要追问的话，反而有无事生非的嫌疑。但长梧子在这里与众不同，他以不合逻辑彻底地否定了自己，不给自己留任何后路，他坦率地承认自己也在梦中。

“是其言也，其名为吊诡。”“其言”指的是“予谓女梦，亦梦也”。如果你肯定“予谓女梦，亦梦也”这句话，这种情况就叫作吊诡。我们对“吊诡”这个词比较陌生，台湾人喜欢用“吊诡”，这个词常见于他们的著作之中。“吊诡”就是矛盾、悖论的意思。这句话的意思是，你要肯定“予谓女梦，亦梦也”的话，那就必然会出现悖论和矛盾。因为这些大觉者也生活在我们这个世界，如果人世间是梦的话，他们也就在梦中，在梦中的人是没有资格说别人在梦中的，但现在的情况却是，这些大觉者既在梦中，又在觉醒状态中。他们的觉醒没有外在的标志，不同于普通的觉醒，普通的觉醒就是睁开眼睛，而大觉者本来就是睁着眼睛的，又如何判断他们的觉醒呢？所以只能说他们是梦觉，在梦中觉醒着。这显然是一个矛盾的说法，是一个悖论。怎么理解这个悖论呢？这里我们要意识到，凡是思维的高级状态，必定是悖论，这是思维的特征。思维既有被动性，又有主动性。思维在接受外物的时候是被动的，思维在判断外物的时候又是主动的。那到底是被动性代表我，还是主动性代表我呢？这就产生了“我是谁”的问题，原本看起来是一个很简单的问题，深入地思考后这又是一个复杂的问题。这在佛教里面称为“一心二门”。“一心”有时迷、有时悟，迷和悟是一体的，你不能够离开迷去追求悟，所以佛教讲烦恼就是菩提，二者是一个东西。所以吊诡不能理解为逻辑上的矛盾，而应该理解为人的一种生存处境。它是大觉者的标志，是具有积极意义的，它体现了人的内在超越性，是人之为人的标志，也是普通人努力的方向。所以这里不是一个逻辑学问题，而是一个人生境界问题，是一个不容易被人理解的人生境界问题。人们很容易把它误解成逻辑上的矛盾，而不予重视。

“万世之后而一遇大圣，知其解者，是旦暮遇之也。”一世是三十年，万世就是三十万年。“知其解者”即知道人生如梦的人。“旦暮遇之”就是早晚都能遇到。早晚都能遇到的事就是平常的事。这几句话的意思是，现在人把“予谓女梦，亦梦也”这句话看作是吊诡、悖论，觉得这是不可思议的事，是让人费解的事，但万世之后，如果你遇到一个大圣人的话，他会把“人生是梦”看作是特别平常的事，特别好理解的事。这里我们要注意，大圣的境界应该要高于前面所讲的大觉。大觉还在人世间，还要在梦中去觉醒，而大圣那里就没有梦这个阶段，所以也就无所谓醒，因为他一直清醒着。当然这里面也有个问题，万世以后才能遇到这样的大圣人，这也说明大圣极为罕见。我们只能说他是人的一种理念，他不是生活中真实的人，所以他肯定会高于大觉，高于庄子、佛陀、柏拉图等人。长梧子这些言论，都是要证明一点，那就是人生如梦。这也是长梧子所追求的最浪漫的齐物。人生都如梦了，人也就没办法、没必要去区分梦中事物的差别，这样万物自然就齐同了。

“既使我与若辩矣，若胜我，我不若胜，若果是也，我果非也邪？我胜若，若不吾胜，我果是也，而果非也邪？其或是也，其或非也邪？其俱是也，其俱非也邪？我与若不能相知也，则人固受黮暗，吾谁使正之？使同乎若者正之？既与若同矣，恶能正之！使同乎我者正之？既同乎我矣，恶能正之！使异乎我与若者正之？既异乎我与若矣，恶能正之！使同乎我与若者正之？既同乎我与若矣，恶能正之！然则我与若与人俱不能相知也，而待彼也邪？”

“化声之相待，若其不相待，和之以天倪，因之以曼衍，所以穷年也。何谓和之以天倪？曰：是不是，然不然。是若果是也，则是之异乎不是也，亦无辩；然若果然也，则然之异乎不然也亦无辩。忘年忘义，振于无竟，故寓诸无竟。”

“既使我与若辩矣”。假如我和你进行辩论的话。这里要注意，“辩”在长梧子这里是个贬义词。《齐物论》的前面，屡屡说到“辩”的贬义性质。前面讲，“辩也者，有不辩也。曰：何也？圣人怀之，众人辩之以相示也。故曰辩也者，有不见也”。又说，“大辩不言”“言辩而不及”“不言之辩”。又说，“春秋经世先王之志，圣人议而不辩”，从这里可以看出辩的贬义性质。正确的做法应该是“议而不辩”。“议”是陈述自己的观点，证明自己的观点，具有客观性；而“辩”肯定自己的观点，否定别人的观点，认为只有自己的观点正确，具有主观性。“议”符合齐物的思想，而“辩”否定齐物的思想。今天对辩的理解有所不同，今人喜欢说真理越辩越明，是肯定辩的价值和意义的。对于辩的不同理解，源于辩的二重性质：一方面为自己的观点辩护，这是合理的；但另一方面，辩里还有一种倾向，那就是否定别人。由于人自由的本性，人总是喜欢扩大自己的自由度，所以人就很容易从为自己的观点辩护，进一步走向否认别人的观点，只肯定自己的观点。这里还有个问题，前面在讲两种齐物论，即瞿鹊子的现实主义齐物论和长梧子的浪漫主义齐物论，这里突然转到言辩的问题，乍一看，这里谈到的问题好像跟前面的问题缺少关联度，但深入思考之后，会发现它们有着很强的逻辑关联性，它是要说明人通过什么方式能达到这两种齐物论。长梧子在这里明确指出，通过言辩的方式是不能达到这两种齐物论的。

“若胜我，我不若胜，若果是也，我果非也邪？”在辩论当中，你战胜了我，我输给了你，你真的就是对的吗？我真的就是错的吗？长梧子怀疑辩论的价值意义，认为辩论的胜负不代表真理意义上的对错，强调辩论的胜利和真理不一致。也就是说，辩论的胜者不代表真理，二者之间没有必然关系。长梧子的这个思想很重要，因为我们通常都是通过言辩的胜负来决定自己的行动，我说服了你，你就要按照我的要求去做。这就把说服当作通向真理的途径，甚至把说服本身当作是真理，所以人们就特别重视言辩的问题，这就导致人们在言辩上下功夫，把那些能说会道的人当作真理的拥有者。战国时期就出现了名辩思潮，认为可以通过辩论获得真理。长梧子为什么要把辩论的胜负和真理本身分开呢？因为辩论是人的一种天分，一种能力，就像所有的能力一样，辩论的能力也有大有小，有人天生巧舌如簧，有人天生笨嘴拙舌，不能用一种天生能力来判断他所把握到的真理性。孔子对于辩也持否定态度。《论语·公冶长》里有段话："或曰：'雍也仁而不佞。'子曰：'焉用佞？御人以口给，屡憎于人。不知其仁，焉用佞？'""佞"就是口才好。有人批评冉雍口才太差，孔子反驳说，为什么一定要口才好？冉雍仁不仁我不清楚，但人为什么要口才好呢？在孔子看来，一个人口才好不好跟一个人是不是仁没有关系。所以不要在意辩论的胜负，辩赢了不代表真理，辩输了也不是谬误。比如说有些命题，大家都不假思索地引证，表明这个命题是在辩论中最终被确认为真理的，那么它到底算不算真理呢？比如说大家常讲，"落后就要挨打"，这句话至少有两方面的问题：一是逻辑上的，落后了要挨打，强大了必然要去打人。二是人和人相比，国和国相比，总是有差别，总是有落后的。如果"落后就要挨打"的话，那么这个世界上永远有挨打的人，永远有打人的人。可见辩论的胜利并不意味着它就是真理。如果更深入地去思考，就会发现，观点和观点之间的争辩永远不可能有赢家。不管你的语言天赋有多强，都不会增加你的真理性，因为观点是观察之点，观点必然会有所见、有所不见，视角和视域也是一样，也是有所见、有所不见，你的所见只是局部的、有限的，所以你也就不能是真理本身。这是身体的局限性，也可以说是人性的局限性。所以，辩论性善、性恶的时候，辩赢了，性未必就是善，辩输了，性未必就是恶。这里是讲辩论和真理的关系。

"我胜若，若不吾胜，我果是也，而果非也邪？"在辩论当中，我战胜了你，你输给了我，我就真的是对的吗？你就真的是错的吗？这几句话的意思与上面几句话是一样的。

“其或是也，其或非也邪？”这句话是对上面思想的一个深化，是就辩论可能产生的结果而言。辩论的结果和论题的性质是密切相关的，论题的性质决定了它有什么样的结果。具体地讲，论题有三种性质，这也就导致它有三种结果。这里讲的论题的三种性质和它的三种结果和前面讲的辩论的胜负是无关的。前面表述胜负的时候使用了“胜”这个字，这个胜字与事实或者说与真理性没有必然的关系。这里使用的词是“是”和“非”，是非具有客观性，而前面的胜字带有主观性。那什么样的命题或是或非呢？也就是正命题和反命题，一个是正确的，一个是错误的，一个是是，一个是非。举个例子来说明一下，美学中有一个命题，在生活中真善美是统一的，相反的命题就是，生活中真善美是不能统一的。哪一个是对的呢？北大版杨辛、甘霖的《美学原理》就认为，生活中真善美统一是对的，但是在证明这个命题的时候，他举了一个《春到西藏》的例子。《春到西藏》是一幅画，画是艺术品，用画去证明生活中真善美统一，这是不合逻辑的。他为什么不举生活中的例证呢？因为生活中任何一个例证都会遇到相反的情况，产生反命题，所以生活中真善美不能统一是对的，说它们能统一，那是错的。这是一种情况。

“其俱是也。”这个命题正反两个方面都是正确的。比如说，争辩是中国的艺术美还是西方的艺术美呢？比如说，争辩是唐诗美还是宋词美呢？比如说，争辩《红楼梦》中是林黛玉美还是薛宝钗美呢？类似这样的一些命题，它的正反面都是对的。不同的人可以有不同的选择，有不同的答案。

“其俱非也邪？”这里讲的是辩论的命题正反都是错的，辩论的双方其实都是错的。比如说，是少数人的专制好，还是多数人的专制好呢？专制本身就是不好的，不存在少数人的专制好还是多数人的专制好这样的问题。在这个命题里，无论谁辩论胜利了，都不能说是胜利。前面那个命题里，双方都是对的，无论是谁辩输了，也不叫作输。这进一步说明了辩论中的胜负并不必然地关系到它的真理性。由于命题性质的复杂性，导致辩论结果的复杂性。那么，由谁来判断辩论结果的真理性呢？刚才讲到了命题有三种性质，辩论会产生三种结果，但由谁来判断这三种结果呢？

“我与若不能相知也。”“相知”，相互判断。我和你都不能判断对方的是非，双方带着不同的是非观，就会有不同的判断结果。所以辩论的双方是不能判断辩论结果的。

“则人固受其黮暗。”这是讲原因。“黮暗”，模糊不清、晦暗不明。也就是说，人性中本来就具有某种黑暗性质，人有所见，就会有所不见。那该怎么办呢？

“吾谁使正之？”“谁使”就是使谁，我们让谁去作出公正的判断呢？辩论的双方不能相互判断对方的正确与否，因为双方本来就带有偏见，是不能作出公正判断的。这就需要引入第三方，就像各位的毕业论文，本校的老师不能参与评审，甚至本省的老师也不参与评审，要送到外地盲审，这就保证了评审的公正性。那这个第三方应该是谁呢？

“使同乎若者正之？”让一个和你观点一样的人来评判？

“既与若同矣，恶能正之！”这个人的观点本来就跟你一样，他怎么能作出公正的判断呢？他肯定会赞同你的观点。这个道理很容易理解。

“使同乎我者正之？”找一个观点和我一样的人去判断？

“既同乎我矣，恶能正之！”既然他和我的观点完全一样，他又怎么能作出公正的判断呢？他肯定赞同我的观点。

“使异乎我与若者正之？”让一个既不同于我也不同于你的人来判断？这样看起来好像很公正，但还是有问题。

“既异乎我与若矣，恶能正之！”如果他既不同于我，又不同于你，他怎么能作出公正的判断呢？这是为什么呢？因为这个评价的第三方有独立的观点，他既不同意你的观点，也不同意我的观点，也就没办法评价双方的观点谁对谁错。

“使同乎我与若者正之？”让那个既和我的观点相同，又和你的观点相同的第三方来判断？似乎这样能够做到公正。但是，也还有问题。

“既同乎我与若矣，恶能正之！”如果他既同意我的观点，也同意你的观点，那还是不能判断双方谁对谁错。通常我们遇到判断对错的时候，都是寄希望于第三方能作出公正的判断。长梧子以上对第三方的各种选择，都陷入各自的困境，实际上就否定了第三方判断的公正性。这比我们平常对第三方的思考就更加深入了。长梧子的这个思想打破了我们对第三方公正性的信念。换句话讲，我们把论文送出去盲审，是不是就很公正呢？学校里经常引入第三方，对学校的各项教学指标进行评判，是否就很公正呢？长梧子，也就是庄子的结论是什么呢？

"然则我与若与人俱不能相知也。"这个结论非常重要，思想也非常深刻。我和你和任何的他人，都不能判断辩论的对错。当事人固然不能成为判断者，就连我们特别信任的第三方也不能成为判断者。因为第三方也是人，他也有自己的是非观。一个具有是非观的人，严格意义上讲，是不能判断是非的。不管他具有什么样的是非观，他都会把自己的是非观强加给别人。可以更直白一点说，长梧子的思想表现了他对人的不信任，更准确地说，是对权力的不信任。因为判断他人是非的人，就是一个主宰他人的人，这就给予了某些人特权，让他有权力评价别人的对错，容易让人遗忘作为判断者，他自己可能是有错的。这就造成了人和人之间的不平等。所以长梧子认为，任何人都无权成为他人的判断者，这就体现了一种齐物的思想。现在的问题是，人人都不能成为他人的判断者，那么人间事物的是非对错是不是就不能判断了呢？这会不会导致价值世界的混乱呢？

"而待彼也邪？"这个"彼"是谁的意思，也特指下面要讲到的"天倪"。长梧子讲，我们应该靠谁去判断呢？

"化声之相待，若其不相待。"这个"化声"可以理解成辩论。因为辩论需要通过声音，所以化声也就可以理解为辩论。

"相待"就是相对立。这句话讲，由辩论造成的对立，不是真的对立，而是假的对立。假的对立毕竟也是对立的，按照佛教的说法，假的对立尽管不是有，但毕竟还是假有、幻有，所以还是要认真对待这个对立。也就是说，人们通过辩论，产生了许多虚假的对立，对这些虚假的对立也要认真对待。具体该怎么办呢？

"和之以天倪。"这就是办法。这里的关键词是"天倪"。什么叫"天倪"呢？"倪"是界限、开端的意思，"天倪"就是天划定的界限。物与物、人与物、人与人都要严守天划定的界限，这样万物才能和平共处。儒家其实也非常重视划界，儒家用礼来划界，所以儒家的文化叫作礼乐文化，礼的地位是非常高的。孔子的思想就是要维护周礼，并为礼寻找根源，这就是孔子仁的思想。所以孔子最见不得违背礼的事情。礼的作用是什么呢？就是通过划界来保证人的和谐相处。《论语·学而》里有一段话说得非常明确。有子说："礼之用，和为贵。先王之道，斯为美。小大由之，有所不行。知和而和，不以礼节之，亦不可行也。"荀子在《礼论》里专门讲到礼的来源和作用。"礼起于何也？曰：人生而有欲，欲而不得，则不能无求；求而无度量分界，则不能不争；争则乱，乱则穷。先王恶其乱也，故制礼义以分之，以养人之欲，给人之求，使欲必不穷于物，物必不屈于欲，两者相持而长，是礼之所起也。"辩论的本质是什么？其实就是要越过礼的界限，还要为它越界进行辩护。可见，辩论是违背礼的，这就理解了为什么儒家也反对辩论。西方思想更注重划界，它是用法来划界，所以特别尊重法律。英国有个思想家叫约翰·穆勒，他有一本很有名的书叫《论自由》，严复最早把它翻译成《群己权界论》。这个译名非常好，让人一下就明白了什么叫作自由。所谓自由，就是人和人之间守界限，人和群体之间守界限，所以，自由就是划界。西方人讲，我的小屋是我的私有财产，只属于我，风可进，雨可进，国王不可进。现在问题是，长梧子为什么要用天来划界呢？用天倪作为界限呢？为什么不用周公所制的礼来划界呢？这可以从三个方面来理解。第一个方面是，天倪具有崇高性、权威性和公正性。第二个方面是，天倪是虚的，它具有多种解释的空间，人们可以与时俱进地更改人制定的那些礼，防止礼的僵化，所以天倪高于礼。第三个方面是，天倪的视野极为广阔，无所不包，它既包含了物和物之间的界限，也包含了人和人之间的界限。但是儒家的礼仅限于给人划界，而忽略了人和物的界限、物和物的界限。

"因之以曼衍。""曼衍"，变化。"因之以曼衍"，以变化作为根据。天倪不是固定不变的，它是随机应变的，而且它的变化是自然而然的，是渐变的，而不是突变的。四季变化，昼夜变化，都是缓慢发生的，这样，人对这种变化有一种预期，有足够的心理准备去应对这种变化。

"所以穷年也。"这就是说，以天倪为界限，要终其一生的严守这种界限。

"何谓和之以天倪？"什么叫"和之以天倪"？天给万物

划定界限，但天无形无状，无声无息，它怎么给万物划定界限呢？儒家也讲天，也面临着天如何规范、指导人的现实生活问题。儒家认为，“天视自我民视，天听自我民听”，天通过老百姓的眼睛看世界，天通过老百姓的耳朵去听世界，民意就是天意。长梧子这里也面临这样的问题，天的意志如何体现在人的行为上？当然也可以说，人什么样的行为能体现出天倪？

“曰：是不是，然不然。”这句话可以有两种译法：一种译法是，是即不是，然即不然。然和是意思相近，所以这句话的意思就是，人应该意识到你所说的是，其实就是不是，你认为的正确，其实就是不正确。另一种译法是，是不是就是肯定他人的不是。前一种译法着眼于否定自己，后一种译法着眼于肯定他人。两者的意思是相通的，但是根据下文，采取第一种译法意思更为连贯。可见，天倪体现为人的一种自我反思，也就是我所认为的是，可能是不是，也就是限制自我，甚至否定自我，给他人的是预留空间，也就是意识到我的界限，并守住我的界限，不以辩论的方式越过界限。

“是若果是也，则是之异乎不是也，亦无辩。”如果你认为的是，真的就是是的话，那么是和不是的区别一目了然，不需要去辩论。

“然若果然也，则然之异乎不然也亦无辩。”你所说的这样，果真是这样的话，那么这样和不这样界限分明，也无须进行辩论。这两句话是在解释前面的“是不是，然不然”，如果是真的是是，然真的是然，就无须辩论。而现在，你们需要通过辩论才能确定自己的是和然，这也就说明你们所说的是其实是不是，你们所说的然其实是不然。也就是说，只要辩论，你就不是，你是通过辩论为自己的不是辩护，所以只有不辩，你才真的拥有是和然。天以沉默表明它的是和然，正因为天沉默，所以它才是，它才然。这里有一个问题，就是人的自由本性导致人的越界。一般的物不可能越界，动物按本性生活，也不会越界，只有人本性里的自由让人有了越界的可能性。所以，仅仅靠人的自我反思，靠“是不是，然不然”，很难让人不越界。人需要建立一种制度，以防止人的越界行为，准确地讲，要通过法治限制人的越界。

“忘年忘义。”“年”，时间。当人有了身体的时候，人才有了时间，所以这个年也可以指人的身体。“义”指是非，也就是人所持有的某种观念。人是通过心来持有观念的，所以这个“义”也可以理解为心。那么“忘年忘义”的意思就是，忘掉人的身体，忘掉人的意识。忘是一件很难的事，忘掉比记住更难。人可以下功夫去记住，但不能下功夫去忘掉。越是下功夫，越是加深记忆，越是忘不掉，何况是忘掉身心，也就是忘我呢！如果说前面讲的天倪是现实主义齐物论，那这里的忘年忘义就属于浪漫主义的齐物论。长梧子的思想，也即庄子的思想，总喜欢从现实主义齐物论过渡、提升到浪漫主义齐物论。这个忘，由于它的难，也意味着境界之高，人的最高境界就是达到忘我的状态。孔子平常比较低调，但他却有一个很高调的自我评价，他说：“其为人也，发愤忘食，乐以忘忧，不知老之将至。”

“振于无竟。”“振”，逍遥。“竟”，通境。这句话的意思是，人逍遥于无我之境。有人把“无竟”理解为无物之境，不够准确。庄子的心里其实是有物的，他从来就没有否定过物。“忘年忘义”就表明忘掉的是我。

“故寓诸无竟。”“寓”，住。这句话的意思是，永久地住在无我的境界里。我们通常只能偶然进入无我的境界里。比如说，审美就是一种忘我的境界，但审美结束以后，我们又回到了现实世界里，人不可能永久地停留在无我的状态，所以“寓诸无竟”是典型的浪漫主义齐物论。这种齐物论在艺术中往往以童话的方式存在，所谓公主和王子从此过上了幸福美好的生活，到此就结束了，不再有下文了。而现实主义的艺术，最终都从浪漫转向了现实。鲁迅有一个很著名的问题，“娜拉出走以后怎么办”，“出走”是浪漫的，“以后怎么办”是现实的，所以他创造的子君，最终是一个悲剧结局。所以，我们说鲁迅是一个现实主义作家。托尔斯泰在《战争与和平》里塑造了活泼可爱的娜塔莎，但最终娜塔莎和皮埃尔结婚了，结婚后的娜塔莎很是平庸，让读者难以接受，连托尔斯泰自己都认为，她为什么要结婚？所以，托尔斯泰也是一个现实主义作家。可见，人“寓诸无竟”是多么困难，但又是多么浪漫的一件事！

七

罔两问景曰："曩子行，今子止；曩子坐，今子起；何其无特操与？"

景曰："吾有待而然者邪？吾所待又有待而然者邪？吾待蛇蚹蜩翼邪？恶识所以然！恶识所以不然！"

罔两问景曰。"罔两"，郭象注是景外之微阴，也就是影子的影子。只有实体才有影子，影子不是实体，按理说是没有影子的。庄子这里显然把影子当作实体去对待，以便更好地表述他的思想。更准确地讲，他是要通过影子和影子的影子对话引出齐物的思想，让人感觉到生活中处处都有齐物的思想。

"曩子行，今子止；曩子坐，今子起；何其无特操与？"刚刚你还在行走，现在你突然就停下来了；刚刚你还在坐着，现在你突然就站起来了；你为什么没有自己的操守？也就是说，没有自己的独立性？没有自己的自我？没有自己的人格？在这几句话里，明显感觉到罔两在抱怨影子。这里我们要注意，影子行止坐起，是影子的正常行为，是无可抱怨的。那么，罔两凭什么抱怨影子呢？所以，我们在翻译这几句话时，特别强调影子行为的突然性、不可预测性。你走得好好的，怎么突然就停住了；你刚刚坐下，怎么突然站起来了，出乎意料，措手不及，让人无所适从。影子行止坐起是影子的自由，无可厚非，但影子的行止坐起应该是可以预期的，罔两根据预期去决定自己的行动，安排自己的生活。由于影子的“无特操”，这就影响了罔两的正常生活，这就导致了罔两的抱怨。

景曰：“吾有待而然者邪？”影子很委屈。影子说：我大概是有所依赖，才会造成这样的结果。言下之意，我不是故意的，我是不由自主的。

“吾所待又有待而然者邪？”我所依赖的那个对象，他是不是也有所依赖才会这样呢？影子通情达理，它不把自己的“无特操”归咎于他依赖的对象，而是以同情、理解的态度猜想它所依赖的对象，可能也是不得已，也是不由自主。按照这样的逻辑，进一步推理，以至无穷。最终能否找到“无特操”的最后原因呢？显然是找不到的。每一种现象，按照佛教的说法，每一种果都是由无数的因构成的，每一种现象都是全部世界历史的产物，甚至是全部自然史的产物。这样看来，我们今天坐在一起上课，就纯粹是个偶然的事件，它居然和全部世界历史都有关系，以往世界历史中的任何环节出了问题，就不会有今天的课。所以，万物都不由自主地、甚至莫名其妙地被它物所控制。

“吾待蛇蚹蜩翼邪？”我所依赖的就像蛇依赖于腹下的鳞皮一样，蝉有待于翅膀一样吗？蛇和它的皮是一个生命体，在这个生命体中，生命体要依赖于它的组成部分。蝉也一样，它的生命要依赖于翅膀。蛇没有皮不能爬行，蝉没有翅膀不能飞翔。这个疑问句表明，物的存在依赖于构成它的要素，而前面那个疑问句是讲物和物之间的依赖关系。这样，庄子通过物的外部依赖关系和物的内部依赖关系这两方面摧毁了物的自主性，也就是说，物的外部不能自主，物的内部也不能自主，万物其实都不能自主。从万物的依赖性、不能自主性来看，万物是平等的，这不又论证了万物齐一吗？

“恶识所以然！恶识所以不然！”我怎么知道它为什么是这样呢？我怎么知道它为什么不是那样呢？也就是说，万物相互依赖、不能自主，但如此这样的原因是找不到的。因为，如果找到了原因，就能找到解决问题的办法，就能避免万物的依赖性；如果找不到原因，万物的依赖性、不由自主性就是无解，就永远不会改变。

昔者庄周梦为胡蝶，栩栩然胡蝶也，自喻适志与！不知周也。俄然觉，则蘧蘧然周也。不知周之梦为胡蝶与，胡蝶之梦为周与？周与胡蝶，则必有分矣。此之谓“物化”。

昔者庄周梦为胡蝶，栩栩然胡蝶也。从前，庄子做梦梦见自己变成了蝴蝶，这只蝴蝶还在翩翩起舞。“庄周梦蝶”是一个非常著名的寓言。通常人都会做梦，但梦境都比较平常，都是身边的人、物、事，也会有很古怪的梦，但都没有古怪到庄周梦蝶的程度，梦见自己变成了一个异物。通常梦的内容上可能很奇怪，但梦的主体始终是人而不是物。庄子这个梦不能说没有可能，但更有可能是庄子虚构的梦，是为了表达思想而有意创造的梦，而创造的这个梦，必须有利于阐释他的思想。另外，庄子不仅是哲人，还是文人，所以他又尽量地使自己创造的梦符合美的要求。如果仅仅从表达思想出发的话，庄周完全可以不梦为蝴蝶，他可以梦为前面讲的那条蛇，也可以梦为蜩，这样的梦同样能很好地表达庄子的思想，但它不符合美的标准。蝴蝶梦是一个纯美的梦，蝶恋花又能引出一个花的世界，引出一个春天的世界。但也因为这样一个美丽的梦，在某种程度上又掩盖了庄子的思想表达，让人只关注梦境的美好，而忽略了它要表达的齐物思想。

自喻适志与！不知周也。“喻”，同愉。“适志”，快意。这句话是讲梦中变成的这只蝴蝶自由自在，十分惬意。它不知道自己是庄周梦中的蝴蝶，以为自己真是一只蝴蝶。

俄然觉，则蘧蘧然周也。“蘧蘧然”，僵直之貌，或者说僵卧之貌。庄子突然醒来，发现自己很僵硬地躺在那里，完全没有了蝴蝶飞舞时的轻盈。下面庄子开始他的哲学思考。

不知周之梦为胡蝶与，胡蝶之梦为周与？不知道是我庄周做梦变成了蝴蝶，还是蝴蝶做梦变成了我庄周呢？第一个疑问很平常，我们都会有这样的疑问，而且都会有一个肯定的回答，那一定是我庄周梦见自己变成了蝴蝶。第二个疑问很不平常，很是出人意料。庄子认为可否换一种思维，把我庄周看作是蝴蝶梦中所变，是蝴蝶做梦变成了庄周。在第一个疑问中，庄子是做梦的主体，而蝴蝶仅仅是幻象；而在第二个疑问中，蝴蝶变成了主体，庄周变成了幻象。这两个疑问合在一起，可以看出庄子所要表达的思想，庄周和蝴蝶是两个平等的主体。庄子认为，这两个平等的主体在梦中可以相互转化，也就是说，在这两个主体的背后，还隐藏着一个更深的主体把它们贯通在一起，联结在一起。言下之意是，表面多样的世界背后，万物具有统一性。

周与胡蝶，则必有分矣。庄周和蝴蝶是两个不同的主体，具有完全不同的本性，是绝对有分别的。庄周梦为蝴蝶的时候，那只蝴蝶不知自己是庄周，当蝴蝶梦为庄周的时候，庄周也不知道自己原本是蝴蝶，它们各自都认为自己是独立的。庄周醒了，发现自己是庄周，而不是蝴蝶；蝴蝶醒了，发现自己是蝴蝶，而不是庄周。蝴蝶和庄周是绝对不同的，但梦中又是可以相互转化的。

此之谓“物化”。这就叫作物化。“物化”就是万物相互转化。万物的转化就是物性的转化，但万物无论怎样转化，都还是一个物。万物只是物的各种变化形式，万物相通，万物原本只是一物，是一个东西变化来的。这不是彻底的齐物论吗？当然，万物并非只通过梦来转化，梦的转化形式只是一个寓言。在庄子看来，现实生活中万物就在转化。《庄子·至乐》有这样一段话：

> 种有几，得水则为㡭，得水土之际则为蛙蠙之衣，生于陵屯则为陵舄，陵舄得郁栖则为乌足，乌足之根为蛴螬，其叶为胡蝶。胡蝶胥也化而为虫，生于灶下，其状若脱，其名为鸲掇。鸲掇千日为鸟，其名为干余骨。干余

骨之沫为斯弥，斯弥为食醯。颐辂生乎食醯；黄軦生乎九猷；瞀芮生乎腐蠸。羊奚比乎不箰，久竹生青宁；青宁生程，程生马，马生人，人又反入于机。万物皆出于机，皆入于机。

庄子不仅在梦中完成了万物的转化，而且记录了现实中万物真实转化的过程。《至乐》里这段话就是讲万物真实的物化，不是梦中的寓言。当然，庄子这里讲的物化显然不是物化的全部内容，它只是物化的一部分。另外，还要注意，我们平常很少真的见到万物的转化，难得见到庄子讲的这种转化。因为物化的过程是非常漫长的，人本身也在物化的过程中，很难见到现实中的物化，所以就会被万物所迷惑，以为万物是各不相同的。但在物化的思想中，表面的差异背后，万物统一于一,万物只是这个一的化身而已，万物只是一物。这就是齐物论。

后记

完成了《老子句读》，接下来应该有一本《庄子句读》，至少也应该是《庄子内七篇句读》，但由于种种原因，现在呈现在读者面前的只是《逍遥游齐物论句读》。由于疫情的影响，讲课时断时续，整整两学期才讲完。

《逍遥游》和《齐物论》是庄子千古传诵的哲学名篇，它们集中体现了庄子思想的特色，自古以来就受到解庄者和读庄者的青睐。由于《逍遥游》《齐物论》文本的寓言性、思想的思辨性及文字上的汪洋恣肆，使它们成为《庄子》中的两篇奇文，深奥难解。越是难解，越是激发人们解读的兴趣。历史上有许多人解读过这两篇奇文，这些解读虽有很多真知灼见，但也不乏望文生义的误读。

《逍遥游齐物论句读》体例与《老子句读》一致，也是逐句解读，由词义到句义再到文意贯通，力求疏通《逍遥游》和《齐物论》内在的思想逻辑，直达庄子逍遥齐物的本义。

就《逍遥游》而言，句读认为，“逍遥”有两种：一种是有待逍遥，一种是无待逍遥。有待逍遥也就是郭象所说的适性逍遥。自郭象提出适性逍遥后，无论是赞同还是反对，大家都认为适性逍遥就是闲适安命，但细读《庄子》文本会发现，适性的含义是非常丰富的，闲适安命只是其中一种含义。《逍遥游》中的大鹏、宋荣子、列子、许由、神人以及大瓠、斄牛、樗都是庄子的障眼法，由于这些奇异的形象在庄子那里都得到褒扬，人们就很容易认为他们都是无待逍遥，其实他们都是有待逍遥（适性逍遥）。适性的“性”是开放的，它不是只适一种性，而是适各种性。孔子赞赏的狂狷之性、孟子赞赏的大丈夫之性也在适性的范围之内，现代人崇尚个性，其实也是适性的一种。适性受到误解还在于，人们把适性看作是现成的、静止的，其实适性是动态的，是一个过程。适性的过程正是成就自我的过程，性有一个巨大的空间，需要人不断充实。人不能越过性，也不能不足性，人越过性时需要受到限制，人不足性时需要得到充实。所以，适性的过程是一个寻找自我、充实自我的过程。

在《逍遥游》中，绝大部分篇幅都是讲有待逍遥（适性逍遥），真正讲无待逍遥的文字很少，大概就这几句：“若夫乘天地之正，而御六气之辩，以游无穷者，彼且恶乎待哉！故曰，至人无己，神人无功，圣人无名。”就这几句话看，至人、神人、圣人并非真的无待，还是有待的，他们有待于天地、六气、无穷，所以庄子的无待是无待于人之性，而非无待于物之性。人能越过自己的性而适他人的性即是无待逍遥，一般人肯定是不能越过本性的，越性的只有至人、神人、圣人。他们是人的理想，是理想的人，有了他们的存在，人就能认识自身的有限性，就不会自满于适性逍遥。就两者的关系而言，适性逍遥是基础，无待逍遥是提高。

就《齐物论》而言，句读认为，庄子的齐物论有两个层次：一个是现实主义齐物论，一个是浪漫主义齐物论。

就现实主义齐物论而言，有以下几点值得关注：

首先，庄子承认是非产生的客观基础，并不认为是非是人主观制造出来的，每个人都是经验的产物，每个人都以他的经验看世界，所以每个人就其所见而言都是"是"，但以自己的"是"作为标准判断他人所见为非就是"非"。齐是非在于，认为自己的"是"是有限的，这就为他人的"是"预留了空间。大家都是"是"，"是"和"是"之间该如何相处？"是"和"是"之间还是有冲突的，但解决冲突的方式发生了变化，人们将以一种协商的方式去化解矛盾，而不是通过消灭对方去化解矛盾。这正是理性社会的特征。

其次，大家都是"是"而没有"非"，会不会导致相对主义？其实，相对主义分两种：一种是积极相对主义，一种是消极相对主义。消极相对主义为自己的错误而辩护，它的习惯表达是：我有错，你也有错，你有什么资格批评我？而积极相对主义认为，我是对的，你也是对的，既然都是对的，双方只能彼此对话，而不能彼此否定。

最后，在庄子那里，是否就没有是非观呢？显然不是。庄子是有是非的，能够齐是非就是"是"，不能齐是非就是"非"。符合这个标准都叫"是"，不符合这个标准都叫"非"，所以庄子骨子里是有是非观的。好多人说庄子混淆是非，甚至说他是滑头主义，这完全是对庄子思想的歪曲。庄子的是非观是高层次的是非观，是具有正义感的是非观，这种是非观能带来世界的和平，带来生活的幸福和美好。读庄子的时候，人们常有这样的体验，那就是，庄子的情感表面冷而内心热，行文的表面是非不分，但行文的背后是非分明，否则的话，庄子就不能成为一个伟大的思想家。

庄子的浪漫主义齐物论，也可以称为境界齐物论，就是通过人的主观意识，在大脑中完成齐物，而对现实中的物之不齐毫不关心。这种浪漫的齐物论产生了巨大影响，很多人由此把庄子称为浪漫主义的诗人哲学家。但这种浪漫的齐物论很容易作庸俗化理解，变成相对主义、滑头主义、阿Q主义，把伟大的庄子和阿Q联系到一起，实在是亵渎了庄子的思想，真是匪夷所思，让人啼笑皆非。

庄子和阿Q的区别在于，庄子有现实主义齐物论作基础，而阿Q缺少这样的基础，这是他们的本质差别。在这一点上，需要学习康德的思维方式，康德以批判形而上学的方式保护了形而上学的纯洁性、纯粹性，他说这是给形而上学奠基。康德为理想奠基，保住了理想，成就了理想，如若抽掉奠基，理想就成了幻想，理想就会庸俗化、空洞化。所以今天我们读《庄子》，就应该特别强调他的现实主义齐物论的奠基作用，只有这样，庄子的浪漫主义齐物论才有了坚实的基础，也只有这样，才能系统地把握庄子齐物论的思想。

本书原文采用陈鼓应先生《庄子今注今译》的校定文，对校定文有不同意见的，在具体讲解时加以说明。

本书由我给研究生上课的录音整理而成，在把录音转化成文字的过程中，罗双霞、李美地、卞晓洁三位同学，尤其是李美地同学，付出了辛勤的劳动，在这里对她们表示衷心的感谢！由于疫情不时封校，课后去东北饺子馆、去安青小炒的机会少了，少了许多餐叙的快乐！感谢杜常顺教授对本书的出版给予的大力支持！感谢编辑张淑媛女士！感谢德民兄赐序！

左克厚
2022 年 5 月
于西宁